会展策划创意理论与实务

THEORIES AND PRACTICES OF EVENTS PLANNING & CREATIVITY

刘明广◎编著

华东师范大学出版社

·上海·

图书在版编目（CIP）数据

会展策划创意理论与实务 / 刘明广编著. -- 上海 ：
华东师范大学出版社，2024. -- ISBN 978-7-5760-5186
-5

Ⅰ. G245

中国国家版本馆 CIP 数据核字第 2024Y2J065 号

会展策划创意理论与实务

编　　著　刘明广
责任编辑　蒋梦婷
特约审读　陈成江
责任校对　江小华
封底插图　刘　澈
装帧设计　俞　越

出版发行　华东师范大学出版社
社　　址　上海市中山北路 3663 号　邮编 200062
网　　址　www.ecnupress.com.cn
电　　话　021 - 60821666　行政传真 021 - 62572105
客服电话　021 - 62865537　门市（邮购）电话 021 - 62869887
地　　址　上海市中山北路 3663 号华东师范大学校内先锋路口
网　　店　http://hdsdcbs.tmall.com

印 刷 者　常熟市文化印刷有限公司
开　　本　787 毫米×1092 毫米　1/16
印　　张　11.25
字　　数　250 千字
版　　次　2024 年 8 月第 1 版
印　　次　2025 年 8 月第 2 次
书　　号　ISBN 978 - 7 - 5760 - 5186 - 5
定　　价　35.00 元

出 版 人　王　焰

（如发现本版图书有印订质量问题，请寄回本社客服中心调换或电话 021 - 62865537 联系）

前　言

当前,会展业作为先导性现代服务业的重要组成部分,正以前所未有的速度蓬勃发展,成为我国推动经济社会增长、促进全球文化文明交流互鉴、加强国际合作治理的重要平台。它不仅是展示新科技革命产品、技术、服务与理念的重要窗口,更是人类创意与智慧的碰撞场,每一次成功的会展活动,都是对人类创造力与组织能力的深刻诠释。《会展策划创意理论与实务》一书的诞生,正是基于这样伟大的时代背景与巨大的行业需求,旨在为广大会展从业者、学习者及研究者提供一本集理论性、实践性、创新性于一体的综合性指南。

一、时代呼唤：会展业的创新与发展

随着全球化的深入发展,会展业已不再局限于传统的商品展示与销售功能,而是逐步向多元化、复合化、高端化、品牌化、融合化方向迈进。这要求会展创意人员不仅要具备扎实的专业知识,更要拥有敏锐的洞察力、卓越的创意能力、高效的执行力以及高超的展示演讲能力。本书旨在通过深入阐述会展创意的核心理念与前沿趋势,激发读者的创新思维,引导其在实践中不断探索与突破。

二、理论基石：构建会展创意的知识体系

本书初步构建了大会展创意的理论框架,从会展理论实践创新讲起,逐步深入到创意理论、策划理论、学术写作、会展设计、会展讲解、会展礼仪、会展职业和参展创意等。通过系统梳理国内外会展创意相关理论与会展策划创意大赛获奖案例,为读者提供了一套全面、深入、可操作的理论知识体系和认知框架。这些理论不仅是对会展创意策划经验的总结与提炼,更是对未来发展趋势的预判与引导,为读者的会展创意实践活动提供了坚实的理论支撑和方向指引。

三、实践导向：聚焦会展创意的实务操作

本书在强调会展创意理论重要性的同时,更加注重实务操作的指导。从会展创意策划、会展学术论文写作、会展设计、会展翻译、会展礼仪到参展创意,每一个章节都进行了详尽的阐述,并辅以大量的前沿热点案例与获奖作品欣赏,旨在帮助读者快速掌握会展创意的精髓与要领。此外,本书还特别关注了数字化、智能化等新技术在会展活动中的应用,引导读者紧跟时代步伐,利用科技力量提升会展活动的品质与效率。

四、创意引领：激发会展活动的无限可能

创意是会展活动的灵魂。本书通过大量生动有趣的创意案例，展示了如何在会展活动中融入创新创意元素，打破传统束缚，创造独特的参会观展体验。从会展形式的创新、互动体验的设计到文化元素的融入，每一个创意点都蕴含着无限的想象空间与商业价值。本书鼓励读者在实践中勇于尝试、敢于创新，不断探索会展创意的新领域、新模式、新方法。

五、展望未来：共绘会展业的美好蓝图

面对未来，会展业将继续发挥其独特的桥梁与纽带作用，促进全球经济文化的交流与融合。本书在总结过去、分析现状的基础上，对会展业的未来发展进行了展望与预测。我们坚信，在全体会展业同仁的共同努力下，会展业将不断迈向新的高度，创造更加辉煌的成就。

本书编写分工如下：第一章刘明广、郭牧、季玲，第二章刘明广、梁赫、任国岩，第三章刘明广、王春雷，第四章刘明广、杨溢、金心炜、秦晓波，第五章刘明广、郑蕾娜，第六章刘明广，第七章刘明广，全书由刘明广统筹并定稿。本书撰写过程中受到了中央文化和旅游干部管理学院陈锋副院长，上海大学张敏教授，北京物资学院刘大可教授，四川大学李志勇教授，暨南大学深圳旅游学院李舟教授，北京第二外国语学院王起静教授，中山大学罗秋菊教授、梁增贤教授，哈尔滨商业大学孟凡胜教授，中国美术学院王炜民教授，澳门城市大学李玺教授，浙江传媒学院石宝明教授、徐爱华教授，华东师范大学陈建国副教授、胡平副教授，南开大学王菁娜副教授等领导、师长和朋友们的鼓励、支持和鞭策，在此表示最诚挚的感谢！

总之，《会展策划创意理论与实务》一书既是每一位会展从业者的必备良伴，也是广大会展初学者探索会展世界奥秘的宝贵钥匙，还可以作为会展策划创意大赛和高校相关课程的简明教材。会展策划创意大赛相关内容，可扫描左侧二维码阅读使用。愿本书能够激发每一位读者会展创作的潜能与热情，共同推动中国会展业的繁荣与发展，共创美好未来！

刘明广

2024 年 7 月

目 录

第一章
会展理论与实践创新

学习目标

（1）掌握会展业新变局、新赛道、新业态和新机遇及其内容；

（2）掌握传统会展、数字会展、线上会展之间的区别与联系；

（3）认识数字会展对提升会展服务价值、拓展会展服务场景的意义。

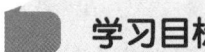

思政融合

　　世界城市日是 2010 年上海世界博览会给全球城市的意义深远的礼物，是中国会展人为全球会展业的创造性贡献。2010 年 10 月 31 日，上海世博会高峰论坛发布了设立世界城市日的《上海宣言》，宣言中倡议让上海世博会的理念与实践得以永续，激励人类为城市创新与和谐发展而不懈追求和奋斗。2013 年 12 月 6 日，在中国政府的推动下，第 68 届联合国大会第二委员会通过有关人类住区问题的决议，决定自 2014 年起将每年的 10 月 31 日设为"世界城市日"。这是中国首次在联合国推动设立的国际日，获得了联合国全体会员国的支持。

第一节　国际会展新赛道

一、会展新业态

　　2023 年前三季度，我国境内展览市场需求旺盛，展览规模大幅增长，展览业呈现全面恢复态势。商务部统计显示，2023 年 1—9 月，境内专业场馆共举办各类展会 3 248 场，较 2019 年同期增长 32.4％。其中，大型展会 1 908 场，较 2019 年同期增长 56.9％；展览总面积 7 686 万平方米，较 2019 年同期增长 51.5％，已超过 2019 年全年展览面积。

　　预计未来三到五年，消费类会展、体育赛事、文化会展、数字会展、混合会展、音乐会展、低碳会展等新兴会展消费形态将获得巨大发展空间。

二、发展新赛道

（一）数字化

在会展新业态当中有许多新的机遇。其中，会展业最大的机遇就是数字化机遇。现在，在很多会展活动中，会展组织者正在把数字技术赋能运用到会展组织运营当中，例如无人机、人工智能、大数据分析、人形服务机器人等。随着5G、Web3.0技术的不断突破，会展的新边界正在数字虚拟世界不断拓展，数字世界的新兴会展业态纷纷涌现，这些现象是现代会展史上前所未有的新奇观。

（二）低碳化

我国具有发展低碳会展的天然优势，中国传统的天人合一观念就是尊重自然。在"绿水青山就是金山银山"的生态环保理念指引下，中国的低碳化一直在有序推进，相继颁布多条低碳标准，正在努力实现在2030年能够做到碳达峰的目标。低碳化不是一句口号，而是实实在在能对经济、生活产生重要影响的战略性的举措，将会成为我国的主流产业。

（三）智能化

智能化是数字化的高阶表现。中国的人工智能正在弯道超车，部分领域甚至已经在领跑，例如量子芯片。所以崭新的智能化赛道，预示崭新的会展新赛道即将全面到来。

案例1：零碳会展国际倡议

2021年11月，在苏格兰格拉斯哥举行的第26届联合国气候变化大会（COP26）世界领导人峰会上，各国介绍了将如何在2030年之前实现碳排放量减少50%以履行《巴黎协定》。在这次会议上，100多个会展协会、会展企业和研究机构等签署者发起了"零碳会展承诺"，阐明了会展业在应对气候变化方面发挥作用的承诺。

2022年，该倡议的所有支持者受邀共同努力，制定与承诺目标一致的行业活动净零路线图。该路线图于2022年11月在COP27上发布。到2023年，该倡议的利益相关者将参与八个并行工作流程，确定会展业脱碳的途径。五个工作流程重点关注路线图中描述的优先行动领域：会展场馆能源、食物和食物垃圾、物流、智能生产和废物管理、会展旅行和住宿。该倡议引入了三个横向工作流程来支持和协调该计划：碳排放测量、碳抵消和行动报告。

这项新倡议源于一个由联合会议业理事会（JMIC）成员组成的工作组织的工作，除了国际展览业协会（UFI）、国际会议中心协会（AIPC）和国际大会及会议协会（ICCA），发起的工作组代表还包括中国香港贸发局（HKCEC）、英国的励展（RX）、英富曼（Informa）和苏格兰会展中心（Scottish Event Campus），瑞士的迈式会展集团（MCI）和德国的慕尼黑国际博览集团（Messe München）。该倡议获得了联合国气候变化框架公约（UNFCCC）秘书处的支持。

零碳排放是指人为温室气体(GHG)排放与其从大气中清除之间的平衡。为了实现这种平衡,必须减少温室气体排放,并且必须通过使用长期碳捕获解决方案来补偿或"中和"不可避免的温室气体排放。

为了实现碳中和,不可避免的排放通过使用传统补偿(来自开发可再生能源、高效运输等项目的碳信用额)进行补偿。碳中和可以说是实现净零排放的中间步骤。

2023年12月,该倡议发布了用于指导零碳会展的一系列文件,包括《智能生产和废物管理指导文件》《会展场地能源指导文件》《会展物流在再思考——物流指导文件》《食物和垃圾指导文件》《会展旅行和住宿指导文件》《会展碳抵消指导文件》和《零碳会展测量方法第一版》等,全面推动全球会展业的零碳行动。

讨论:结合案例1,谈一谈你对全球气候变化中会展业发起零碳会展的看法。你将在会展大赛中如何实施零碳会展行动?

数字化、低碳化、智能化是会展业发展三大新赛道,也是所有会展人面临巨大机遇和挑战。

第二节　数字会展新探索

一、数字转型现状

(一)数字化实践

目前,会展行业正在广泛采用的数字化实践包括营销数字化、销售数字化、观众服务数字化、展商服务数字化,主办单位通过这些数字化实践更广泛地扩大了展会的品牌影响力,增强和展商、观众以及整个产业的关系,创造新的业务场景和服务模式,帮助展商和观众达成商机的精准匹配。

(二)数字新业态

根据中国贸促会《2023中国展览经济发展报告》,展览企业将进一步充分利用5G、云计算、大数据等技术,助力现代展览产业的新发展,数字展览正在造就未来展览业发展的新业态。

案例2:探索2024年会展业十大数字技术趋势

新兴技术如何影响会展业?在这项针对3997家会展业初创企业和规模扩张的数据驱动研究中,你可以深入了解绿色活动、直播、区块链、活动分析等技术解决方案。

1. 直播

直播平台使会展活动策划者能够将受众扩展到场地之外,从而允许无限数量的观众实时观看会展活动。直播解决方案具有成本效益,可以减少会展活动公司的碳足迹。

加拿大初创公司Livecast Media为视频制作团队提供了一个网络平台,以提升其虚拟或混合直播活动的水平。通过同声传译系统,视频制作者可以轻松生成直播内容的翻译版本,从而提高全球影响力的可访问性。该解决方案有助于打造更加身临其境、更具包容性和吸引力的活动体验。

2. 绿色活动

初创公司利用近场通信(NFC)技术和二维码(QR 码)等技术来确保会展运营与可持续发展目标一致。此外,技术的进步使得碳排放跟踪成为可能,从而提高了人们对活动碳足迹的认识。

葡萄牙初创公司 Circular Unity 开发了一个平台,通过准确测量可持续性关键绩效指标(KPI)来进行自动化可持续性评估。其操作板允许会展组织者跟踪实时资源使用情况和碳足迹。Circular Unity 通过提供可操作的见解来减少碳排放并设定净零排放目标,帮助活动组织者简化可持续发展管理。

3. 沉浸式会展

沉浸式技术的广泛使用成为会展技术中最具变革性的元素之一。初创公司利用增强现实(AR)和虚拟现实(VR)提供令人难忘的互动现场体验,增强与会者的体验。

美国初创公司 MootUp 提供 3D 虚拟现实会展平台,供组织者举办可通过任何设备访问的沉浸式会展活动。英国初创公司 Jugo Spaces 通过人工智能驱动的绿屏即时创建虚拟会展活动。

4. 区块链

会展业越来越多地采用区块链技术作为透明且不可变的账本,以实现安全高效的交易。值得注意的是,它用于门票销售、供应商合同、演讲者付款和观众激励。因此,它有助于简化运营并培养利益相关者之间的信任。初创公司提供基于区块链的非同质化代币(NFT)票务应用程序,以打击二级市场上的欺诈票务和飞涨的价格。

美国初创公司 Blockseat 开发了一款区块链票务应用程序,使会展策划者能够以 NFT 的形式在链上出售门票。Blockseat 的智能合约为会展组织者带来了新的收入来源,因为他们通过特许权使用费从二级市场销售中受益。

5. 会展分析

数据分析在会展业中越来越受欢迎。初创公司利用技术来实现实时数据收集,并与复杂的人工智能算法集成以提供即时见解。这些数据用于优化未来的会展并为与会者策划个性化的体验。

印度初创公司 WiserStack 为会展策划者提供可视化会展分析,以识别入口或出口的闯门者。该平台集成了智能摄像头,用于实时与会者计数,其算法可以每分钟快速检查新面孔。它还可以监控展示次数、参与度、潜在客户等的实时指标。视觉会展分析可帮助赞助商更好地了解线上和线下会展活动的投资回报率。

6. 会展管理软件

借助会展管理软件,会展策划者可以自动化会展策划流程的许多方面,例如注册、票务、营销和分析。初创公司利用智能聊天机器人、虚拟演出和贸易展览会等机器人流程自动化(RPA)来回答与会者的问题并提供重要信息。

斯洛伐克初创公司 Laia Events 提供人工智能驱动的会展管理平台,帮助会展组织者简化会展启动流程并最大限度地提高转化率。该平台利用对话式人工智能来自动支持注册、回答开放性问题并提供指导,使会展具有独特的体验。

7. 非接触式验证

射频识别(RFID)、NFC 和 QR 码等非接触式技术的使用已成为会展业不可或缺的一部分,有望增强健康安全协议和无缝会展活动体验。

Beamian 是一家总部位于葡萄牙的初创公司,利用集成生物识别技术的智能徽章实现非接触式会展签到,既增强了签到安全性,也为与会者创造了更好的体验。总部位于美国的初创公司 Evenuefy 采用面部识别技术,通过准确识别现场、虚拟和混合会展的参与者来简化会展签到。

8. 无人机

无人机正在彻底改变户外会展的组织、执行和参与者体验,提供从航空摄影和摄像到人群控制和安全等功能。

总部位于阿联酋的初创公司 Cyberdrone 开发高性能无人机,增强了各种会展活动(如产品发布会、年度会议、公司周年纪念日等)的整体视觉和感官体验。美国初创公司 LandSkyAI 使用迷你系无人机实时智能警报来确保会展现场人群安全。

9. 会展游戏化

随着会展技术的兴起,会展游戏化越来越受欢迎。会展游戏化将类似游戏的功能与会展活动集成在一起,例如排行榜或奖励,以促进与会者互动并使会展活动变得更加有趣。

总部位于新加坡的初创公司 PlayTours 使用活动游戏化来鼓励与会者在会展活动期间与展位互动并参与有趣的活动。该应用程序使会展组织者能够收集与会者的实时有价值的反馈和统计数据,帮助他们确定未来会展中需要改进的领域。

10. 智能穿戴设备

初创公司生产智能可穿戴设备,包括智能徽章、智能手表、腕带、眼镜和以技术驱动为目的而设计的服装。可穿戴技术使会展策划者能够生成热图,指示在任何给定时间会展最活跃的区域。除此之外,会展组织者还可以使用智能穿戴设备,在最佳时机向与会者实时发送促销信息,从而为参展商和赞助商提供更多曝光机会。

德国初创公司 Wearonize 的智能可穿戴设备可提供支付功能。使用此设备,会展参加者可以进行购买、跟踪预算、监控支出、获取优惠券等。Wearonize 通过基于可穿戴设备的支付提供便利和时尚,使会展企业能够提升客户体验。

讨论:结合案例2,谈一谈你对数字会展技术应用场景的看法。

二、数实会展关系

（一）数字会展概念

数字会展是利用数字化的技术，推动会展业务模式、营销手段、组织架构的转型变革，实现数字会展可以带来客户体验的提升、组织运营效率的优化、成本的节约，甚至带来全新的数字化收入。

区别于企业信息化"人来适应系统"，数字会展的数字化聚焦于"数据"，核心在数据价值的沉淀和深度挖掘，是利用大数据、云计算、人工智能等技术驱动业务发展，实现会展的全面转型。

数字会展并不等同于线上办展。线上办展作为线下展会的备选方案，它是展会的一种补充，但它只是数字会展的一小部分。而数字会展，在于利用数字化的手段，帮助整个行业提升效率，创造价值，实现创新发展。

（二）相互成就关系

数字会展和传统实体会展到底是怎样的一种关系呢？

数字会展和实体会展是相互成就的关系，两者之间实现真正的融合，需要数据做衔接。会展通过数字化，可以把大量无序无形的会展数据，沉淀梳理成为推动业务增长的数据资产，不断循环增长产生更大价值。

对于主办单位来说，以传统会展沉淀的数据为起点，以数字化的手段，通过各种营销活动来盘活数据资产，再赋能到原本的展会场景中，从而产生新的价值、创造新的增长。

以打卡引流应用场景为例，会展现场流行打卡引流互动活动，实体会展是用"集章"的方式完成的，观众进场后领一张卡纸，到指定展位后能获得相应的印章，集齐要求的数量便能获得礼品，可以实现为参展商引流、聚人气。

数字会展中，并非把"集章"打卡换成了"扫码"打卡，它的核心价值在于捕捉到具体的观众行为数据，并对谁、什么时间、到过哪些展位、停留了多长时间等进行分析，从而形成了立体的观众画像，帮助主办单位更好地了解观众的情况和市场的需求，从而产生更长期的数据价值。形成这样的数据资产，是数字化带来的核心价值，也必将让数字会展和实体会展融合实现 $1+1>2$ 的效果。

三、会展数据智能

（一）数据智能资产

每个会展其实都是某个垂直行业或生态圈的数字金矿。过去，会展主办单位按照既定轨道一届一届举办展会，没时间整理数据资产，因而也没能让它们发挥出更大的价值。

在数字会展时代，主办单位可以把线上会展、线下会展、公域流量、私域流量等多个来源的数据"孤岛"打破，通过统一的数据底座和人工智能算法能力，进行数据整合和精细化加工。

这些经过整合和加工后的数据,可以通过一站式的营销平台,应用于会展以及其他更多营销场景的触达,比如直播会议、知识付费、社交裂变、广告投放等。在这个一站式的营销平台上,每一个营销触点的数据都会回流并沉淀在数据底座上,经过持续的、常态化的运营,这些"数据"会越来越"智能",只有这样主办单位才能真正激活会展多年积累的数据资产。

(二)延伸服务边界

在数据智能资产驱动下,除了在展期举办展会,主办单位还可以充分发挥在垂直行业积累的资源链接和数据优势,以展会为起点,延伸服务边界,通过为展商提供非展期的常态化精准营销服务,增长全新的数字化收入。

除了增加收入,主办单位还可以在此过程中不断加强和行业的黏性,积累越来越丰厚的数据资产,为今后在垂直领域的资源链接带来更长远的价值。而展商也可以通过主办单位在非展期提供的精准营销服务,解决营销痛点,找到精准客户,获取新的商机和业务增长。

四、会展数字赋能

在会展行业进行数字化转型的过程中,数字化给主办单位带来的价值是多方面的。对内能实现效率提升、组织运营优化、成本节约;对外让"小团队也能办大展",借助数字化工具和手段,主办单位可以更轻松、便捷且高效地进行招展招商、展会统筹、提升体验等。同时,数字化更可以帮助主办单位将沉淀的数据资产价值释放,以数据牵引业务,给会展行业提供更长远的产业链接价值。

(一)精准扩邀

对于主办单位来说,招募更多的展商和观众,永远是最重要的目标。借助数字化手段,可以从精准扩邀和存量激活两个方面来想办法。

以往主办单位除了与展会所在领域的行业协会和媒体合作以外,也会与流量平台合作,以广告营销和流量投放的方式来宣传推广展会,期待从公域流量中获取新展商、新观众。众所周知,触达曝光的频次越高,最终的转化总量越大。

随着互联网流量红利见顶,在各平台上流量获取的成本也在不断增加。这意味着,同样是招 200 个展商或观众,投入的费用也在不断增加。这时候,就必须考虑精细化运营:一要找到精准增量池,二要尽可能将公域流量转化为自己的"私域"存量。

1. 云展寻客

第一步是找到精准增量池,也就是不要在公域流量中大海捞针般找展商或观众,而要根据自己的展商或观众画像,找到与他们相似的企业,从中进行转化。同样触达 1 000 人,如果人群足够精准,预登记率就能从 10% 增加到 20%,也就相当于省下了一半的广告营销或触达费用。因此,主办单位特别需要利用数字化手段,通过数据"看清"展商或观众的画像。

云上会展的"云展寻客"系统,就是基于"云展大脑"超亿级的企业域大数据,以及全量的企业知识图谱,并结合大数据、自然语言处理、关系图谱挖掘、深度学习算法等人工智能技术,帮助主办单位清楚描绘出想要找到的目标企业画像,然后通过多种智能"寻客"模式和 AI

算法推荐,精准搜寻目标潜客,大大降低公域获客的成本。

2. 云展微客

第二步是尽可能将公域流量转化为自己的"私域"存量。这里有两层意思:一是每一次在公域中获取的潜在参展商或者观众,即使没来参展,也应该把他们的信息记录下来;二是需要与他们持续沟通,在内容上下功夫,通过常态运营了解他们的需求、建立彼此的信任。这样,下一次招展招商就省去了再次去公域中找他们的成本。凭借持续沟通建立的信任关系,又可以很容易地把他们转化成展商或观众。

云展公司的"云展微客"系统,就是利用企业微信 SCRM 工具,连通数据底座,将线上线下展会的数据、公众号/小程序等数据回流、沉淀,进行精细化私域管理。

(二)数据激活

1. 云展聚客

同样,存量客户也可以通过数字化手段来精细运营和精准触达。通过"云展聚客"系统,沉睡在表格里的数据可以基于大数据进行企业信息补齐,并基于数据底座进行企业和个人维度的整合,从而实现数据的洞察和激活。

2. 云展触达

另外,精准触达的手段也在不断进步,以前只能通过短信、邮件、人工客服外呼联系的客户,现在可以通过企业微信、AI 智能外呼等数字化工具来联系,从而降低了沟通成本、提升了沟通效率。

五、会展数字收入

(一)重视数据智能挖潜

是不是有了"云展寻客""云展聚客"这些先进的系统,就能马上实现数字化收入了呢?答案是否定的,要想真正实现数字化收入,需要主办单位精耕细作、厚积薄发。

线下展会本身,作为特定时间、特定地点的"精准营销场",聚集了大量的展商观众数据、行业信息、营销内容等,是一种井喷式的爆发,而这种爆发所带来的能量是可以通过数字化手段沉淀下来的。以此为起点,将这些沉淀下来的数据通过数字化工具整合、加工,并通过非展期一次又一次"短平快"的常态化数字营销活动,为行业和企业搭建更多展会以外的"精准营销场",不断运营盘活数据资产,并最终赋能线下展会,这是数字化对营造新的会展生态的重要价值,也是数字化"创收"的关键。

(二)打造垂直社区社群

除了用好"云展寻客""云展聚客",精耕细作、厚积薄发以外,主办单位还需要投入更多的精力和耐心,通过"云展微客"系统来经营垂直社区、社群,并实现数字化增收。

社区驱动飞轮,通俗点说,就是设法将松散的展商、观众建设为在线社区、社群,通过丰富的数字化内容和活动将垂直领域内上下游的专业人士聚集在一起。主办单位在满足双方"供需"诉求的同时,可以经年累月为他们提供咨询、服务、知识资源、营销工具等。

六、云上会展探索

（一）云上会展简介

云上会展成立于 2020 年 4 月，由阿里巴巴集团和上海国际贸易促进委员会（简称上海贸促会）合作成立。云上会展充分发挥上海贸促会在国际会展领域的行业领军优势，以及阿里巴巴集团在云计算、大数据、人工智能等领域的核心技术能力，深刻理解会展行业的本质属性和变革趋势，为行业精心打造"全流程数字会展办展平台"和以"数据智能"为核心的新一代精准营销解决方案，推动会展行业的创新发展。

成立 3 年多来，云上会展立足上海、辐射全国、连接海外，已经承接了包括 2022 年北京冬奥云展厅、进博会上海馆、迪拜世博会中国馆上海日、中国-东盟博览会、上海车展、杭州亚运会等在内的超过 100 个"云上会展"项目，取得了良好的社会效益和经济效益。

（二）实践案例分享

1. 2022 年北京冬奥会云展厅

"北京 2022 云展厅"是由云上会展联合北京冬奥组委的市场开发部打造的官方云上展示平台，是奥运会历史上首次为合作伙伴开设的线上展厅，是奥运的新突破，也是数字会展的新突破。

这个项目是创新场景应用的典型案例，最大的特色是在云上会展全流程数字会展办展平台的基础上打造了集奥运展示与互动体验为一体的"冰雪狂欢城"，实现了身临其境的线上效果。同时，融合 22 家奥运赞助伙伴的品牌内容，通过多样化的互动激励，充分调动观众积极性，吸引了 608 万人次上线访问，访问总量达到了 7 600 万次。

在项目的筹备和举办过程中，云上会展为每一家奥运赞助伙伴分别建立了专属的服务团队，从产品使用、内容策划、展厅搭建全流程服务，助力赞助伙伴借助冬奥会的平台，充分释放品牌的影响力，扩大品牌的宣传效果。

2. 云上乐器周

2022 年 1 月，云上会展配合主办单位打破固有思路，在非展期使用云上会展"全流程数字会展办展平台"建立了"云上乐器周"线上阵地。同时，使用"数据智能"精准营销解决方案，将以往线下乐器展的观众画像作为种子包，依托云展大脑超亿级的 B 端企业大数据，触达了相比原有观众池 4 倍多的潜在观众，为线上活动进行引流。

最终，"云上乐器展"实现 62％新用户注册用的成绩，为后续的线上展和线下展储备了新观众。随后，在 4 月的音乐教育年会上，主办单位又基于"云上乐器周"沉淀的数据，分出了上百个人群包，实现了更精细化的触达。

这个项目是创新场景应用和用户增长的典型案例，乐器展通过线上常态化运营增强了与展商的黏性，为展商开拓了获客新机会，以数据智能驱动展会自身及乐器领域的新发展。同时，又打开了用户增长的思路，用户不一定是线下展会的观众，通过数字化阵地和营销运营，以及精准触达吸引，线上阵地的新注册用户数得到了大幅提升，这就为以后办线下展储备了能量,提供了精准的观众池。

3. 2021北京国际钱币博览会

这是钱博会历史上首次在线上举办的展会,也是首次利用数智化手段实现科技赋能世界钱币文化交流的创新之举。共有120家展商携1 400多件展品在线参展,来自59个国家和地区的30多万人次观众在线观展,6万多人次观众参与线上的互动活动,成绩喜人。

这个项目是用户增长的典型案例。云上会展配合主办单位策划了多种展商权益和丰富的展会主题日内容,并举办了评选、抽奖、直播、会议等活动,吸引了展商积极参与,激发了观众在线活跃度。

4. 2022 U设计周

2022年阿里巴巴设计周升级为U设计周,围绕"不止于设计"主题,推动设计产业的数字化。云上会展为项目提供了线上线下融合的数智会展解决方案,并创建了官网系统、官方售票及活动预约通道、营销引流体系等。

这个项目是线上线下融合办展的典型案例,项目首先应用了云上会展模块化、快速多端布展的能力,围绕4大板块打造线上精品展厅,吸引了150多家展商上线。同时,通过票务设置,区分会议及展览权益,链接线下丰富的预约服务场景,实现不同渠道的票务分发和追踪,实现线上售票预约和线下核验通行的全流程一体化管理。

另外,这个项目也非常重视线上预热活动的策划和"数据智能"的精细化运营。展前按照不同的人群画像,使用不同的内容进行精准触达和引流;展中通过线下逛展、线上打卡来聚合流量,实现了线上线下的融合和相互成就。

第三节　获奖作品赏析

一、基于AISARS模型的数字会展场景用户增长模型创新方案

(一)简介

2022年浙江省会展策划创意大赛一等奖。

(二)摘要

在新的时代背景、竞争环境及消费者行为等多种因素的影响下,传统营销模式受到强烈冲击,信息化的大背景使得数字会展营销成为会展营销的重要方式,是会展顺应时代发展潮流的必然趋势。浙江国际进口(武林洋淘)博览会作为浙江省参与中国国际进口博览会的首个省级非现场配套活动,举办规模大,影响深远,但其在数字会展场景应用中的用户增长方式存在不足之处。

本方案以AISAS模型为基础,结合展会实际情况和需求,将模型修正为AISARS,并借助数字会展工具弥补原有模型的缺陷。以此为理论框架来分析问题,解决问题。本方案的主要内容分为如下几个部分:第一,本方案通过对浙江国际进口(武林洋淘)博览会进行分

析,总结出展会的相关特征;第二,通过对相关研究的梳理,对数字营销新业态的相关内容进行了界定和解析,总结了本方案的相关理论基础;第三,作为本方案的中心,在前面的基础上,结合数字会展工具对模型进行修正,并提出本方案中用户增长模式具体的改造思路、改造过程;第四,在分析模型的宏微观环境、用户特征、营销模式的基础上,对数字会展营销环境下 AISARS 模型的适应性进行了验证;第五,纵观本方案,总结了该模型在用户增长应用场景中的突出特点,对数字会展工具在"武林洋淘"博览会用户增长的应用中进一步深化和提升。

结合数字会展工具,通过将浙江国际进口(武林洋淘)博览会的实际状况与构建的 AISARS 模型相结合,对该模型进行详细分析与验证。这不仅为主办方打开了用户增长的新思路,也为展商拓宽了获客的渠道。AISARS 模型的创新性应用不只针对"武林洋淘"博览会的用户增长,也为同类型的展览会提供了一定的借鉴作用。

(三)文本点评

专家 1:论文的规范性面执行较好;以具体展会项目为例,较好地研究项目的营销;利用科学的研究方法推导创新营销的意义与价值;研究了 AISARS 的适用性;具有一定的论文价值。

专家 2:建议进一步思考"留存"与"分享"之间的逻辑关系。

专家 3:深入理解行业痛点,充分利用市场上的数字化营销能力整合资源,形成新的用户增长模型和收入机会。

专家 4:方案总体结构合理,模型使用得当,方案具有较强实用性。

专家 5:方案有理有据,内容翔实前瞻,有深度思考。

(四)展示点评

专家 1:建议进一步思考文中提出的 AISARS 模型中"留存"与"分享"之间的逻辑关系。

专家 2:主题很好,形式要优化。

专家 3:选取了一个案例作为研究对象,整体定位和目标就比较清晰了。对于用户旅程的分析抓住了留存这个重点,对此展开的增长方法也做得比较有针对性和细致。

专家 4:PPT 内容展示逻辑清晰,采用机器人讲解具有创新性。

专家 5:汇报内容丰富,展示形式创新。

二、2023 首届浙江传统文化数字藏品展

(一)简介

2023 年浙江省会展策划创意大赛一等奖。

(二)摘要

2023 首届浙江传统文化数字藏品展,是基于本土传统文化与现代数字化科技融合呈现的一场文化盛宴。其展出内容主要划分为三大板块:一是官方＋文化研究院＋技术支持单位联合打造区域,主要面向非遗文化,以现代科技对历史经典故事、场景等重新编造的特装

展区;二是涵盖民俗、文学、曲艺、工艺等与吃喝住行相关文化等的传统展区;三是由宋韵文化、唐诗宋词文化、大运河文化三大部分与数字藏品、VR、全息、智慧屏、元宇宙、CG(计算机图形学)等技术结合的主题展区。

与传统的文化类展会相比,无论是在技术创新上、展品展出范围上,还是在营销宣传上,都玩出了新花样、新模式、新体验。亮点一:数字化的可视化技术加持丰富了传统文化展现形式,例如:全息投影技术应用主题馆,将非遗文化的故事一脉贯穿,通过 CG 的制作高度还原古人在衣食住行上的智慧之举;除此之外,还有大运河文化、宋韵文化、丝绸之路等系列主题动画,实现 5D 影院技术应用于展览之中等。亮点二:举办高峰论坛,引领宋韵文化、大运河文化、戏曲、传统绘画等与互联网技术结合寻找新去向。本次展会针对不同范畴的传统文化举办专项论坛会议,一对一为某类主题文化探讨古今脉络及未来的发展等核心问题;其中将现代互联网技术、元宇宙、数字化媒体传播等热门的科学技术如何巧妙与传统文化结合并且衍生出新的产物、新的传播模式进行有效的探讨,为文化的发展提供新的思考方向及参考价值。此外,廊内还设有打卡点,到达打卡点完成相应任务,即可通过扫描二维码获得专属数字 IP 形象。亮点三:从校园到社会,从线上到线下,主题活动联动社媒营销,实现传播最大化。本次展会将其分为不同的区域,让浙江文化都有属于自己的展示平台,无论是小众的还是大众的。文化的汇聚与发展是环环相扣的,因此本次覆盖的范围比同类型展会要更广更细,为观众呈献一场文化盛宴。在前期宣传中,《大运河文化》舞台剧、宋韵文化书法绘画比赛、非遗文化参观、唐诗宋词比对等系列活动受众覆盖中小学生、大学生及部分社会群体;线上的王者荣耀 IP 合作将推出西施与婺剧元素结合的限定皮肤、邀请抖音千万级达人"垫底辣孩"拍摄浙江城市宣传片拍摄;实现了跨越各年龄段的受众覆盖,线下活动与线上宣传联合社交媒体流量,实现内容传播的最大化。亮点四:IP 联名活动与 2023 杭州亚运会联动,助力浙江传统文化走向世界舞台。

(三) 文本点评

专家 1:整体策划较为完整;现代科技应用场景较符合数字会展需求;但在项目的活动策划方面落地性差;财务支持与持续性考量不足。

专家 2:建议进一步充实数字技术在所策划项目中的应用方式、途径;进一步思考数字技术使用相关的预算项目。

专家 3:研究场景与会展业能较充分连接。

专家 4:策划案比较详细,规划比较全面,也能充分利用当下的数字技术。

专家 5:策划案选材非常好,有创意,落地性强。

(四) 展示点评

专家 1:主题比较好,内容宜再优化。

专家 2:建议进一步思考线上线下活动的联动方式与途径。

专家 3:营销方案写得很完整,包含亮点、二次推广,注重展会的品牌建造。题目是数字藏品展,还可以看看怎么引导更多的展商、藏品走入展会,通过什么资源来撬动。

专家 4：PPT 展示较完整，礼仪展示略显不足。

专家 5：方案主题和表现形式有亮点。

三、青活青城，聚力未来"办好一次会，搞活一座城"案例分析报告——以世界青年科学家峰会为例

（一）简介

2022 年浙江省会展策划创意大赛一等奖。

（二）摘要

本文以世界青年科学家峰会案例为研究主题，通过案例分析与数据收集进行研究。第一章的内容重心分别是文章的研究背景、意义，研究方法、内容以及文献综述：上合组织青岛峰会圆满结束后，习近平总书记作出了"办好一次会，搞活一座城"的指示，使得会展行业不断朝着积极的方向发展，更有许多的例子印证会展对一座城市带来的正面影响。基于会展对城市发展的助推作用，引出本文的研究意义——青科会这一代表案例在理论与现实两个方面对遵循"办好一次会，搞活一座城"这一理论的研究，继而介绍本文的研究方法与研究内容，最后介绍了国内外对会展与城市关系研究的文献综述。

第二章介绍了全文的理论基础：首先阐述了"办好一次会，搞活一座城"一句话的出处与概念，对会展的概念进行了详细的介绍，继而举例理论基础——区位选择理论、双因素理论、利益相关者理论在青科会中的体现。

第三章对世界青年科学家峰会进行了概述，详细描述了青科会举办的大背景，罗列了青科会的主办方以及与会人员，进而介绍峰会的整体情况与历届的概况，最后对温州在峰会期间举办的相关系列活动进行简单描述，印证青科会对温州多方面发展的推动作用。

第四章对青科会进行了实例分析，首先根据温州城市区位因素，从地理、经济、政治和人才、高校四个区位因素方面探究了城市有利于办展的优势区位，体现了温州城市各要素对世界青年科学家峰会"以小促大"的推动作用。其次根据青科会在卫生健康、科学技术、青年人才与自然生态四个方面探究"办好青科会，搞活东瓯城"的实现情况，阐述温州城市主体对各要素"以大带小"的影响效果。最后提出了会展多个方面的劣势、不足与挑战。

第五章阐述了在对青科会这一案例进行研究后得出的四方面启示以及对于该会提出的八点建议，以期为温州青科会的可持续发展献智献策、贡献力量。

（三）文本点评

专家 1：结构完整合理，内容充实。建议对青岛会展业的发展状况及主要品牌会展活动对城市的影响进行梳理。

专家 2：调研报告非常翔实、有针对性，落地性强。

专家 3：选题针对性较强，选用资料丰富，内容较完整。

专家 4：论文整体框架清晰，观点明确，在数据整理与分析方面应进一步加强。

专家 5：选题兼顾创新性和实用性，本体材料与文献资料充分，且整体研究思路严密，逻

辑性强,是一份很踏实和扎实的调研报告。

(四) 展示点评

专家 1:调研内容较完整,展示形式有待提高。

专家 2:展示结构清晰,内容完整,语言清晰,创新性不强。

专家 3:进一步思考了会展数字科技对于峰会未来发展的作用。

专家 4:PPT 制作精美,主题鲜明,结构清晰,内容完整;整体方案展演过程流畅,团队风貌较好,语言表达清晰准确,重点突出。

专家 5:汇报的形式还不够有创意。

四、亚欧博览会助力乌鲁木齐打造"西向战略"桥头堡

(一) 简介

2022 年浙江省会展策划创意大赛一等奖。

(二) 摘要

本次调研旨在围绕"办好一个会,搞活一座城"的主题,系统梳理中国—亚欧博览会历届展会的基本特点以及发展趋势,并在深入全面地调研分析线上和线下相结合的第七届中国—亚欧博览会的举办工作情况的基础上,结合乌鲁木齐自身的区位优势、产业优势、管理优势、文化优势等开展分析研判,进一步系统了解和把握乌鲁木齐在打造国际化品牌形象,提升城市自身影响力和美誉度,助力乌鲁木齐打造"西向战略"桥头堡,以及建设丝绸之路经济带核心区等方面的重要功能与意义。在对第七届中国—亚欧博览会的举办背景与进程、乌鲁木齐城市区位优劣势进行客观描述的基础上,探讨如何结合亚欧博览会的举办工作,系统建立乌鲁木齐国内外合作共赢平台,提升乌鲁木齐在对中亚合作窗口建设方面的功能和作用,并在对本次博览会策划和举办过程中存在的问题进行阐述的基础上,明确发展定位,为下一届博览会创新提升提出具有针对性和实用性的对策建议。

(三) 文本点评

专家 1:建议进一步充实对亚欧博览会发展历程、历届基本情况及其影响的分析。

专家 2:对中国—亚欧博览会的调研相对充分,包括提出能够提出一些存在的问题和后续发展建议,但对如何带动乌鲁木齐打造"西向战略"桥头堡,以及建设丝绸之路经济带核心区等方面结合得还不够。

专家 3:调研报告内容翔实,有深度思考。

专家 4:总体结构尚完整,相关调研手段和资料尚需充实。

专家 5:选题价值符合国家战略,内容尚可,如能够对采集数据精准分析更好。

(四) 展示点评

专家 1:对调研分析和建议尚可有针对性提升。

专家 2:展示结构清晰,内容完整,团队合作性强,汇报具有一定创新性。

专家 3:建议进一步思考数字科技对于亚欧博览会未来发展的作用。

专家4：PPT主题鲜明,结构清晰;方案展演过程仪容仪态端庄大方,展示形式也具有一定的创新性,团队风貌展示到位,语言表达清晰。

专家5：汇报内容和团队合作有亮点。

五、展销兴农,强村惠民：感知价值视角下乡村会展对农产品购买意愿的影响

（一）简介

2022年浙江省会展策划创意大赛一等奖。

（二）摘要

乡村会展在乡村振兴建设中发挥着重要作用,然而当前乡村会展受到各种因素的影响陷入经营困境。为了促进乡村会展复苏并提高农产品销售,本团队选取浙江省金华市乡村会展作为调研对象,以期探求感知视角下农村会展对农产品购买意愿的影响。调研前期通过文献阅读与信息检索了解乡村会展发展现状,研究国内外乡村会展相关理论,确定研究方向。

在结合前人研究量表的基础上,根据乡村会展与农产品特点进行适当修改,设置感知价值、消费者体验动机与购买意愿3个变量,依据"期望—动机—态度"模型构建模型。问卷设计包括基本信息与变量测量题项两部分,所有的变量测量题项均采用Liker五级测量法。正式调研之前团队根据预调查数据分析结果对题项进行优化筛选。在正式调研中,团队根据金华市行政区划对8个城镇的居民进行随机抽样后,通过线上线下两种途径发放问卷。同时团队成员利用假期时间对金华市乡村进行实地调查,考察当地乡村会展举办真实情况,并对相关人员开展访谈、记录结果。在剔除无效问卷后,团队利用SPSS软件对数据进行线性回归分析与中介效应检验,根据分析结果对假设与模型进行检验,最终发现感知价值对购买意愿具有正向影响,消费者体验动机在感知价值对购买意愿中起间接影响。

综合数据分析结果与前期实地调查和访谈记录,团队对乡村会展的进一步发展与提高消费者对农产品的购买意愿提出感知价值四维驱动、参与主体三方协作和乡村会展五项提升三大改进方向,助推乡村会展发展,促进农产品销售,从而促进乡村经济振兴。

（三）文本点评

专家1：逻辑清晰,方法得当,内容充实。建议明确研究的是"农业会展"还是"乡村会展",文中都有使用。

专家2：选题、研究视角和调研分析部分都具有一定的创新性和实用性,但研究结论和建议部分薄弱了一些。

专家3：调研报告框架基本完备,有一定的内容体现。

专家4：调研报告内容翔实,有思考深度。

专家5：选题较好,论文内容充实,研究方法得当,结论具有一定应用价值。

（四）展示点评

专家1：建议进一步展示调研案例相关内容。

专家 2：表现形式较新颖，调研内容宏观，需要更聚焦有针对性。

专家 3：汇报框架清晰，内容充实，汇报形式具有一定创新性，PPT 清晰度欠佳。

专家 4：PPT 主题鲜明，展示结构清晰，内容完整；方案展演过程较为流畅，语言清晰。

专家 5：汇报符合主题，内容完整。

参考文献

1. 王起静.展览会功能和发展模式创新[M].北京：经济管理出版社,2023.

2. 王春雷.中国会展业发展：前沿问题与创新策略(第 2 版)[M].北京：中国旅游出版社,2023.

3. [法]刘震.数智化革命：价值驱动的产业数字化转型[M].北京：机械工业出版社,2022.

4. 陈东晓,季路德.从世博会到进博会[M].上海：格致出版社,上海人民出版社,2019.

5. 李勇军.政府主导型会展及其市场化研究[M].天津：南开大学出版社,2016.

6. [德]克劳斯·施瓦布.第四次工业革命：转型的力量[M].世界经济论坛北京代表处,李菁,译.北京：中信出版社,2016.

第二章
会展创意理论与方法

学习目标

（1）掌握会展创意、会展文化、会展质量及相关概念；

（2）掌握会展活动的特征及其内容；

（3）认识会展活动的六种形态；

（4）掌握会展策划的基础理论；

（5）掌握会展策划的基本框架。

思政融合

在杭州 2022 年第 19 届亚运会倒计时 1 000 天活动上，杭州亚运会主题口号正式出炉，中文为"心心相融，@未来"，英文为"Heart to Heart，@Future"。

口号的亮点是@，这是全球互联网通用符号，也契合了杭州互联网之城的特征。"心心相融（Heart to Heart）"，意在各国人民在亚运会这个大舞台上交融，也体现亚奥理事会大家庭团结向上、紧密相拥、充满活力的愿景，倡导全民健身和投身奥林匹克运动。

"@未来（@Future）"，传递自信乐观、不畏挑战、共迎美好的期许，与"永远向前"以及"更快、更高、更强"的精神契合一致，也寄托着面向未来，共建人类命运共同体的良好愿望。

第一节　会展创意理论

美国学者理查德·弗罗里达在其《创意阶层的崛起》一书写道，人类进入工业社会之后，创意经济时代的到来正在改变整个世界的社会和文化价值观。在当今这个社会里，可以说是"创意无处不在"，往往一个好创意就可以发展成为新科技、新产品、新服务，一个好创意是我们和顾客内心灵魂的沟通工具，也可以这么说：一个没有创意的作品，在顾客看来，是没有生命力和感染力的，所以，就更谈不上影响力。

那么,一个好创意是什么? 又从哪里来呢? 雷蒙·费尔南德斯在《会展活动的创意与设计》书中描述:在会展中,创意是以有吸引力的、前所未有的、令人惊喜的、大胆的方式将所有内容协同起来帮助信息沟通的一门艺术。因此,我们传递给顾客的不能是简单的、直接的信息,更需要我们把这些有用的信息通过某种方式传递给顾客。

从会展的角度来讲,好创意具体表现为一个选题、一个活动、一个展示,等等,因此,会展创意就是把这些展会信息通过一定的方式有效地传递给目标观众的方式。它不仅需要创意,更需要设计。那么,会展创意是否有一定的理论和方法可以作为依据呢?

一、创意思想起源

创意思想起源于后工业产业结构升级时期。创意经济的先驱——著名美籍奥地利经济学家熊彼特于 1912 年在其著作《经济发展理论》中首次使用了"创新"一词,运用该词解释经济发展过程中的创新问题。他的贡献是界定了创新的概念和研究范围。明确了现代经济的根本动力不是资本和劳动力,而是创新。而创新的关键就是知识和信息的生产、传播和使用。

同样,被誉为"管理学之父"的彼得·F. 德鲁克认为,"创新是赋予资源一种新的能力、使之成为创造财富的活动",也是"改变来自资源而且被消费者所获取的价值与满足"。

英国于 1998 年最先提出"创意产业"这一概念,当时的首相布莱尔成立了创意产业特别小组,通过"创意英国""创意伦敦"来振兴英国经济。2001 年,英国政府创意产业规划文件将创意产业定义为"源于个人创造力、技能和才能,并通过知识产权的产生和利用而具有创造财富和就业机会的潜力的产业"。因此,当今世界,创意产业已不再是一个学术概念,而是一种执政理念和产业振兴行动。

案例 1：英国创意产业愿景

该产业愿景阐述了英国政府和英国创意行业将如何共同努力释放创意产业的增长潜力。

英国的创意产业处于世界领先地位,是英国经济增长的引擎,也是日益数字化世界的核心。从 2010 年到 2019 年,它的增长速度比整体经济快一倍半以上,到 2021 年创造了 1 080 亿英镑的经济价值。2021 年,英国创意产业雇用了 230 万人。它的影响超越了边界,延伸到了其他行业。英国政府在 2023 年春季预算中将创意产业确定为实现未来增长的 5 个优先部门之一。

到 2030 年,英国希望：

目标 1：在英国各地发展创意集群,增加总附加值(GVA)500 亿英镑。

2030 年创新目标：增加公共和私人对创意产业创新的投资,帮助英国增加研发支出,推动研发主导的创新。

2030 年投资目标：在区域投资的逐步变化的推动下,创意企业发挥其增长潜力。

2030 年出口目标：创意企业增加出口，推动英国每年出口额达到 1 万亿英镑。

目标 2：为未来打造一支高技能、高生产力和包容性的劳动力队伍，为英国各地新增 100 万个就业岗位。

2030 年教育目标：从小培养创造性人才的教育基础和机会。

2030 年技能目标：更强的技能和职业道路培养出满足行业技能需求的劳动力。

2030 年就业质量目标：创意产业的所有部分都因提供高质量就业机会而受到认可，确保拥有代表整个英国的有弹性和高效的劳动力队伍。

目标 3：最大限度地发挥创意产业对个人和社区、环境和英国全球地位的积极影响。

2030 年福祉目标：创造性活动有助于改善福祉，帮助加强当地社区并促进地方自豪感。

2030 年环境目标：创意产业在应对环境挑战方面发挥着越来越重要的作用，帮助英国实现"为英国赋能"计划中设定的目标。

2030 年软实力目标：创意产业扩大对全球受众的影响力，增强英国的软实力和对世界的积极影响力。

讨论：结合案例 1，谈一谈你对创意产业的认识及其和会展创意的关联。

理查德·弗罗里达认为人类的创意是最根本的经济资源。一般认为，创意经济包括时尚设计、电影与录像、交互式互动软件、音乐、表演艺术、出版业、软件及计算机服务、电视和广播，等等。随着时代的发展，其还包括旅游、会展、博物馆和美术馆、遗产和体育等。

自英国以后，许多发达国家和地区也纷纷提出了创意立国或以创意为基础的经济发展模式，与此同时，西方理论界率先掀起了研究创意经济的热潮。从研究"创意"（creativity）本身，延伸到以创意为核心的产业组织和生产活动，即"创意产业"（creative industry）、"创意资本"（creative capital），又拓展到以创意为基本动力的经济形态和社会组织，即"创意经济"（creative economy），随后，聚焦到具有创意的人力资本，即"创意阶层"（creative class）。

案例 2：8 个新兴会展业趋势（2024—2026）

1. 混合型会展持续增长

根据活动专业社区 EventMB 的 2021 年研究，71% 的活动策划者表示，即使在现场活动回归后，他们也会继续采用数字化策略。67% 的受访者表示混合型会展是会展业的未来。会展管理解决方案 Bizzabo 对会展专业人士进行了一项调查，发现 97% 的受访者预计未来会看到更多混合会展。混合会展既具有虚拟会展的灵活性和覆盖范围，又具有面对面会展的联系和参与度。为了满足能够提供无缝的现场和在线体验的会展需求,许多新的初创公司纷纷涌入会展现场。

2. 会展成为重要的公关工具

会展领导力研究所创始人兼执行董事霍华德·吉夫纳(Howard Givner)在 2023 年 1 月份的行业状况演讲中预测,企业活动将"从一种收入来源转变为一种营销工具"。可以访问在线会展活动的虚拟与会者数量没有限制。这样一来,网络会展活动就成为了一种类似于公关的大众传播形式。虚拟信用增加了"追踪赞助商给观众留下的印象"的方式。为了满足虚拟会展活动赞助的需求,像 Bizzabo 这样的平台应运而生,它提供易于使用的赞助商资料和数据,使获得赞助变得更加容易。

3. 会展进入全年会展周期

过去,大公司通常每年举行一次会议或活动。现在,小型虚拟活动变得越来越普遍,活动可以更频繁地举办。它们引发的对话可以在未来几年在网上持续存在,模糊一个"会展"与下一个"会展"之间的界限。Webit 是一年一度的科技和创新节,于 2020 年转变为全球虚拟平台,每月举办 12 场活动,与会者人数达到 250 000 人。该技术已经响应了这种转变,许多会展活动平台现在都提供持续的社区功能。例如,活动平台 Pathable 允许公司创建提供全年内容和社区的登录页面。

4. 专业人士利用活动来帮助他们提高技能

活动行业的快速变化要求结构、技术和专业技能的变化,这些变化将在 2024 年继续出现。为了跟上变化,专业人员正在提高技能。

5. 强调转型体验

在 2021 年 2 月对活动策划者进行的一项调查中,66%的人表示他们需要学习设计数字活动体验,为未来的职业成功做好准备。甚至在大流行之前,会展就已经从关注内容转向体验。

在 2020 年虚拟会议上,思科以 Fall Out Boy 和 The Chainsmokers 的音乐会结束了此次活动。由于他们是虚拟表演,后者能够让与会者全面参观他们的工作室空间。在 Bizzabo 的活动行业峰会期间,即兴嘻哈乐队 North Coast 表演了一场让观众虚拟参与的表演,以最大限度地提高参与体验。在会议和会展活动中,对变革性体验的渴望意味着内容可能不再是最重要的。

6. 重新强调物理和虚拟安全

过去 5 年来,"网络安全"的搜索热度增加了 280%。我们将如何看待会展响应这种增强在线安全的需求?行业专家建议添加双因素身份验证、使用虚拟专网(VPN)和密码管理器等。

7. 会展活动期间和会展活动结束后收集更多数据

大数据可以帮助会展活动策划者满足快速变化的消费者期望。跟踪 RFID 徽章在真实环境、虚拟会展活动中的工作方式、跟踪点击次数、用户在演示中停留的时间,甚至他们与谁互动,都可以为公司提供有价值的见解,了解他们的目标人群是谁以及他们的目标是什么。目前,研究表明,只有42%的与会者观看了整个虚拟会议。业界知道,完全虚拟的会展活动并不理想,但距离找到现场会展活动的正确替代方案可能还有很长的路要走。实时数据收集将成为弥合会展发生地点与会展应发生地点之间差距的主要工具。

8. 加大会展技术投入

40%的活动策划者对他们可用的技术选项不满意。据说,这场大流行将数年的变化浓缩为数月。结果是技术远远落后于需求,但它会迎头赶上。活动领域的初创公司因其巨大的估值而成为头条新闻。Hopin在2020年筹集了高达1.25亿美元的资金,并在2021年估值达到56.5亿美元。会展活动网络应用程序Grip在2021年2月筹集了130亿美元,视频初创公司Touchcast在同月筹集了5 500万美元。Welcome从餐厅软件转型为虚拟会展活动平台并获得了600万美元。而虚拟音乐会公司Wave筹集了3 000万美元。随着科技热潮持续到2023年及以后,会展科技可能会继续蓬勃发展。

讨论:结合案例2,谈一谈你对技术在会展创意中地位和作用的看法。

会展活动中的创意关系到社会经济发展中的诸多方面。一方面,会展创意理论的研究是指导会展经济稳步发展的重要基础,是解决会展业发展过程中的产业定位、市场开发、行业管理、生态保护等问题基本理论基础,涉及市场分工理论、现代区位理论、城市地理学、产业经济学、可持续发展等等。另一方面,会展业具有明显的产业关联性,会展经济的发展涉及社会经济的各个方面,为保证其持续、健康发展,我们必须运用相关理论指导资源优势转化为产品优势,并形成产业优势。

二、会展质量构建

美国著名质量管理专家朱兰曾经指出,20世纪是生产力的世纪,21世纪则是知识与质量的世纪,质量优劣将成为一个国家和企业生存与发展的战略问题。随着知识时代的到来,科技与质量创新是决定竞争制胜的关键。会展质量学研究什么? 会展质量学是从经济学的角度研究会展质量问题,通过会展的质量与经济的最佳组合,以取得最大的经济效益。会展质量学的重点在于按照经济规律对会展质量进行经济分析和质量控制。会展质量学研究的内容包括以下四个内容:会展质量评价和会展质量规律、微观会展质量经济现象分析、宏观会展质量经济分析、会展质量经济效益分析。

会展质量规律就是对会展活动质量与其他经济现象之间的综合描述和反映。微观会展质量现象分析主要研究会展质量差异与单个经济单位(参展商、观众、会展企业、会展市场)

的经济行为之间的相互关系。宏观会展质量经济分析主要研究会展质量差异与宏观经济指标之间的相互关系。

提升会展产品质量是会展经济效益最有效的途径之一。其主要的作用：一是提高会展质量为参展商带来直接经济效益；二是提高会展质量为整个社会带来经济效益；三是提高会展质量带来和谐友好的社会环境、自然环境，会展企业生产高质量的参展产品、消费者使用高质量的商品节约了资源消耗成本（社会成本、人力成本、环境成本等）而产生经济效益。

在会展质量学的具体研究过程中，将运用政治经济学、微观经济学、计量经济学、技术经济学等以及一些特殊的研究方法，会展质量经济效益的计算、会展质量与技术进步的关系、会展质量与国民经济核算等。

案例3：质量的历史

我们现在所认为的质量管理体系最早于20世纪20年代开始发展，当时统计抽样技术被引入质量控制方法中，由沃特·A. 休哈特（Walter A. Shewhart）首创。当今各行业仍然依赖的全面质量管理技术发展的关键是约瑟夫·M. 朱兰（Joseph M. Juran）和W. 爱德华兹·戴明（W. Edwards Deming）等专家。

一、质量革命

现代质量革命始于20世纪70年代，当时日本商品的质量超过了美国和欧洲。

20世纪80年代美国非常重视质量改进，并采用了准时制（JIT）等新做法。

到了20世纪90年代，在制造业中被证明是成功的质量改进方法开始被应用于组织的工作实践中，摩托罗拉提出了六西格玛的概念，它主张所有产品和流程都必须力求完美，并且朱兰的方法已被用来创建数据驱动的改进周期DMAIC。

2000年，出现了精益和六西格玛以及其他持续改进方法的结合。

2010年，引入了持续改进和质量4.0。

二、认证——质量管理认证体系的演变

以下是质量管理认证体系演变过程中关键日期和事件的时间表。

1959年：美国国防部MIL－Q 9858标准制定。

1969年：MIL－Q 9858修订为NATO（北大西洋公约组织）AQAP（联合质量保证出版物）质量保证体系系列标准。

1974年：BSI（英国标准协会）发布BS 5179"质量保证指南"。

1979年：BSI发布BS 5750系列标准。

1987年：ISO（国际标准化组织）发布了基于BS 5750系列的ISO 9001标准。

1994年：ISO发布ISO 9001标准的第一次修订版。

2000年：ISO发布第二次修订版，并将ISO 9002/3合并到9001中。

> 2008 年：ISO 9001 第三次修订版发布。
>
> 2015 年：ISO 9001：2015 发布，成为组织级质量管理体系的指南，更接近全面质量管理(TQM)模式。
>
> 讨论：结合案例 3，谈一谈你对会展质量和质量认证的认识。

会展质量学是解决现实生活中会展质量提升和改进问题的一门科学，是研究人们收入不断提高所表现出的对高质量会展服务需求的增加与会展企业产品与服务供给不足的新兴学科。高质量的会展能更好地带动经济增长，从而使社会经济取得不断增长。主要研究方向包括会展企业生产什么质量的产品与服务；会展企业采用什么方法达到质量的要求；会展企业生产出来的产品和服务为谁消费，等等。

三、会展创意方法

1977 年，著名设计师夫妻查尔斯·伊姆斯和雷·伊姆斯(Charles and Ray Eames)完成了 9 分钟电影《十的次方》(Powers of Ten)，影片讲的是"宇宙中事物的相对大小"。当年，这部不足 10 分钟的短片让许多人开始思考一个问题：我们究竟身处何处？

这个视频给我们展示通过调节你手机镜头里的聚焦来增强眼睛的感知力——用一个你自己看不见、只能靠想象的尺度，思考你所处的位置。如何让人们轻松了解一个复杂又难以描述的讯息呢？那就是创意，创意可以有许多种方式。通过一个好的创意，可以让我们更清晰地了解事情的真相和背后的故事。

在会展中，创意是以有吸引力的、前所未有的、令人惊喜的、大胆的方式将所有内容协同起来帮助信息沟通的一门艺术。创意的核心内容必须能将会展的主题和其他所有看似没有联系的元素联系在一起，使之能围绕主要的信息与观众沟通并简化沟通的过程，产生重要的协同作用以及增加会展的有效性。会展创意的方法构建主要围绕以下几个方面的内容：第一，会展产品的类型；第二，会展的文化理念与内涵；第三，文化创意对会展的指数效应。

(一)深入了解目标会展产品类型

会展产品是一个整体概念，它是由多种成分组合而成的综合体，是构成和支持会展活动的各种元素的有机集合。

会展产品整体构成包括会展服务、会展设施、会展延伸或派生的服务等要素。其中会展服务是会展产品的功能体现，是会展产品的内核；会展活动是会展产品的外在表现形式，是会展产品的构成主体；而会展创意则是我们活动成功举办的灵魂，文化是会展创意的核心。

会展产品类型是开展会展创意的基础。

(二)深刻认识目标会展的文化的理念与内涵

会展文化这一概念，是在 2005 年 7 月 10 日郑州举办的首届中国国际会展文化节中被明确提出来。当时国际展览局主席发表《文化：会展的灵魂》主题演讲，提出了从文化的高度研究会展这样的命题，从此开启了关于"会展"与"文化"相结合的深刻讨论。

会展经济作为文化产业的一种，是指通过举办各种形式的会议和展览，直接或间接拉动经济效益和社会效益的一种经济现象与经济行为，会展活动也就成为一种主要的物质文化交流活动。同时会展文化对会展经济产生重要支撑。

新加坡"国家城市"发展的特点也是把会展、旅游、城市经营、城市形象宣传结合起来的真实体现。会展是由多个文化要素所组成的综合表现形态。从宏观上讲，其对整个行业健康、有效增长有着重要的导向作用。从微观来讲，则体现在整个策划过程。

（三）深刻认识文化创意对会展的指数效应

创意指是由卡内基梅隆大学教授理查德·弗罗里达在 2002 年的著作《创意阶层的崛起》中首次提出，以简化的形式反映文化创意产业对经济增长的贡献力，并为决策者的行为、评估、测量以及影响力的监测等提供一个评估指导。他把创意解释为"对原有数据、感觉或者物质进行加工处理，生成新而有用的东西的能力"。基于此，众多学者组织和国家地区分别根据自身需求提出了各种创意指数体系。

创意概念与创新概念既存在很强的相关性，又存在差异。创意强调构思原创思想时的智力或灵感，创新强调对已有创意的一种重新审阅、改编和扩充的过程；创意比较私人化和具主观性，而创新则具有团队性、竞争性和客观性，创意可能引起创新，但创新很少引起创意。正是由于创意与创新的这种差异，创新可以视为一种生产要素直接进入生产过程，而创意是否具有经济和社会价值则需要经过创新实践和市场检验，所以，创新是创意的定价和保护机制。

近些年，全球在知识产权以及创新领域获得了迅速发展。创新已经成为了一个中心要素，并且获得了 5%—10% 的增长，比世界经济增幅要高得多。创新指数体系是创新能力被逐渐纳入传统生产函数的必然结果，一般通过评估制度和政策、创新驱动、知识创造、企业创新、技术应用与知识产权等，衡量一个经济体广泛的经济创新能力。

四、会展创意呈现

1997 年，英国最早提出"创意产业"（creative industry）概念。创意产业对应的是建筑、设计、广告、公关、会展和动漫等行业，并没有把文化放进来。如果观光者参观卢浮宫，或在埃菲尔铁塔前拍照留影，那是文化产业，而不是创意产业范畴。

文化就是把人类社会中"美好和谐"的事物"化为"于一切人类活动，"以文化之"就是"文化的要求"，"美好和谐"就是文化的最高要求。传统与现代、过去与未来、东方与西方，看似相去甚远，通过会展人特有的方式和独特的想法把它们联系在一起，展示在参观者的眼前。会展以其特有的展示方式，不仅感知过去，也可以看到当下和未来，还可以连接东方与西方。

现代会展设计要在两个方向寻求突破：一是会展设计国际化（全球化），使会展设计成为一种超越民族、国界的世界语；二是会展设计本土化（在地化），使会展设计体现自己的民族性、文化性与个性。

案例 4：2024 年会展趋势：混合、可持续和人工智能驱动的会展

一、混合会展模型

混合会展活动将变得更加复杂，并成为会展业不可或缺的一部分。

技术进步：尖端技术不断提升混合会展的水平，使其更具沉浸感和互动性。流媒体质量、增强现实和虚拟现实，以及互动平台的发展正在缩小亲身体验和在线体验之间的差距。

扩大覆盖面和可及性：混合会展显著扩大了受众范围，超越了地理限制。它们提供虚拟和线下出席之间的灵活选择，使会展更具包容性并可供全球观众参与。

成本效益：这些会展通过减少对大量物理基础设施的需求，同时保持吸引广泛观众的能力，提供了经济优势，反映了重要会展趋势之一。这种效率对于预算有限的组织尤其有利。

增强的社交机会：正在开发新的工具和平台，以促进虚拟与会者和实体与会者之间的联网，确保虚拟与会者与实体与会者一样参与。

可持续性：混合模型符合环境可持续性目标。通过减少对旅行和物质资源的需求，这些活动有助于降低与大型聚会相关的碳足迹。

定制与会者体验：利用人工智能和数据分析，混合会展可以为与会者提供个性化体验，无论他们是在线参加还是亲自参加。量身定制的内容和互动会议可满足个人喜好和需求。

挑战和解决方案：虽然混合会展面临确保技术可靠性和保持虚拟与会者参与等挑战，但技术和会展规划方面的持续创新正在不断解决这些问题。

二、可持续和环保会展

会展策划的可持续发展趋势正在增强，涵盖各个关键方面。

生态友好型场馆：作为更广泛的会展趋势的一部分，生态友好型场馆占据了中心舞台。选择场馆超越了基本考虑，重点关注具有绿色认证、节能设计和可持续运营的建筑。这些场馆还可能设有有机花园、自然采光和减少废物计划。

减少废物举措：可持续会展趋势涉及减少废物的努力，包括综合回收计划、堆肥设施以及尽量减少食物浪费的举措。会展材料的数字解决方案，以及可持续的销售策略正在成为标准。

可持续餐饮选择：餐饮选择变得越来越具有生态意识，重点关注从农场到餐桌的供应商，最大限度地减少肉类消费，并确保所有海鲜的来源都是可持续的。餐饮服务商还采用零废物做法并使用可生物降解或可堆肥的餐具。

绿色交通选择：鼓励绿色交通，包括提供电动班车服务、与环保出租车服务合作，以及设立自行车共享站。会展地点也安排在无障碍区域，以促进步行和公共交通的使用。

会展制作中的能源效率：能源效率延伸到会展制作的各个方面，从使用更少能源的数字舞台设计到太阳能活动设备。实时监控能源消耗，以便立即调整效率。

让与会者参与可持续发展：让与会者参与可持续发展的互动研讨会，展示环保创新，并鼓励在会展期间参与绿色倡议。

抵消碳足迹：碳抵消变得越来越复杂，活动投资于经过认证的环境项目，使用碳足迹计算器来评估和抵消其影响，甚至在会展后实施可持续发展报告。

三、先进的会展技术

会展业发展趋势与格局越来越受到先进技术的影响。

人工智能（AI）：人工智能正在改变会展策划的各个方面，例如使用复杂的算法进行与会者行为预测和个性化服务设计。它可以自动化后勤任务，提供会展绩效的实时分析，并通过智能推荐和个性化内容提高与会者的参与度。

虚拟现实和增强现实（VR/AR）：这些技术正在为与会者创造深度沉浸式互动体验。VR被用于虚拟场馆参观、远程出席体验和沉浸式演示。AR正在通过数字覆盖增强物理活动空间，为与会者提供互动和引人入胜的体验。

物联网（IoT）：物联网正在创建一个互联设备网络，可以显著增强活动体验。用于人群管理的智能传感器、用于实现最佳舒适度的环境控制系统，以及用于简化与会者交互的连接设备都是一些例子。这些技术可以打造反应更加灵敏、更具吸引力的会展环境。

高级数据分析：更复杂的数据分析工具的出现为会展管理带来了新的可能性。这些工具可以深入了解与会者的行为和偏好，促进更有效、更有针对性的会展规划。高级数据分析被用于从优化会展布局到定制营销活动和提高整体会展投资回报率的各个方面。

用于会展安全和票务的区块链：区块链在增强会展安全和票务方面的作用变得越来越明显。该技术提供了安全、防篡改的票务系统，有助于防止欺诈。此外，区块链还用于安全、透明地处理与会者的数据，提高会展交易的信任度和效率。

5G连接：5G的部署将彻底改变会展连接，为虚拟现实体验、高质量直播和大规模物联网部署等高需求应用提供所需的带宽。这项技术是支持现代会展日益数字化和互联的关键。

可穿戴技术：可穿戴技术正在超越基本的跟踪，提供更复杂的功能，例如生物识别反馈，可用于增强与会者的体验。这些设备对于个性化交互、会展期间的实时健康监控，以及为与会者参与模式提供独特的数据洞察变得至关重要。

四、个性化和数据驱动的会展规划

作为更广泛的会展趋势的一部分，会展管理中对个性化和数据驱动规划的重视变得更加明显和复杂。

利用大数据实现个性化：会展组织者正在利用大数据来深入了解与会者的偏好和行为。这些信息用于定制会展体验的各个方面，从营销信息到会议推荐，确保为每位与会者提供高度个性化的体验。

个性化中的人工智能：人工智能技术具有处理和分析大量数据的能力，在个性化会展体验方面发挥着关键作用。包括使用人工智能算法创建定制的会展行程、建议社交机会，以及根据个人与会者资料和过去的行为提供定制内容。

会展规划的预测分析：预测分析工具越来越多地用于预测与会者的偏好和兴趣。允许进行预期规划，其中会展旨在满足预测的需求和偏好，从而有可能提高与会者的满意度和参与度。

数据驱动的场地和会展选择：场地和会展主题的选择变得更加数据驱动，并根据有关与会者偏好和行为的历史数据做出决策。这种方法有助于选择最有可能引起目标受众共鸣的场地和设计会展。

实时数据利用：在会展期间使用实时数据分析可以立即进行调整和改进。包括改变会展形式、修改时间表或解决现场的任何后勤挑战，从而增强整体会展活动体验。

通过数据增强与会者参与度：数据洞察被用来制定更有效的与会者参与策略。这包括个性化沟通、为特定参与者群体定制活动和会议，以及促进有针对性的社交机会。

数据的隐私和道德使用：在个性化的推动下，人们更加关注隐私和与会者数据的道德使用。这涉及确保以透明的方式获得数据使用的同意，并负责任地使用数据，符合相关法律法规和道德标准。

五、互动和沉浸式体验

会展业趋势的一个重要组成部分是对会展中互动和沉浸式体验的关注。

增强现实和虚拟现实：增强现实和虚拟现实被用来创建高度沉浸式的环境，将与会者带到虚拟世界或通过数字元素增强物理场地。这是会展业趋势的关键组成部分之一，其中包括虚拟会展导览、AR 增强演示和 VR 体验，让与会者能够以深度参与的方式与环境或产品进行互动。

互动会议和研讨会：会议和研讨会不再是被动参与，而是变得更具互动性，通常利用技术让与会者实时作出贡献。包括协作研讨会、具有互动元素的分组会议以及让与会者更深入地参与内容的实践活动。

游戏化：越来越多地采用游戏化来提高参与度。这涉及将计分系统、竞赛和奖励系统等游戏机制整合到活动中，使活动更具吸引力和乐趣，同时也鼓励参与。

交互式技术的使用：触摸屏、交互式信息亭和 RFID（射频识别）等技术的集成正在增强与会者的参与度。这些技术可实现个性化体验，例如自定义内容交付和交互式寻路。

实时投票和问答环节：使用实时投票和问答环节等互动功能使活动更加动态。这些工具可实现实时观众参与，允许与会者发表意见和问题，从而使会议更具响应性和互动性。

沉浸式品牌体验：会展中的品牌正在创造超越传统展示的沉浸式体验。包括互动产品演示、体验式营销展位和身临其境的故事讲述，让与会者以更有意义、更难忘的方式与品牌互动。

社交媒体整合：整合社交媒体的会展变得越来越复杂。除了基本的标签会展之外，还包括实时社交媒体墙等功能，鼓励与会者实时分享他们的经验，以及利用社交平台提高会展参与度和影响力。

六、关注健康和安全

健康和安全仍然是 2024 年活动管理的首要任务。

先进的健康筛查技术：先进的热扫描仪和非接触式系统等创新健康筛查技术的部署变得越来越普遍，为监测参加者的健康状况提供了有效的方法。

创新的安全协议：实施创造性且有效的安全协议，例如使用人工智能和物联网进行人群控制，以安全地管理大型集会。还在探索使用可穿戴技术进行接触者追踪或健康监测。

心理健康考虑因素：将心理健康考虑因素纳入会展策划正在引起人们的关注。这包括创建安静的区域、健康会展，以及确保整体会展环境有利于心理健康。

应急准备：通过全面的计划和协议加强应急准备，包括随时提供医疗专业人员和急救服务、有明显标记的紧急出口，以及接受过应急响应培训的工作人员。

无障碍和包容性的会展设计：将会展设计得完全无障碍和包容性，并考虑到各种残疾的参加者，提供必要的住宿，如手语翻译、轮椅通道和感官友好的环境。

可持续性与健康的交叉点：可持续性与健康的交叉点正在被更深入地探索。这包括提供更健康、可持续的食品选择，确保清洁的空气质量，以及创造一个对环境和与会者健康产生积极影响的绿色会展空间。

七、改变与会者的期望

会展参与者不断变化的期望变得更加具体和复杂。

对个性化体验的需求：与会者现在期望会展具有高水平的个性化，这反映了活动突出趋势之一，从定制议程到个性化沟通和内容。他们寻求与个人喜好、职业目标和兴趣产生共鸣的经历。

高质量的虚拟选项：随着混合会展的常态化，人们对虚拟组件提供可与现场出席相媲美的优质体验的期望越来越高。这包括高清流媒体、交互式虚拟网络机会，以及对关键会议或研讨会的虚拟访问。

可持续发展意识：与会者的环保意识日益增强，期望会展能够展示可持续实践，从减少废物和环保材料到可持续食品选择，并最大限度地减少会展的总体碳足迹。

对互动和参与内容的渴望：现代与会者渴望参与；他们希望成为积极的参与者，而不是被动的观察者。这包括互动研讨会、沉浸式技术体验、现场问答环节，以及其他形式的参与性内容。

健康和安全优先事项：大流行后，健康和安全仍然是与会者的首要考虑因素。他们期望有明确的健康协议、清洁标准，以及根据需要进行社交距离或虚拟参与的选项。

先进技术的使用：人们越来越期望会展能够融入先进技术。与会者正在寻找尖端的解决方案，例如 AR/VR 体验、人工智能驱动的个性化，以及技术的创新使用，以增强他们的会展体验。

时间和投资的价值：与会者正在为参加会展的时间和投资寻求更高的投资回报率。他们渴望提供价值的独特体验，无论是通过社交机会、学习体验还是娱乐。

讨论：结合案例 4，谈一谈你对设计符合会展与会者期望的会展创新场景的看法。

五、创意策划案例

（一）案例一：南京博物院策划的"融·合：从春秋到秦汉—中国传统文化中的多元与包容"特展

2020 年 5 月 18 日，特展在南京博物院开展，展示的内容包括春秋到秦汉时期政治经济、思想文化、社会生活、交流融合，诠释了国际博物馆日"致力于平等的博物馆：多元和包容"的主题，是 2020"5·18 国际博物馆日"中国主会场活动的一部分。

从春秋到秦汉，体现了中国传统文化中多元与包容的文化气质。先后涌出了孔子、老子、墨子、庄子等一大批人，群星璀璨，使人类思想迎来一次大发展。春秋五霸，战国七雄，风起云涌中多元文化激烈碰撞，兼容并包；齐鲁文化、燕赵文化、秦晋文化、荆楚文化、吴越文化、巴蜀文化，多元发展，中华文化迎来一次大融合。文明因多样而交流、因交流而互鉴、因互鉴而发展。这或许是对"致力于平等的博物馆：多元和包容"主题的最好诠释。

（二）案例二：如何用艺术作品表达可持续发展

日本东京"SDGs 创意作品展"。SDGs 是联合国可持续发展目标（Sustainable Development Goals）的缩写。

2021 年 11 月 19 日至 21 日，"用艺术来思考可持续发展"SDGs 创意作品展在日本东京青山出展。这次作品展围绕联合国可持续发展目标中第 14 项：保护和可持续利用海洋及海洋资源以促进可持续发展，以及第 15 项：保护、恢复和促进可持续利用陆地生态系统，可持续森林管理，防治荒漠化，制止和扭转土地退化现象，遏制生物多样性的丧失展开，邀请了 29 位日本知名艺术家，以与人类共同生存在地球上 137 万种动物作为题材，围绕着"地球的重要性"创作并出展。

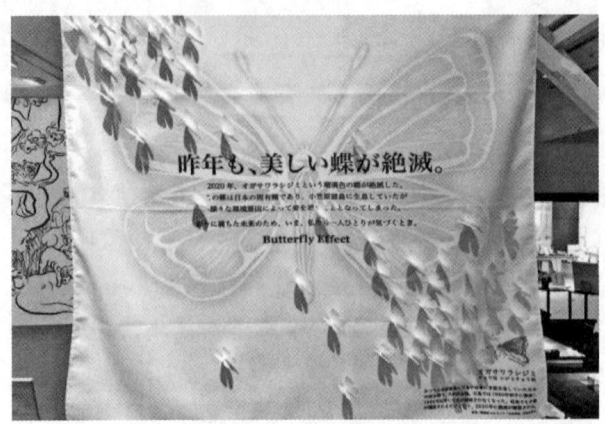

图 2.1　蝴蝶效应

让人印象最深刻的布作,莫过于"蝴蝶效应"(Butterfly Effect)。不同于其他作品的平面绘制,这幅由日本空间设计师长谷川喜美带来的作品,是立体的。每一只小小的蝴蝶,纯白,翅膀那么立体,仿佛一个矩阵,吹一阵风它们就从画布表面翩翩而飞,变成真正的蝴蝶。然而,纯白的画布,振翅的蝴蝶只是背景,画布的中央,是大写的警告:"去年,也有美丽的蝴蝶灭绝。"原来,2020 年,一种日本独有的蝴蝶品种——大紫琉璃灰蝶(学名 Celastrina ogasawaraensis)被确认灭绝。这种生活在日本小笠原群岛,只有 12—15 毫米大小,有着带黑边的蓝绿色翅膀的美丽小蝴蝶,还没有来得及被人们了解或者知道,就已经从地球上消失了。

图 2.2　我要变成星星了哦,要从地球离开了哟,我灭绝了喔

日本作家大宫埃莉(Ellie Omiya)这幅作品的名字,是日语"我要变成星星了哦,要从地球离开了哟,我灭绝了喔"的罗马音。意思如同画作下方的英文一样。整幅画作颜色鲜明,画中的犀牛在"微笑",看起来也很开心,身边环绕着好多小星星,仿佛犀牛们离开地球后真的可以变成星星。它们不会变成一闪一闪的星星,它们只会永远地消失。如同旁边那幅"活着的颜色"作品一样,只有在地球上存在,它们才能带给这个世界更多的美好和颜色,当灭绝的一刻来临,留下的,就是空白和虚无,不会再有色彩。

图 2.3 加拿大森林中遇到的森林狼，它一直盯着我，然后悠尔离开

看到这幅作品你会想到什么？

可能一瞬间，脑海一片空白，因为注意力全都被那双眼睛抓走。

这是日本知名绘本作家 Abe 弘士创作的《加拿大森林中遇到的森林狼，它一直盯着我，然后悠尔离开》。从这个略长的作品名字里，就能体会到作者想表达的，也是这个盯着看的眼神。作为人类，我们不知道动物们的想法，但是倘若我们从动物的角度，试着去思考一下现在的环境问题，也许，我们可以理解这个眼神里更多的含义。

有不解？有无奈？甚至有恨？森林狼不能用言语表达，只留下了一个眼神。但这也足够人类思考了。

漫步在展会现场，试图去解读每一幅作品传达的信息，试图去解码生物多样性现状的残酷，试图去反思过去展望未来。也许某一刻，内心深处会小小地震颤一下，如果这样的感触能在日后的生活中，将可持续发展的原则，更多落实在日常的生活中的话，也算是为了这些动物们，为了我们人类自己，做了一点小小的贡献。"地球的重要性"其实不言而喻。

通过这两个案例，身为"会展人"，我们要思考：策划目的是什么？会展设计灵魂是什么？会展创意的根本是什么？是不是已经有了自己的答案。

无论是博物馆里的主题展览、还是一些可持续的主题策划展览，都有策划的要素，展览策划的目的也非常明确。策划创意就是围绕主题，开拓思维理念和国际视野，借鉴各国大师的杰作，融合东西方的文化理念，使我们的作品跨界时空、再塑未来。

第二节 会展策划理论

会展的核心价值是对会展本质性特征的描述，主要分为基本特征、体系构成、主要功能和基本原理四个部分。可简要概括为：四个密集型、三个层面、六个经济形态、八个原理。

一、会展基本特征

按照特征层次由低到高，会展具有四大密集型产业特征。

第一，服务密集特征。有两个方面的含义。一是会展活动涵盖了多种服务业形态。营销、物流、餐饮、住宿、旅游等，位于服务业产业链的前端，可以拉动其他服务业的发展。

第二，会展具有技术密集特征。主要是指会展活动可以通过量化方式对要素进行分析，也可以用量化分析的方法进行要素策划，包括资源、题材、竞争力、展品、时间安排、经费预算、风险管理等。

第三，会展具有知识密集特征。主要是指会展项目策划的过程中，要充分了解题材所在行业的前沿特征，以及供需关系。如展品、会展客商等。

第四，会展具有谋略密集特征。会展活动不仅是经济形态，更是战略手段，包括会展活动是主场外交的主要载体，因此在题材设计、会展客商邀请、物化成果设计等方面都要有战略意识，做好顶层设计。

案例5：会展活动的特征

1. 平台性

会展在将人们聚集在一起以实现品牌建设、慈善、筹款、庆典活动、仪式、形象塑造等特定目的方面发挥着重要作用。会展是目标受众或消费者有机会与产品生产商见面的最佳平台。婚礼、生日聚会或新年聚会上的人群不仅彼此互动，还会与主持人甚至艺人互动，这营造了一种使会展变得愉快的气氛。

2. 体验性

会展旨在提供令人难忘的体验，他们为婚礼、体育赛事、节日、路演等活动的参与者创造体验。会展通过提供体验向大脑提供多维的交流。因此，它只是一个让我们"感觉"的事件。会展提供的每一次体验都是独一无二的。体验方面使会展更具吸引力和乐趣。

3. 独特性

每个会展都会有所不同，没有完全相同的两个会展。参与者、环境、观众和其他变量使会展变得独特。奥运会已经举办过大约300届，每届奥运会都因不同的运动员、组织者和不同的观众而各具特色。

4. 时效性

正如会展被认为是独一无二的一样，它们也被认为极易消逝，简短且有时限，有固定的时间范围。简而言之，事件不会永远持续下去。任何会展都不能以同样的方式重复。每年举办的国际电影奖或奥斯卡颁奖典礼可能与前一年的举办有所不同。

5. 仪式性

纵观以往的会展,仪式和典礼始终扮演着重要的角色。我们今天看到的仪式是旧传统的重新发明。通常仪式和典礼的存在是因为它们强调传统的连续性。金熊奖、金球奖或奥斯卡奖均颁发给优秀电影制作、表演导演,整个颁奖典礼由表演组成。同样,婚礼也是由基于代代相传的传统的仪式和典礼组成的。根据会展规模,仪式可以是大型的,也可以是小型的。带有全新仪式的新会展,正在成为吸引城镇游客的一种趋势。

6. 娱乐性

娱乐是大多数会展的本质。对于某些会展来说,娱乐是核心,而对于另一些会展来说,它是次要的。在任何会展中使用的娱乐都应达到其目的。做出此决定时必须仔细考虑会展观众的需求。虽然有些会展娱乐是唯一目的,例如节日、嘉年华和音乐会,娱乐被用作一种策略来创造动力并增强会展的美感,例如集市、婚礼和慈善表演。某些形式的娱乐与各种会展相得益彰,如周年纪念日或婚礼派对可以考虑主题化装舞会。

7. 创意性

创意和创造力是当今会展业的关键优势。婚礼策划师将使用颜色主题来强调活动的气氛或象征意义。会展活动的创意布置展现了会展管理者的创造力。创意赋予会展令人难忘的体验。例如,可以通过使用不同寻常的场地、装饰中的艺术表达、其他创意风格和会展的相互作用来创造令人称赞的因素,从而使会展取得成功。场地也被用来展示公司的信息或文化,比如现代和未来主义建筑代表新时尚公司,历史建筑代表传统公司。

8. 氛围感

氛围是确保活动成功的一个非常重要的特征。在个人活动中,例如生日聚会,气氛可以由在场的人简单地营造出来,不需要任何其他东西,朋友之间的良好陪伴可以使活动变得精彩。然而,对于许多会展来说,合适的氛围是通过所需的服务来营造的。昂贵的场地、主题装饰、礼物、食物和游戏不一定能让周年纪念派对取得成功,但组织良好的会展可以让忙碌了一天或长途跋涉到达会场的客人心情愉悦。

9. 劳动密集型

会展越复杂、越独特,在组织和运营方面就越可能是劳动密集型的。会展团队的技能对于概念发展非常重要。从为优质会展提供高效服务的复杂规划,到需要大量人员配备才能正确举办会展的运营层面,大多数会展都是劳动密集型的。会展经理得到了一个团队的支持,该团队人员有时会随着会展的临近而大幅增长。一个由 10 名成员组成的策划团队一起工作一年,可能会在会展的短时间内突然成长为由 200 名成员组成的团队。托夫勒将这种现象描述为"脉动组织"。此外,供应商的高效合作,团队的高水平协同也是非常重要的。

10. 财务规划型

财务规划对于会展非常重要。这取决于会展的规模和参加活动的游客数量,还取决于举办会展的成本以及是否必须盈利。每个会展的定价方式都不同。定价问题非常重要,因为缺乏经验的组织者通常会低估各种成本。这就是为什么在任何会展开始之前,应与客户协商并最终确定准确且经过深思熟虑的财务预算。它是将成本控制在预算范围内并确保资源有效利用的关键因素。

讨论:结合案例5,谈一谈你对一份优秀的会展策划书应具备特征的看法。

二、会展形式逻辑

会展活动外在形式就是会展项目,是物化存在的实体(展品、展商、客商、活动)。外在形式的依托是策划方案,是项目举办工作的纲领性文件。

内在逻辑是指会展活动举办的动因与目的。主要包括三个层面:一是宏观层面:谋篇布局、构建关系。要将会展项目作为推动秩序变革、构建新型关系的手段。包括产业关系、企业关系等。二是中观层面:战略引导、资源集聚。要通过信息不对称形成注意力、吸引力、集聚力、竞争力和掌控力。三是微观层面:信息生成、物化成果。要通过项目、活动的策划设计等方式,形成相关信息、拓展传播范围、实现信息反馈、达到相关效果。

从上面的阐述我们也可以进一步作出分析:会展策划应具有复杂的事情简单化和简单事情复杂化的能力。

三、会展经济形态

一是注意力经济,举办会展活动可以引起外界的关注,进而形成注意力。二是平台经济,举办会展活动可以带来人流、物流、信息流和资金流的集聚扩散,可促进参与者之间的信息交流和对接合作。三是格局经济,会展业是谋篇布局,也是一种科学的选择,可以根据需要选择题材、展品、展商和客商。四是流量经济,大量的人流集聚扩散,必然会带来流量经济,提升城市和区域的活跃度。五是聚合经济,人流、物流多次反复地集聚扩散,必然会带来产业、市场和资源的流动形成产业集聚。六是消费经济,流量经济的不断扩大,也必将带来对举办城市和区域消费的拉动。

四、会展策划理论

会展基本理论是对产业的规律性特征的描述。能否掌握理论,关系到策划会展项目是指哪打哪还是打哪指哪的问题。

一是会展动力学:主要是指展项目的吸引力来自项目的信息不对称。包括展品、展示过程、信息传播等环节的信息不对称。

二是会展运动学：主要是指会展活动举办过程中，参与人员和相关要素的来源与扩散范围。一般说来，人流、物流、信息流、资金流的来源与扩散范围越广，展会的质量越好、价值越高。

三是会展层次学：主要是将会展活动划分为政治外交、社会文化、产业经济、生活消费。不同类型的项目在诸多要素方面存在较大差异，以经费为例，层次越高，成本越多、社会效益越高。层次越低，经济效益越高，社会价值就偏低。

四是会展结构学：主要是指会展项目的题材范围不要太散，要有聚焦度。包括题材与展品、展会面积与展会题材、展品构成之间的关系。

五是会展资源学：巧妇难为无米之炊，资源特征决定会展的决策。资源主要包括区位、产业（产品）、文化、管理、设施、服务、市场、品牌等八个基本方面。资源分析对会展项目策划具有重要意义，也会直接影响我们策划题材、层次、要素的选择。

六是会展行为学：会展活动是一种特殊的社会现象。根据马斯洛需求层次理论，人们在社会中有参加群体交往、在群体中得到认可并获得自我实现的需求。所以会展项目的策划过程中，要针对展客商心理，做好相关活动的安排。尤其是届时活动等，要特别注意体验性活动的安排。包括抽奖环节、参与互动环节、评奖评价环节等。

七是会展关系学：会展活动通过资源集聚，搭建平台，可以构建展客商之间、参与者之间的供需关系、人际关系等。同时会展的设计中也可以构建展品链（包括材料、设备、技术、产品、服务等）关系。

八是会展绩效学：主要是指会展的成果设计与形成。会展活动不仅是短期的活动安排，更需要通过高质量的物化成果来体现，并将相关内容贯穿于活动及会展的过程之中。会展的物化成果除经济效益外，更加关注重大标志的形成。包括组建协会和联盟，发布行业指数、制定规则标准，也包括推进多边贸易协定、自贸区建设等。我们大家熟悉的东盟博览会，就促成了东盟自贸区的形成，上合组织峰会更是国际合作与竞争的重要平台，这些都进一步体现了会展活动谋篇布局的战略价值。

案例 6：会展策划中应避免的 14 个错误

1. 缺乏详细规划

问题：会展策划者最大的错误之一是未能制定详细计划。容易忽视关键方面，导致混乱。

解决方案：首先设定明确的会展目的和目标。制定一个全面的时间表。创建一个任务清单来跟踪进度，并确保不忽略任何细节或实施任务管理软件。

2. 缺乏同类竞争会展调查

问题：忽略尽职调查，对同类会展缺乏职业敏感。

解决方案：制定国内外和同城的竞争对手尽职调查，科学确定会展活动的定位、目标、规模和范围，避免进入竞争激烈的红海市场。

3. 预算不合理

问题：预算常常是会展策划中不被重视，甚至被忽视的一个。

解决方案：首先估算会展的总成本，考虑固定成本和可变成本，必须从实际出发并相应地分配资金。考虑寻求赞助或合作伙伴来抵消一些成本。

4. 缺乏备份计划

问题：墨菲定律也适用于会展策划，即任何可能出错的事情都会出错。

解决方案：始终制定备份计划。识别潜在风险并制定应急计划来减轻风险。确保有处理危机沟通计划。为突发事件做好准备，将能够快速应对挑战并确保会展顺利进行。

5. 忽略会展技术

问题：在当今的数字时代，关注会展技术可以帮助会展取得成功。

解决方案：采用会展技术，探索可帮助简化与会者管理、会议安排和数据分析等任务的会展管理软件。将技术融入会展规划流程，为与会者提供无缝体验。

6. 场地选择不当

问题：选择错误场地如空间不足、位置不便或设施不兼容等问题可能导致失望体验。

解决方案：选择容量、位置、可达性和便利性等合适的场地设施。进行实地考察以评估空间的氛围和适宜性，为与会者创造积极而难忘的体验。

7. 营销推广力度不够

问题：没有充分的营销和促销，将导致出席率低和可见度有限。

解决方案：制定涵盖线上和线下渠道的全面营销计划。利用社交媒体平台制造话题并与目标受众互动。与有影响力的人士或行业合作伙伴合作，扩大会展影响力。

8. 会展设计过于复杂

问题：过于复杂的设置可能会导致后勤方面的挑战和混乱。

解决方案：保持会展设计简单且重点突出，标牌清晰。通过简化会展设计，提升舒适性和功能性，保持美观干净整洁的环境，为与会者创造更加愉快和无缝的体验。

9. 未能委派和外包供应商

问题：试图自己包揽会展的所有工作，导致会展服务整体质量差。

解决方案：应学会识别可以有效委派或外包的任务，例如行政工作、营销工作和接待工作等。建立覆盖会展全方位、全流程的供应商联盟网络，与供应商建立牢固的关系将促进协作并确保他们按规定交付。

10. 人员配备不足

问题：人员配备不足可能导致会展策划者不堪重负，志愿者也压力巨大。

解决方案：根据会展的规模和复杂程度评估人员配备需求。招募一支由敬业且可靠的人员组成的团队。举办培训课程,确保每个人都有能力胜任自己的角色。

11. 忽视与会者的参与

问题：在整个会展过程中未能吸引与会者参与导致他们不感兴趣,体验不佳。

解决方案：结合互动元素和活动,让与会者参与整个会展。建立会展活动专属社区,培养归属感,通过促进参与,创造一次难忘的体验,给与会者留下持久的印象。

12. 会展后反馈收集

问题：收集反馈信息对于会展策划者评估会展是否成功和确定改进领域至关重要。

解决方案：及时向与会者发送调查。为填写反馈表的与会者提供奖励,例如参加抽奖或未来活动注册的折扣。对提供反馈的与会者表示感谢,这有助于与参与者建立积极的关系。

13. 会展评估不充分

问题：忽视评估会展的成功可能会导致错失改进的机会。

解决方案：制定会后评估计划。收集、了解与会者、赞助商和供应商的反馈和体验。分析会展核心数据和指标。持续的评估和进步将帮助提供更好的体验并实现会展目标。

14. 不庆祝成功

问题：未能承认和欣赏在会展成功中付出的辛勤工作,可能会导致倦怠和士气低落。

解决方案：花时间体验会展的成功并庆祝,表彰利益相关者的努力。分享与会者的积极反馈和感言。

讨论：结合案例6和你的会展策划案,谈一谈你对会展策划中应避免的错误的看法。

五、会展策划要点

（一）会展策划选题

选题策划是创意策划遇到的第一个问题。选题策划很关键。入主流是选题的基本原则。会展不是自娱自乐,而是城市的庆典,要为城市、为社会、为国家进行策划。参赛团队应该关注政府官方网站发布的各类法规文件、官方报刊头版头条的标题热点词汇,这些热点词汇往往体现政府的重点工作,策划就是要推进这些重点工作更快更好地实施。

入主流也要契合学生特点,也就是要找到入这些主流热点词汇的学生层次的触点和对接点,使之能够把大学生的无限创意和青春气息恰到好处地融入进去,避免大而空的策划。

符合学生视角、呈现学生特点的策划方案,最容易获得评委的青睐。选题除了自选命题,还有大赛命题。对于找选题困难或者找不到好选题的小组,大赛命题是一个很好的选择,因为大赛命题是组委会关注和推荐的选题,在获奖上很有优势。

（二）策划前期调研

调研是创意策划的基础。调研一定要做好。

一是网络调研。小组成员需要根据分工,充分查阅网络资料。查阅资料也可以定量,如第一次每个小组成员收集一万字的资料,然后在了解资料基础上来参加讨论,讨论后可以进一步补充查阅或后继根据需要随时参阅。

二是实地调研。网络查阅的是二手资料和数据,实地调研则是获得第一手数据,特别是策划主题相关的对象的实际做法和遇到的难点。实地调研要侧重关注行业热点和难点,然后在创意策划时提出创新策划。大家的策划书本质上以会议、展览、演出、比赛、评奖等形式为解决这些热点难点搭建平台和提供方案。

实地调研的另一个要求是要有图有真相,把调研照片放在策划方案里,是一个评委对策划书质量的观测点和加分项。

（三）会展传播设计

传播策划是创意策划的重要内容。会展是具有典型传播属性的交叉专业。参赛团队需要重点围绕"传播五要素"开展创意策划,即传播者：如何构建有竞争力的办展组织机构？传播内容：如何选择让人印象深刻的展会信息？媒介：如何利用不同媒介的优势促进展会传播？受众：如何根据其特点满足其需求？传播效果：如何提升展会传播效果、经济社会效果？

（四）"三创"结合策划

参赛团队要充分做好"三创"策划。"三创"即创新、创意和创业。落实好"三创"标准。首先是做好创意突破,争取能够获得会展策划大赛奖项。其次是对接创新落地,争取能够联合会展企业落地实施。第三是规划创业实施,争取能够作为自己的未来创业项目。

六、策划方案要素

（一）立项分析

（1）项目选题分析。一般的要求是新颖、高端、专业、实用,路线正确是最大正确。相关题材和定位要在立足产业发展、思路创新的基础上,更加关注国家战略、政府中心工作、热点领域等。

（2）展会策划背景。由高至低、由大至小、由远至近,根据不同类型和题材,通过国际形势、国家战略、产业实际、产品特色和服务创新等来进行系统分析。但不要过多的资料堆砌,尽可能简洁精练。

（3）展会策划意义。宏观重视谋篇布局、顶层设计。中观重视资源集聚、产业引导。微观要在做好项目举办工作的同时,重视信息的生成与传播,形成项目的品牌和影响力。

（4）展会策划思路。提升注意力、搭建交流交易平台、整合资源、驱动流量经济、拉动消费经济、形成物化成果等。

（二）要素设计

（1）题材选择。要通过资源分析、产业优劣势分析、项目竞争力分析等确定策划的题材,但从策划大赛本身而言,全新的题材应优于传统的题材,容易被评委专家关注。

（2）组织架构。主要包指导、主办、支持、承办、协办、执行承办等单位,这里主要是注意它们之间的级别关系,不要弄反。

（3）相关安排。主要包括展会的时间、时长、地点、届数、类型等安排,这里面要充分考虑项目的类型是政府主导还是市场主导,是专业类项目,还是综合类、消费类项目。

（三）展品展区设计

这部分的内容不要过于复杂,要简洁精练,清晰说明。

（1）展品设计。主要包括产品类型、具体产品、产品结构关系、产品特色优势等。

（2）展区设计。主要包括展馆展区图、展区设计思路等。展区设计思路一般按照展品产业链关系、参展机构来源、参展机构的重要性来设计安排,也可以采用上述几种混合的方式。

（3）环境设计。包括展会现场的氛围营造、整体描述、特色描述等。可在简要描述设计思路的基础上描述相关做法。

（四）市场与品牌形象设计

（1）展会项目定位。由高至低、由大至小、由远至近,有选择性地描述展会对国际、国内、区域、省份、城市的价值。

（2）展会市场定位。包括展会的功能、市场区域、消费者群体、消费渠道、影响力等方面。

（3）品牌形象设计。包括展会形象、展会吸引力等,可用语言描述、图形描述等。这个方面要特别注意,在策划方案中,鼓励结合图形设计、LOGO 设计等进一步丰富和提升策划方案。

（五）相关活动安排

主要是进一步提升展会的特色、吸引力与影响力。

（1）特色展示。包括现场展示、现场体验、在线互动等。

（2）活动安排。包括论坛、评奖、对接、比赛、演出等活动。

（3）成果设计。包括组建协会联盟、制定程序规范、发布指数、发表宣言等。

（六）营销推广计划

（1）营销推广思路。对展品、展客商的分析,包括市场环境分析、客户分析与营销思路分析等。

（2）营销推广渠道。包括各类媒体、平台、手段的使用等。

（3）营销推广特色。与众不同、可以产生较大影响和效果的营销手段。比如举办前期赞助行业有影响力的高端论坛等。

（七）现场管理方案

（1）时间管理。主要是指全流程时间安排（重点是现场搭建到撤展），可以通过表格、甘特图等来表示。（2）人员管理。（3）服务管理。（4）传播管理。（5）其他管理。

（八）项目预算

（1）项目经费预算。成本支出、展会收入、利润、收益率等。

（2）资金使用规范。政府资金严格按照国家和地方政府的财务制度要求，市场化资金也要按照财务制度执行，并考虑税收等相关因素。

（3）资金使用绩效。包括从会展项目撬动社会资金、拉动经济、促进就业分析等方面进行分析。可以有选择性。

（九）危机管理

（1）危机管理思路。在介绍展会特征的基础上简要描述。

（2）危机管理方案。具体的危机管理预案，不要太复杂。

（3）危机管理组织。框架即可。

第三节　获奖作品赏析

一、浙江自然博物馆安吉馆夏令营研学策划设计

（一）简介

2022年浙江省会展策划创意大赛一等奖。

（二）摘要

本项目名称为"魔法森林，自然回响"，是针对浙江自然博物院安吉馆的夏令营活动策划案。整个活动为期三天，主要面向7—12岁的孩子。课程丰富，知识面涉及广泛。项目基于PBL教学模式进行自然学科知识传授，将知识应用于解决现场场景问题，依托博物馆的场地优势和资源，采用研学教育、博物馆导览、科学实验、艺术创作、营内生活相结合的形式，寓教于乐，强调学习性、互动性、参与性、沉浸式体验，提高营员的自然科学文化素养和生态环境保护意识，让营员触摸自然，走近自然。

项目最大特色为研学课程的设计，在研学课程中引入了魔法森林小动物向人类寻求帮助拯救自然的故事背景，让孩子通过帮助NPC（自然村村民）完成各项任务，从而获得线索的游戏模式逐步推进营员的知识获取。根据博物馆内不同场馆的主题内容设计了：小鳄鱼（恐龙馆）、小鼹鼠（地质馆）、小海豚（海洋馆）、小猫头鹰（贝林馆）四个角色，希望活动通过情景引入、角色模拟的方式进行，串联各项理论学习、实践探索以及手工制作。

研学过程分小组形式展开，四人扮演不同的动物角色，轮流在不同场馆内由不同的小动物担任组长，培养孩子的协调沟通和领导能力。在孩子学习实践的过程中增加趣味性，同时

通过完成各项小任务的逐步推进研学进程、让孩子在点滴中积累成就感,较强的体验感让孩子在趣味游戏中有所收获。

在进行自然科学知识教授的同时,夏令营通过情景的代入传达保护自然的理念。比如NPC小丑鱼对珊瑚白化、家园被污染感到难过和害怕,从小动物的角度去感受和表达,让孩子感受到保护自然环境的重要性;手工实践部分将海洋污染中最为严重的白色塑料垃圾作为引入点,利用废弃饮料瓶、塑料袋和杂志等做出漂亮的小森林,让孩子感受变废为宝的奇妙,同时也能够了解到如何积极正确地处理废物,减少环境污染。与此同时,项目策划将夏令营的研学场地扩大,不仅有馆内教学,也有野外拓展,让孩子在学习了理论知识后能够真正地回归自然,并鼓励孩子提出疑问、亲身探索。整个户外活动分为博物馆园区和百草园两个区域进行。

住宿形式多样化,不但满足基本的睡眠要求,更是推出"博物馆奇妙之夜"——以露营帐篷的形式住在馆内,满满的仪式感。另一晚安排独特的狮子酒店,体验与狮子一起入眠。项目对研学教具和文创产品做了较为系统化的开发,根据课程要求开发了研学手册、服装道具、文具、纪念品等。在项目人员部分,依托博物馆的专业性,项目邀请专家顾问团队、专业宣讲授课团队、生活保障老师,多工种配合进行夏令营,此外宣传团队将负责夏令营宣传、拍摄等工作。项目宣传运营运用新媒体手段和走进校园进行地推等线上线下相结合的方式,提高项目的曝光率和影响力。

（三）文本点评

专家1:策划书内容翔实、活动丰富,图文并茂。研学活动设计需要更加具体化。财务管理等部分需要进一步完善。

专家2:方案的策划比较细,思路清晰,财务测算太简单,项目管理内容偏少,降低了方案的可行性。

专家3:项目主题明确,内容方面有待完善。

专家4:充分发挥博物馆的馆藏资源,活动预热阶段也丰富,活动环节的取名有趣有义。但活动内容与主题融洽度可以更高。

专家5:作品项目策划部分缺乏必要文字说明,且主题未能明确设定。

（四）展示点评

专家1:内容完整,活动丰富,展示有趣。

专家2:前期调研与需求分析较为充分;寓教于乐,加强共鸣的沉浸式研学活动具有特色;课程设置内容与知识面丰富,对孩子具有较好的成长体验;唯缺经费预算内容。

专家3:整体创意和表达都比较理想。

专家4:主题鲜明,展示结构清晰,内容完整,展示表现的内容、对话及情节与主题展示的需要吻合。

专家5:活动的内容需要根据不同年龄段设计得更有针对性。

二、柯桥纺织与传统民族服饰文化博览会

（一）简介

2023年浙江省会展策划创意大赛一等奖。

（二）摘要

本次"柯纺风尚，大美华裳"——柯桥纺织与传统民族服饰文化博览会以宣传柯桥纺织产业文化与传统民族服饰文化为核心，依托柯桥古镇景区，以"国际化视野＋数字化手段＋生活化场景"为特色，通过"线下＋线上""室内＋室外""科普＋体验"相结合的展陈方式，弘扬我国优秀传统文化，促进柯桥纺织业产业化转型升级、拉动柯桥经济发展。我们不仅在物质层面穿戴柯桥纺织布料制造出来民族服饰，了解民族服饰中所蕴含的文化蕴意，更要在精神层面增强文化认同，构筑中华民族共有精神家园，实现物质与精神上的共同富裕。

本次博览会采用Online-to-Online双线会展模式。线下会展根据展区按照缘起、缘聚、缘深、缘续的过程，分为"华晤·引导区""华裳·纺布馆""华创·制衣馆""华鬻·贸易馆"四个场馆，并配备"品千年古韵，鉴时代风华"民族文化学术论坛、"云锦风起，霓裳如梦"民族服饰比赛、"梦回千年古韵，缘起东方盛世"水上民族婚服展等多项文化活动。线上方案是以团队自主设计的多彩华裳小程序为主要平台，该小程序集云逛展、云购物、云预约多种功能于一体，可从观展体验、展商服务等方面有效提升参展体验与满意度。此次会展不仅能够扬华夏华裳，增国人文化自信，兴柯纺名，扩大行业社会影响，而且创文旅城，助推柯桥经济发展。

（三）文本点评

专家1：策划的项目具有可行性，不足是活动设计不翔实，组展缺乏操作团队和具体的组展策略。

专家2：该会展项目的选题具有一定的创新性，方案具有商业可操作性，项目立项分析、品牌形象策划、营销推广计划等完成详细。

专家3：方案较规范、详细，内容设计具有一定创新创意。不足：可行性论述中缺乏弱点、挑战分析。关于与原有柯桥纺织博览会关系未加说明。

专家4：项目较为完整和规范，创新和创意有待提高。

专家5：以纺织文化和传统民族服饰文化为主题，符合当下时代潮流。展会活动设计种类丰富，有创意和吸引力，除了LOGO、任务IP设计有趣新颖，研究团队还考虑了配套活动方案，方案内容丰富完整，规范性强。

（四）展示点评

专家1：项目展示整体完整，团队合作较好，展示礼仪还可再提升。

专家2：主题鲜明，展示脉络清晰，展示形式较好地利用现代科技与数字等元素进行创新创意，团队合作精神亦设计与展现得较为充分。

专家3：主题鲜明，展示结构清晰，内容完整，展示过程注重仪表仪态，团队合作密切，展示的形式、细节有创意，能够融入现代科技，语言表达清晰、完整。

专家4：展示方式新颖，内容丰富。

专家5：项目展现了内容的完整性、结构的清晰性，展示方式具有创新性，整体展示清晰、准确，体现了团队合作的精神与意识，整体展示方式富有创新，项目整体具有较强的可行性。希望博览会能够成功吸引广泛关注，成为柯桥地区文化与产业融合的典范。

三、"人民的运河 游客的运河"国际论坛

（一）简介

2023年浙江省会展策划创意大赛一等奖。

（二）摘要

大运河畔，文化永生。运河是人类文明发展史上重要的交通工程之一，也是连接不同地区的重要贸易通道，展现了中华优秀传统文化"同文共轨的政治观、融通四海的经济观、有容乃大的文化观、天人合一的生态观"的精神内核。

2014年6月，大运河被列入《世界遗产名录》，人们在欣喜的同时也逐渐注意到大运河面临着遗产保护传承利用质量不高、资源和生态环境形势严峻、"多元＋旅游"的模式开发不完全、合作机制亟待加强等突出问题和困难。认识到运河的历史底蕴与发展现状，在大运河申遗成功十周年之际，我们以习近平总书记2006年视察中国京杭大运河博物馆时作出的"让它真正成为人民的运河、游客的运河"这一重要指示为指导，贯彻落实《大运河文化保护传承利用规划纲要》，深入理解大运河文化的内涵和外延，突出大运河的历史脉络和当代价值，以此统领大运河文化保护传承利用工作的战略部署，提升大运河文化国际传播效能。为深入挖掘大运河沿线历史文化资源，拟举办2024年"人民的运河，游客的运河"国际论坛，并提出相应的合理建议与有效途径。

（三）文本点评

专家1：该会展项目的选题具有一定的创新性，论述充分，组织机构设置合理，方案呈现规范完整，但附件不应该出现参赛成员照片。

专家2：整体内容翔实，视觉设计优秀，组织机构合理，项目流程设计充实，有较强的学术意义、文化意义，配套活动丰富。该项目也存在着可持续发展动力不足的问题，整体创新性不够强。

专家3：项目整体比较完整，方案规范性可提升。

专家4：方案完整，选题符合自命题要求，文案规范，不足在于论坛的价值不突出，商业化运作比较难。

专家5：主题具有积极意义，方案较完善，具有一定商业可操作性。

（四）展示点评

专家1：策划项目"人民的运河 游客的运河"国际论坛内容完整、结构清晰，展示方式清晰、准确，体现出较好的团队合作精神与意识，PPT制作精美、富有设计感，项目整体具有较强的可行性和实践价值。

专家 2：项目整体展示完整，团队合作需提升。

专家 3：主题鲜明，展示结构清晰，内容完整，展示过程注重仪表仪态，展示形式和细节能够融入现代科技，语言表达清晰准确。

专家 4：论坛内容主题与展示方式可以更加丰富多样化一些。

专家 5：主题鲜明，展示内容结构较完整。LOGO、IP 形象及相关物料设计创意契合主题。团队合作较充分体现，语言表达清晰准确。

四、中国（景宁）畲族银饰艺术博览会主题调研

（一）简介

2023 年浙江省会展策划创意大赛一等奖。

（二）摘要

2006 年畲族银器制作技艺被列入第一批国家级非物质文化遗产代表性项目名录扩展项目名录。畲族银雕能将视觉符号创造与精湛的银雕工艺完美结合，通过独具特色的畲族银饰造型呈现，创造出实用性与艺术性兼具的畲族银饰器物。因此，我们一定不能让非遗成为无根的浮萍。

鉴于此，探讨畲银非遗产业的创造性转化和创新性发展的"两创"便成了应有之义。某高校师生组建"红石榴"小分队对景宁畲银艺术博览会主题进行调研。此次调研将目光投向浙江景宁，在多次拜访畲族银饰非遗传承人和匠人的基础上，通过深度访谈和问卷调查，利用 SPSS 和 Python 等软件进行数据分析和应用探究数字化对于展会的发展，利用"办好一次会，搞活一座城"为打造一个高质量的畲银博览会提供建议和对策。"红石榴"小分队希望以此次发扬非遗艺术为契机，通过展会的方式研习之路，"畲"彩耀城。通过会展的举办带动本土地区的经济发展同时促进其他畲族聚集城市的发展，丰富民族经济生活，促进民族经济发展。

（三）文本点评

专家 1：选题具有较强的实用性，调研工作扎实，内容饱满，方法得当，也运用多种分析模型进行分析，但与景宁城市发展之间的勾连稍显不足，在问题分析和调研结论的梳理上不够明显。

专家 2：该主题调研较为认真、用心、看得出做了大量的实际工作，作为细分领域的一个小众主题，希望能在以"会"实现全生态产业链的赋能价值路径上逐步展开落地的必要性。加油！打造出一个精、美、特的会展思维赋能城市的综合价值意义。

专家 3：调研分析内容翔实，方案有实践意义。建议进一步思考这一会展活动持续推进景宁相关产业发展、民族文化传承、地域发展的机制保障话题。

专家 4：文章层次清晰，使用了大量的研究数据和商业模型，研究方法具有一定的创新性，是一篇较好的调研报告。

专家 5：调研报告学术性较强，文本和文字使用不需过于花哨。

（四）展示点评

专家 1：主题不错，内容要加强。

专家 2：主题鲜明，形式多样，融入了多种元素，语言清晰，重点突出。

专家 3：结构完整、主题突出，还可以在内容创新创意方面再深入，主题的价值产业链可以多思考，以及对外的发展模式可以多元化思考，努力打造一个独特、创新、精美的博览会城市品牌，加油！

专家 4：本文立意较高，将中国传统文化以及畲族特有的文化传递出来，将艺术和非遗完美结合，促进民族经济发展。

专家 5：展示内容充实，有一定新意。

五、2024 年首届中国（杭州）低碳出行创新博览会

（一）简介

2023 年浙江省会展策划创意大赛一等奖。

（二）摘要

随着工业化和城市化进程的加快，人类活动的不断发展，环境问题日益突出。2021 年《国务院关于加快建立健全绿色低碳循环发展经济体系的指导意见》对此作了明确的表述，提出建立健全绿色低碳循环发展经济体系，促进经济社会发展全面绿色转型。

杭州作为第 19 届亚运会的举办城市，以"绿色低碳"为主题，提出了努力"打造史上首届碳中和亚运会、亚残运会"的目标。杭州亚运会秉持"绿色、智能、节俭、文明"的办赛理念，与全球减缓气候变暖的共识相一致，通过实现零碳目标积极响应全球减缓气候变暖的倡议，展现了中国作为负责任大国的担当；也通过体育赛事践行绿色低碳理念，为推动可持续发展提供了实际例证，为其他城市和地区提供了可借鉴的经验。

此外，杭州具有完善的智能产业链，依托数字经济优势，加快转变经济发展方式，围绕产业结构和能源结构优化调整，深入开展工业、交通等重点领域节能减排和能效提升工作，探索出一条"城市以低碳经济为发展方向、市民以低碳生活为行为特征、政府公共管理以低碳社会为建设蓝图"的绿色低碳发展道路，形成低碳经济、低碳交通、低碳建筑、低碳生活、低碳环境、低碳社会"六位一体"的发展模式，以低碳支撑高质量发展。自 2021 碳中和元年以来，低碳已正式成为中国现代经济发展的主旋律和新一轮商业竞争的制高点。

此次 2024 年首届中国（杭州）低碳出行创新博览会以"你好，零碳未来"为核心，着眼于当下炙手可热的新能源与低碳产业的发展，旨在提供一个低碳节能共享的综合发展新平台，展示中国在低碳建设方面的理念、实践和成效；推动传统企业加快低碳转型进程，形成核心竞争力，在国内国际双循环中抓住机遇，全面贯彻新发展理念。

（三）文本点评

专家 1：方案立意积极向上，有一定创意，但可操作性有待提高。

专家 2：该会展项目的选题具有一定的创新性，论述充分，组织机构设置合理，方案呈现

相对规范完整。

专家3：项目立意较好，整体完整，规范性、可行性、创新创意可再提升。

专家4：方案较完整，符合自命题范围，文案较规范，有一定的商业可操作性。

专家5：主题对于促进低碳经济发展有积极意义，方案较完善。考虑到类似展会的竞争等因素，财务预算中门票收入、广告收入金额似偏乐观。

（四）展示点评

专家1：项目主题聚焦低碳出行创新，展示方式具有创新性；展示内容完整、表达清晰，体现了良好的团队合作基础，PPT制作精美。策划整体具有较强的实践价值。

专家2：项目整体展示比较完整。

专家3：主题鲜明，展示结构清晰，内容完整，展示过程注重仪表仪态，有团队合作，展示形式和细节有新意，能够融入现代科技，语言表达清晰准确，突出重点。

专家4：主题较鲜明，展示内容结构较完善，展示形式中运用数字技术增强效果，访谈形式设计有创意。并且较好地体现了团队合作。语言表达较清晰。

专家5：主题鲜明，展示结构清晰，内容完整。

六、"乐"享自然，"博"载春秋

（一）简介

2023年浙江省会展策划创意大赛一等奖。

（二）摘要

本次活动主题为"'乐'享自然，'博'载春秋——探险家纪实"。以《探险家纪实》的出版为主题情境，由"乐龄族"扮演探险家，于馆内开启一场两天一夜的自由探索，而这里的《探险家纪实》则是记录老人们在本次旅程所思所想所感的载体，同时也是旅途活动的导览书。除策划案外，我们还设计了用于引导和记录的《活动手册》，便于策划案的实操。另外，就老人们在本次活动中的重要事项、重要文件以及相关文书材料进行了详尽的罗列。我们的标题含义容纳了整个策划案的中心主题，即"乐"享自然内含"乐龄族"享受了解自然、探寻自然的过程的意蕴；"博"载春秋，一为浙江自然博物馆丰富馆藏记录着的地球无数春秋的发展过程，二为"乐龄族"在人生阅历丰富的年龄仍选择丰富自己内心世界，追求博学的精神。本次活动旨在充分利用浙江自然博物馆及当地特色资源，创设"探险家活动"的趣味情境，让"乐龄族"感受自然的美丽、拓展其知识面和实践能力、提供社交平台与思想交流平台，在趣味活动与科学讲解相结合的方式下推动自然资源的保护利用教育活动。

（三）文本点评

专家1：项目以"乐龄"群体需求为中心，策划了探索自然为主题的合作性项目，可促进"乐龄"群体的交往、自主学习的能力发展。可操作性强。

专家2：方案整体美观高级，活动体验详细且完善，且活动创意极具创新性，但整体框架完善度有待提高,缺乏营销推广、品牌形象策划、可行性分析等。

专家3:方案结构完整,项目立意清晰明确,具有较佳的逻辑规范性,表现形式与内容生动丰富,具有较好的创意创新,运营与营销等具有很强可行性。

专家4:该项目文案完整性不足,但以探险为主线进行,比较有新意,文本写作能力欠缺。

专家5:设计立意新颖,整体设计规范,设计感很强。

(四)展示点评

专家1:视频经常卡顿,PPT制作的动感是否是造成卡顿的原因,这就比较可惜了。

专家2:活动内容丰富,紧紧结合自然博物院资源,特色鲜明。

专家3:作品展现较为自然,能够较好叙述所做工作。

专家4:展示礼节到位,内容完整,结构清晰,主题鲜明,团队协同力较强,语言表达准确生动,展现形式具有创意创新。

专家5:视频品质有待进一步提升。

七、"四时粮源"种子特展

(一)简介

2023年浙江省会展策划创意大赛一等奖。

(二)摘要

"四时粮源"浙江自然博物馆种子特展以四季入题,共设有"春""夏""秋""冬"四个展区,展示种子生长、四季轮转的动态变化过程。与一般的展览不同,本次特展以"动态共生"为理念贯穿始终,大量使用了动态装置,提供了可选择的参展路径,在参展体验上"动态";部分展区还种有种子,在展示持续期间种子会生根发芽,随着时间展现出不同的展区景色,在展区呈现上"动态";在特定的时间节点,特展配合活动推出额外的展区,在活动设计上"动态"。

在特展设计中,参展者以种子的视角体验"四季"的变化,沉浸式逛展,体验与种子的"共生"。"四时粮源"浙江自然博物馆种子特展还配套了研学活动,使参展者尤其是青少年群体在领略种子世界神奇的同时,通过实践,深入学习国家粮食安全的有关知识。对无法亲临现场的群体,特展还配套了云上公益活动,以公益为理念和宗旨,通过云交互的形式,带动全民了解粮食安全,让保护种子安全、节约粮食的观念深入人心。种子代表生命和希望,保护种子就是保护未来。

(三)文本点评

专家1:该项目设计意境优美,部分项目构思巧妙,如种子彩虹瀑布等,具有较强的艺术性和观赏性。

专家2:方案结构完整,基础分析扎实,项目立意清晰明确,具有较好的逻辑规范性,表现形式与内容较好,具有不错的创意创新,可行性较强。

专家3:方案中规中矩,在规范性、完善性、创新性和立意高度皆有涉猎,但无特别突出之处。

专家 4：一份略有创新的文案，但分析不够到位。

专家 5：整体设计有自己的观点，内容和配套活动有创意。

（四）展示点评

专家 1：团队展示合作能力强，展示形式创新，表达能力强。

专家 2：展示具有一定的创新性。

专家 3：团队合作以及创意都非常优秀。

专家 4：展示礼节到位，内容完整，结构清晰，主题鲜明，团队协同力较强，语言表达准确生动，展现形式具有创意。

专家 5：演示形式比较活跃，采用了多种场景演绎，演讲人表达能力比较强。整体策划还是很难有好的创意。

八、柯桥竹文化博览会

（一）简介

2023 年浙江省会展策划创意大赛一等奖。

（二）摘要

素有"七山一水二分田"之称的浙江省，竹林面积广阔，竹产业发展迅速，是传统优势产业之一。发展竹产业，可以把保护自然资源、改善生态环境、帮助山区农民脱贫致富和带动农村经济发展有机结合，推进我国脱贫攻坚战略的实施与完善。与此同时，环境保护一直是国际上的重点问题，也是亟待解决的问题。竹子及其竹产品都体现着极大的生态效益和经济效益，保护好、培育好和利用好竹资源，既能实现绿水青山又能实现金山银山。

本次会展依托岔路口村闲置空房和竹雕博物馆，聚集全国各大竹产品企业，将具有中国特色的竹产品进行创新，联动整体产业链进行合作。打响岔路口村知名度，以竹之舟带动岔路口村经济之舟，推动乡村振兴。从"宣扬竹制品工艺，推广竹产业品牌"角度出发，向大众展示环保视角下的艺术，让环保艺术走进大众心里，向新型减碳生活出发，共建美好家园。线下会展共设置初遇·竹语空间展示厅、再遇·竹影世界科技厅、碰撞·竹韵工坊体验厅、交流·竹韵雅集贸易厅共四个展厅，以介绍竹文化为基，巧借现代数字化技术展示从竹文化起源到现代竹产业的发展与过渡，通过 3D 影像和沉浸式灯光科技加深人与展品之间的交互，再以亲手制作竹工艺品唤醒民族血脉和环保意识，最后通过贸易展示层层递进，激发参展者购买欲望，以增加经济收益，扩大会展知名度，以竹文化打响柯桥名片，带动岔路口村乡村振兴。

（三）文本点评

专家 1：方案立意较为新颖，结合了线上，细节丰富。但是对于展会的吸引力较弱，目标群体的定位不够明确。

专家 2：策划案选题巧妙，环保低碳与乡村振兴相结合，立意新颖。

专家 3：整体创意性好，要素完整，可落地性强。

专家 4：方案很全面，活动很丰富，文创产品再丰富些，可以再加主题文艺演出提升文化味道。

专家 5：内容翔实，有一定的文化意义和经济意义。有明显的格式问题，品牌形象设计一般，整体设计创新性不足。

（四）展示点评

专家 1：进一步挖掘竹子的文化底蕴。

专家 2：柯桥竹文化博览会策划展示展现人以角色扮演，代入第一视角，具有创意，内容完整，表达清晰流利。

专家 3：主题鲜明，展示结构清晰，内容完整，仪态仪表良好，展示的形式、细节等具有创意，表达清晰准确、完整，契合主题，突出重点。

专家 4：展示全面完整，团队合作体现充分。

专家 5：主题较好，形式还可提高。

九、2024 临安昌化文旅节

（一）简介

2023 年浙江省会展策划创意大赛一等奖。

（二）摘要

2024 临安昌化文旅节在杭州市临安区昌化镇开展，本次文旅节以"焕昌之遗，赋华之力"为主题，以宣传昌化特色非遗文化，助力昌化乡村振兴为主要目的，开设多个主题活动，非遗文化体验，创意创新本地特色农产品，中医养生活动等。活动与当地特色有机融合，在本地现有资源的前提下，创新各类活动呈现形式。此外，文旅节还推出了三条特色旅行线路，即"亲子两日游""康养两日游""研学两日游"，结合文旅节相关活动与本地特色景点，带给游客最好的体验，同时促进昌化经济与文化发展。

（三）文本点评

专家 1：该策划案内容充实，品牌形象设计突出，整体具备较强的创新创意性。

专家 2：乡村会展内容设计有所欠缺。

专家 3：该方案选题能够结合当地特色产业，有一定的创新性，实际操作性较高。方案完整度较高，细节较为完善。需要注意设计线上方案。

专家 4：主要活动名字之前的诗词、首页看半天才能读出来，费劲。IP 形象太多。

专家 5：整体内容翔实，活动设计丰富、有新意。商业可操作性一般，宣传推广创新性不足。

（四）展示点评

专家 1：进一步突出特色文化资源，以文塑旅。太极展示不道地。IP 形象多个，有些分散，越多越分散。

专家2：展示呈现具有创意，团队合作呈现，内容丰富。

专家3：主题鲜明，展示结构清晰，内容完整，仪态仪表良好，展示的形式、细节等具有创意，表达清晰准确、完整，契合主题，突出重点。

专家4：展示内容完整，体现团队合作，现场感强。

专家5：团队演示形式好，有创意。

十、球川村文旅品牌创意策划

（一）简介

2023年浙江省会展策划创意大赛一等奖。

（二）摘要

四面环山，状若金盘。山环成球，水汇成川。南宋理学大师朱熹为此赐名球川，并留下"山列锦屏秀，水流翰墨香"的千古绝唱。球川村位于常山县球川镇西部，是浙西边陲的一座千年古村。素有"四省通衢，两浙首站"之称的常山，至今已有1 800多年的历史，享有"胡柚之乡"的美誉，是国家级生态示范区和浙江省重要的生态屏障。境内古道古渡、古街古村不胜枚举，万寿寺、文峰塔、文昌阁挺拔傲立，尤其是球川村的三十六天井规模宏大，结构深奥，保存完好，在江南地区的古民居建筑中有着较高地位，展现了"浙西第一门户"的文化底蕴。

2022年，常山宋诗之河文化带入选首批100个"浙江文化标识"培育项目，彰显了浙西第一门户文化，印满了常山宋诗之河流域文人墨客的斑斓足迹。朱熹、陆游、杨万里、辛弃疾等大批诗人沿常山江赋诗吟咏，留下宋诗3 000余首，宋代诗人曾几的《三衢道中》脍炙人口，描绘了常山初夏时节的景致。常山江"宋诗之河"被纳入钱塘江诗路黄金旅游带规划，入选浙江省首批诗路旅游目的地培育名单。

"水停江汉莫非潭，如我石潭无二三。不把澄清和世较，只将作用与人谈。云笺月片皆收赖，鸟迹蜗书惟所堪。小小村溪深几许，思波流被到朝簪。"这是明代诗人詹涛对球川的深切抒怀。球川村是球川古镇的核心景区，以其独特的古村布局和丰富的人文底蕴闻名。古村落分布均匀，鸟瞰古巷、古民居等形如一张网，环环相扣，保存完好。最古之府是球川，明万历末年的兴贤塔、清同治九年（1870）的三十六天井、东坑千年古道，都是历史留下的最美装饰。球川三宝更是脍炙人口，贡奉朝廷御用的"球川索面"（贡面），香糯甜美的雪片糕，入口即化的球川豆腐，是智慧的人民留下的宝贵财富。最绿之地是球川，村内生态优越，国家级生态保护区、浙西最大的红豆杉群基地，千家排水库，棋盘山古树群，原生态溪流——龙绕溪从这里流出，球川正在成为彰显浙西生态田园特色的"美丽客厅"。

团队以文旅赋能球川村为目标，先后前往球川红色纪念馆、三十六天井、兴贤塔、古建筑群、蓑岭古道等点位进行现场勘察与调研走访，对人文资源、自然资源、旅游业态、乡村产业等进行进一步梳理与研究。本项目以球川村深厚历史文化底蕴为基础，以打造宋诗田园休闲生活为特色，以布设文旅活动业态为载体，塑造"球川·'熹'游记——跟着朱熹乐游球川"

文旅 IP 品牌、开发系列文创产品，通过"互联网＋文旅"新型旅游宣传营销方式进行内容输出，有力提升球川村乡村品牌认知度及美誉度，提升城乡文化品位，助推当地文旅融合发展。

（三）文本点评

专家 1：项目立项与主题明晰，策划方案点面较广，运营创新点不凸显，在团队建设、预算管理及可持续发展方面存在机制缺陷。

专家 2：创意精妙、态度认真、操作可行，但在经济收益方面分析还不够到位。

专家 3：方案很好地结合当地自然资源、人文资源，前期调研较为充分，活动内容丰富，设计合理，符合受众人群需求，具有一定可操作性。

专家 4：将朱熹作为"活动引路人"较为新颖，活动内容可与此更靠近些。

专家 5：该方案立意很好，抓住了核心文化元素，开启创意解析与设计，从调研到设计到推广，都很有想法，不失为一份优秀的策划案。希望能看到落地。

（四）展示点评

专家 1：项目通过 PPT 方式解说了乡村在地资源挖掘与文创设计理念的创想，主题内容形式鲜明规范，在团队互动、创意设计与科技数字融合方面需要加强。

专家 2：项目深入结合当地文化和特色，安排得当，可行性强。

专家 3：内容丰富生动，讲解清晰明了。

专家 4：内容丰富全面，活动形式多样，项目已初见成效，可延展策划更多关联内容。讲解逻辑清晰，语言简练。

专家 5：内容清晰、完整，精神面貌良好，有体现创新意识。

十一、冯浦村 2024 年国潮非遗文化节策划

（一）简介

2023 年浙江省会展策划创意大赛二等奖。

（二）摘要

项目团队从扣题性、创新性、可行性、规范性等方面，进行了全面的方案设计。

一是扣题性。团队深入研读乡村会展活动创意策划的命题说明，多次走入乡村调研访谈，梳理冯浦村非遗文旅优势资源，理解"千禧一代""Z 世代"主力文旅消费人群的关注点，以"非遗＋""文旅＋""公益"为思路，充分发挥"狴犴龙舞"这一核心非遗文旅 IP 价值，策划本次"龙年遗吉祥，古月弄今潮——2024 年冯浦村国潮非遗文化节"。希望通过国潮非遗体验、文旅研学传承、数字公益参与等手段，让"狴犴龙舞"再放异彩，充分发挥寓教于乐功能，推进乡村非遗产业、文旅经济的发展，打响乡村品牌，响应新时代共同富裕的政策号召。

二是创新性。创新策划设计了三大主题活动，包括非遗产业、文旅研学和数字公益。创新策划设计了一套线上线下活动公益交互系统及夜间数字光影龙舞体验项目，包含数字化智慧服务体系、数字化文化研学定制服务、数字公益创新等，充分体现了数字化时代特征。

创新营销方式,提出3大卖点,4个利益点,4个支撑点,3个主题特色,充分利用网红带货效应、周边联名、大众媒体等方式,分阶段推广营销,并设计了此次活动的LOGO、周边产品及海报。

三是可行性。此次活动符合国家"关于进一步加强非物质文化遗产保护工作的意见"规划提出的"保护好、传承好、利用好非物质文化遗产"要求,具有较高的可实施性。策划通过分析游客大数据画像(高峰月份)、市场现状、市场趋势等,明确了节庆时间、地点和主办单位,并详细阐述了如何策划活动。团队已积极参与到乡村所在乡镇青年返乡计划、乡村非遗活动中,项目策划创意得到乡镇、乡村的认可与指导,为项目的落地可行奠定了良好的基础。

四是规范性。文本严格按照学术规范进行写作,确保逻辑通顺,方案规范。对引用的文献和数据进行标注,查重率符合要求,文字、数字、图表等符合规范文本要求。

(三)文本点评

专家1:项目策划在商业价值与文化挖掘方面,可以再细化与深入一些,打造有故事的产品。

专家2:策划案注重突出文化元素,能抓住受众人群喜好,对项目吸引力具有一定帮助,龙年与龙舞的结合切入点有新意。但文案错别字太多,时间轴混乱,严谨程度不够。

专家3:依托当下互联网数字技术辅助旅游业的宣传和表演,创新性强但实行起来可能面临着一定困难。

专家4:方案完善度高,可行性强,但非遗与现代结合创新性缺乏亮点,仍有进步空间。

专家5:方案创新与实用性需加强。

(四)展示点评

专家1:展示非常有新意,团队合作也很好。

专家2:团队通过视频播报方式介绍乡村旅游活动节庆设计模型,主题内容及设计形象鲜明合理,在文旅融合产业发展、创意设计、科技推广融合发展方面还需要提升。

专家3:深入考察当地特色生态和文化,分析细致,活动安排丰富,可行性强。

专家4:展示形式有创意,介绍内容充分,特色鲜明,要素齐全。

专家5:内容清晰、完整,精神面貌良好,团队凝聚力强,有较强创新意识。

十二、2023年凤洋村沉浸式柑橘采摘文化节

(一)简介

2023年浙江省会展策划创意大赛一等奖。

(二)摘要

浙江省黄岩区凤洋村素有"橘乡"之称,依山傍水,村内现有中国柑橘博览园,橘林遍野,历史悠久。黄岩柑橘博览园是世界柑橘始祖地之一,也是中国优质柑橘生产基地,在凤洋村这片肥沃的土地上孕育了千年的"柑橘文化"。

多年来,当地已开展多次柑橘类节庆,在一定的程度上提升了凤洋柑橘的知名度,但对当地的旅游经济的带动作用并不明显。因此,我们团队拟通过对凤洋村柑橘文化资源的深度挖掘,结合当地现有的中国柑橘博览园及中国柑橘博物馆、松岩山观景台等旅游资源,创新思路,开辟一个全新的沉浸式柑橘采摘文化节体验。

项目团队在本次的沉浸式柑橘采摘文化节策划中融入了当地"宋韵黄岩"的元素,结合当地其他历史文化和自然资源,以"柑橘采摘"为基底,以"宋韵文化""橘乡文化"为特色,打造四大主题区域活动,包括宋韵沉浸式演绎区、光影剧本式打卡区、橘俗体验式互动区和青创大橘集市集区,结合数字光影和沉浸式剧本演绎,打造以文化气韵浓厚且活动形式多样的柑橘采摘文化节,传播"九曲澄江如练,夹岸橘林似锦"的中华橘源丰收印象,打响"中华橘源小镇"旅游品牌。

本案创新点:一是文创赋能。凤洋村是世界宽皮橘始祖地以及橘文化发源地,有着1 700多年的蜜橘种植历史。因此项目团队将其融入本次沉浸式柑橘采摘文化节,以柑橘为原型,融合宋韵黄岩等元素,在原有的IP"永小宁"基础上设计了本次柑橘节IP形象,同时结合当地历史名人,进行系列IP和文创设计,以及活动伴手礼包装设计,让传统文化实现新表达,让更多游客在大众流行中感受宋韵新声。二是网红设计。我们发挥团队专业优势,结合主题IP及活动主题,设计了舞台效果图、宣传引导图及各主题活动网红打卡点,在营造节庆氛围的同时凸显地方特色,让游客留下"凤洋"记忆。三是全域联动。本次活动以节庆为媒,整合全村自然资源、人文资源和旅游资源,在提升柑橘知名度和销量的同时,带动当地旅游经济的发展。

(三) 文本点评

专家1:活动设计丰富,资源有效转化,文案工整,具有可操作性。

专家2:项目基于当地橘文化和名人展开,活动规划翔实,但略显创意不足,没有与当地更多的习俗勾连。

专家3:方案立意较窄,但完善度高,内容丰富,品牌打造有创新性。

专家4:项目策划文创风格新颖,品牌形象有创意,数字融合点需要加强。

专家5:主题明确,聚焦。具有落地可能。

(四) 展示点评

专家1:结合当地橘文化,活动可行性强,对全年龄段的游客都富有吸引力,视频制作趣味性高。

专家2:板块设置合理且有新意,团队成员合作也很有创意。

专家3:内容清晰、完整、艺术,精神面貌良好,团队分工突出,创新意识优秀。

专家4:团队通过挖掘乡村在地物产资源与节事设计文旅路线,主题设计内容鲜明合理,引入数字融合创新模式,在团队互动与科技推广方面需要加强。

专家5:活动设计巧妙地将多种文化、旅游、农业等业态相融合,主线清晰明确,形象设计美观。

十三、茶山之境，安居乐"叶"

（一）简介

2023 年浙江省会展策划创意大赛一等奖。

（二）摘要

溪龙乡是安吉白茶的核心产区，如今乡村旅游竞争激烈、同质化严重，怎样让溪龙乡脱颖而出？要依托村内白茶产业，通过文旅让村民真正实现增收，达到共富目标。与"白茶原"IP 进行深入合作，借助这一重要窗口宣传溪龙乡及黄杜村本身。根据家庭的特点、溪龙乡基础设施建设和其位于江浙沪两小时交通圈优越的地理位置，本游览线路分设了短期一日游和两天一晚游两条线路，以"野""趣""闲""启""融""忘"为目标，聚焦家庭，围绕白茶，确定了"茶山之境，安居乐'叶'"的线路主题。

结合当地特色白茶产业规划旅游线路，行程宽松，游客有较大的自由探索空间；游客能够在放松身心的同时融入当地，像当地人一样生活；结合小程序、AR 互动等新形式，增加游客的参与感。本线路致力于探索溪龙乡白茶原的高可玩性、可探索性，让每次活动都成为可重复、可持续的活动，成为新朋友的遇见，老朋友的重逢，让白茶原成为更多人可触及的远方，一个可以一次又一次拜访的小世界。

（三）文本点评

专家 1：在文旅融合以及融入共富场景方面略显不足。

专家 2：该方案选题能够结合当地特色产业，方案完整度较高，细节较为完善。但是文化属性仍需加强。

专家 3：项目立足于茶文化，可以考虑在线路设计，包括空间、场地、时间、活动等多个维度上融入文化，让核心体验达成文化的连贯性。由于关注的是家庭出游群体，那么需要重关注家庭旅游决策到底由谁主导，然后着重适配主导需求。

专家 4：消费者形象设计可以进一步可亲和鲜明。

专家 5：项目视觉系统设计较为突出，整体性较强，但内容框架可以更充实完整。

（四）展示点评

专家 1：展示方式创新、生动；语言表达清晰准确、完整；展示表现的内容、对话及情节与主题展示的需要吻合。展示团队合作方面内容不足。

专家 2：规划设计方案进行了思考和精心设计，但主持的头发有点乱，盖着眼睛了。采访要真实地到一线去，线路方面可以，细节需要用心哦。

专家 3：主题突出，设计有创意，语言表达清晰活泼。

专家 4：作品完整，语言表达清晰，团队合作较好。

专家 5：直播形式展现，主题鲜明，展示结构清晰，内容完整，仪态仪表较为良好，展示的形式、细节等具有一定创意。

十四、寻迹瓯越纸源古村风貌共富游

（一）简介

2023 年浙江省会展策划创意大赛二等奖。

（二）摘要

以"研学纸山·未来乡村"共同富裕联合体为顶层战略推进,创意规划设计"纸愿·温舟"寻迹瓯越纸源古村风貌共富路的研学游线,着重打造泽雅纸源研学游线规划打造工程、品牌形象策划与营销工程、乡村产业共富融合工程。一是创造性转化共富乡遗产品,赓续瓯越纸源地域性文脉。二是创融"温州龙舟"之共舟精神,延绵后亚运时代品牌记忆。三是创想"如果纸源会说话",剧情化激趣纸源乡遗寻迹游线。整合瓯越纸源史实,设计《如果纸源会说话》系列寻迹绘本,由"纸源"自述前世今生的篇章,并绘制立面书卷式寻迹游线地图指引纸愿探索路,对应纸好韧性等四系列主题研学活动,定制"跃然纸上"等 IP 印章。四是创生瓯越古村纸源 IP,生态化衍生游线文创产品设计。基于纸山厨娘共富工坊温暖绵延的"她"力量,设计 IP 女童纸片人作为温纸笺。五是创怀安全守护心愿,智慧化全线管理寻迹一路无忧。以"安全第一,纸愿守护"为纸源寻迹游线的全线原则。游线食宿选取中国第一部"纸农菜"研究成果丛书《泽雅·纸农乡味》纸山生态食品,安顿于隐丛纸山间。

（三）文本点评

专家 1：选题前沿,方案完整规范,调查细致,有一定创新。

专家 2：项目创意链接后亚运文化、在地产业与文化创生,体现文化赋能乡村振兴的内涵与思路,并融合数字 IP 助力产业发展与推广,具有创新性。

专家 3：清晰了解当地特色资源,依托这些资源设计了丰富且具有吸引力的特色活动。旅游线路注重体验感和多样性,创意新颖,文案整洁。

专家 4：调查翔实,将当地的纸文化融合到旅游线路的方方面面,可行性强。

专家 5：内容翔实有针对性,是一份优秀的线路规划。

（四）展示点评

专家 1：展示视频具有新意,画面内容丰富,但声音左右声道不一。

专家 2：团队通过发掘乡村在地资源进行分析诠释,主题内容鲜明、解说规范、思路清晰,在融合科技数字展示方面有创新性,在助力乡村产业振兴可持续方面可深入研究。

专家 3：内容创新,逻辑清楚。汇报人之间配合较为默契。

专家 4：内容深刻精美,团队分工专业,创新意识较强,语言表达精练优美。

专家 5：项目主题新颖,特色鲜明,展示逻辑清楚,表达清晰,团队配合默契。

参考文献

1. Shone A, Parry B. Successful event management: a practical handbook[M]. New

York：Cengage learning，2019.

2. 张洪军,包丽.大学生科技竞赛研究与实践[M].哈尔滨：哈尔滨工程大学出版社，
2015.

3. 李苏北.大学生学科竞赛与创新人才培养研究[M].徐州：中国矿业大学出版社,2016.

4. 郑晓燕.大学生科技创新教育[M].成都：西南财经大学出版社,2014.

5. 张星臣,陈标华.放飞知识　锐意创意：北京高等学校大学生科研创新与学科竞赛工
作巡礼[M].北京：科学出版社,2013.

6. 阮平章.大学生创新创业竞赛与实践[M].上海：上海交通大学出版社,2022.

第三章
学术成果写作方法

学习目标

(1) 掌握学术论文概念和基本结构；

(2) 掌握学术论文选题标准和学术规范；

(3) 认识学术论文逻辑论证方法；

(4) 掌握会展案例的选取标准；

(5) 掌握会展业的热点问题。

思政融合

让"科创筑梦　挑战未来"成为时代强音
——第十八届"挑战杯"全国大学生课外学术科技作品竞赛侧记(节选)

以鼓励学生开展丰富多彩的科创实践,进而实现育人成效、引导青年学子科创报国,是举办"挑战杯"竞赛的基本逻辑。

主体赛中自然科学类学术论文、科技发明制作等理工科作品,凝聚着各高校学生科研团队的智慧。大赛通过合理设置授奖比例,引导学生进一步聚焦基础学科研究,进一步瞄准国家科技发展的"卡脖子"技术领域,沉下心来精耕细作、深挖细研。

大赛设置累进创新专项奖,专门奖励那些连续多届针对同一主题持续研究的作品。参赛学生们在机械控制、信息技术、数理、生命科学、能源化工等各领域产生了许多新发现、新创造,其中不乏能为我国高新产业发展、国防建设所用的关键核心技术突破。许多优秀作品在终审决赛期间举办的竞赛成果转化对接活动上,得到了相关领域投资者的关注和青睐。

……

与往届不同,本届"挑战杯"竞赛号召大学生到基层一线深入开展社会实践,形成社会实践调研报告参赛,在评分标准上进一步增加实践经历的比重。之所以做出这样的变革,就是为了引导学生深入基层一线开展社会实践,通过实践出真知,将论文写在祖国的大地上。社会实践调研报告打通传统学科壁垒,要求学生围绕贯彻落实党的二十大精神、围绕全面建设社会主义现代化国家的目标任务,分为发展成就、文明文化、美丽中国、民生福祉、中国之治5个大组提交作品、进行评比。涌现出的优秀作品现实导向性更强了,提出的对策建议更实了,大赛的育人效果进一步彰显了。

第一节　学术论文

一、学术论文

学术论文就是用系统的、专门的知识来讨论或研究某个问题或研究成果的学理性文章,它往往具有学理性、科学性和创造性等特点。按照不同的标准,我们可以将学术论文分成不同的类型。国家标准 GB7713－87《科学技术报告、学位论文和学术论文的编写格式》中对学术论文有明确的定义。

案例1: 学术论文定义

学术论文是某一学术课题在实验性、理论性或观测性上具有新的科学研究成果或创新见解和知识的科学记录;或是某种已知原理应用于实际中取得新进展的科学总结,用以提供学术会议上宣读、交流或讨论;或在学术刊物上发表;或作其他用途的书面文件。

学术论文应提供新的科技信息,其内容应有所发现、有所发明、有所创造、有所前进,而不是重复、模仿、抄袭前人的工作。

摘自:国家标准 GB7713－87《科学技术报告、学位论文和学术论文的编写格式》

讨论:结合案例1,谈一谈你对学术论文的认识。

学术论文分类。按照研究方向,可以分为理论研究论文和应用研究论文。按照读者,可以分为给同行看的学术期刊论文和给教授看的学位论文。按照学科,可以分为社会科学类论文和自然科学类论文,比如,会展经济与管理专业主要属于社会科学类,但如果有同学是个"学霸",在本科期间还修了第二学位专业——计算机,他的毕业论文是人工智能方面的,这时论文可能就属于自然科学类论文了。通俗来讲,学术论文是写给同行专家看的、具有知识发现性的科学性文章,不是写给别人看的知识传授性的教科书,也不是写给政策制定者用的知识应用性的咨询报告。

案例2: 2023浙江省会展策划创意大赛数字会展组一、二等奖论文选题

1. 冲击展会互动的元宇宙技术——基于双案例分析
2. 基于 Web3.0 的数字会展深度连接模式研究

3. 杭州亚运会数字新场景：多维应用、参与体验与未来赛事

4. Web3.0 数字会展科技应用案例分析及未来展望

5. Web3.0 数字化会展创新发展研究——以智能合约技术为例

讨论：结合案例 2，谈一谈你感兴趣的会展策划创意大赛论文选题。

学术论文选题至关重要。著名的会展学者唐纳德·盖茨（Donald Getz）在《会展研究》（*Event Studies*）一书中提出，会展学科有 12 个可作为支撑的基础性学科（Foundation Disciplines），包括人类学（第 2 版改为人类学、人种学、伦理学）、社会学、哲学、宗教、心理学、经济学、管理学、政治学、法学、历史学、人文地理学和未来学，另外有 15 个紧密相关的研究领域（Closely-related Fields），包括休闲、旅游、酒店、教育、传播/传媒与表演、艺术与文化管理、文化、体育、场馆/俱乐部与集会、剧院、健康、城市与社区、贫困、土著/少数民族与跨文化以及旅游者。从中，我们可以得出两个结论：无论是狭义的会展还是更广义的活动，都是交叉学科，不同学科背景的研究者都能找到相应的切入口来研究会展业中的特定问题。

我们来看一个例子，图 3.1 是旧金山会议观光局的官方网站截图。从图中我们可以看到，旧金山会议观光局官网主要面向旅游者、会展活动组织者、旅游公司、媒体和合作伙伴。图 3.2 是旧金山会议观光局官网结构，从中我们可以清晰地看到旧金山会议观光局官网的设计理念和主要内容。

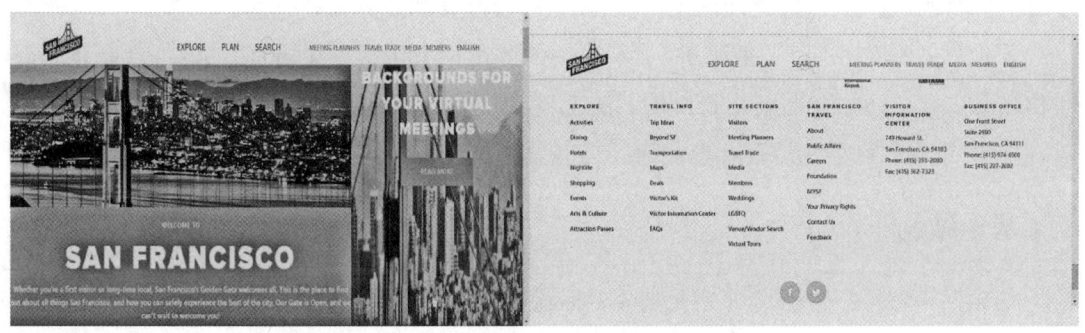

图 3.1 旧金山会议观光局官网截图

如果我们想围绕会议观光局官网这个话题写一篇学术论文，那么如何做到既面向实际问题，又具有学理性、科学性和创造性呢？我们来看看下面两篇文章，第一篇是 *Benchmarking CVB website performance*，这篇文章基于美国 967 个会议与旅游局官网的数据，利用平衡积分卡，研究了网站表现的评价问题，并从总体技术功能、客户友好度和可用性、目的地营销的有效性，以及信息内容 4 个方面构建了一个框架。第二篇是 *Exploring Content and Design Factors*，这篇文章则从会议策划人认知的角度，分析了 CVB 官网的内容和设计问题。

Contents lists available at ScienceDirect

Tourism Management

journal homepage: www.elsevier.com/locate/tourman

Benchmarking CVB website performance: Spatial and structural patterns

Svetlana Stepchenkova[a,*], Liang Tang[b], SooCheong (Shawn) Jang[c,1], Andrei P. Kirilenko[d,2], Alastair M. Morrison[e,3]

[a] Department of Tourism, Recreation, and Sport Management, College of Health and Human Performance, University of Florida, PO Box 118208, Gainesville, FL 32611-8208, USA
[b] Department of Hospitality and Tourism Management, College of Consumer and Family Sciences, Purdue University, Stone Hall, Room 154, 700 W. State Street, West Lafayette, IN 47907-2059, USA
[c] Department of Hospitality and Tourism Management, College of Consumer and Family Sciences, Purdue University, Stone Hall, Room 81-C, 700 W. State Street, West Lafayette, IN 47907-2059, USA
[d] Department of Earth System Science and Policy, University of North Dakota, Clifford Hall, Room 328, 4149 University Avenue Stop 9011, Grand Forks, ND 58202-9011, USA
[e] Department of Hospitality and Tourism Management, College of Consumer and Family Sciences, Purdue University, Stone Hall, Room 111A, 700 W. State Street, West Lafayette, IN 47907-2059, USA

ARTICLE INFO

Article history:
Received 13 February 2008
Accepted 22 June 2009

Keywords:
GIS
Balanced Scorecard (BSC)
Benchmarking
Convention and Visitor Bureaus (CVBs)
Destination marketing
Spatial analysis
Website performance

ABSTRACT

This study evaluated 967 U.S. CVB websites using a modified Balanced Scorecard (mBSC) approach which assesses website performance with respect to overall technical functionality, customer friendliness and usability, effectiveness of marketing the destination, and information content. Spatial maps were constructed for these four dimensions and overall CVB website performance using ArcMap v9.2 GIS software. A structural pattern of CVB website performance was obtained using Structural Equation Modeling (SEM). It was concluded that CVB websites primarily need improvement in marketing the destination product. The analysis revealed significant differences in website performance between members and non-members of Destination Marketing Association International (DMAI) as well as regional differences. Study implications for destination marketing organizations and CVB website designers are discussed.
© 2009 Elsevier Ltd. All rights reserved.

Exploring Content and Design Factors Associated with Convention and Visitors Bureau Web Site Development: An Analysis of Recognition by Meeting Managers

Myounghee Ha
Curtis Love

ABSTRACT. Convention and visitors bureaus (CVBs) have become important organizations within the tourism industry. The International Association of Convention & Visitor Bureaus (IACVB) reported that it represents approximately 500 destination management organizations in 30 countries (IACVB, 2003). As one of the most important components of the tourism industry in the United States, the Convention and Visitors Bureau performs various activities to facilitate destination marketing and development, with the aim of enticing leisure and convention customers to their particular city or region. Meanwhile, meeting planners are using technology to enhance their ability to produce and execute meetings that demonstrate a high return on investment. Consequently, CVBs' websites have enormous potential in selling a destination and facilitating the meeting/convention planning process. This paper explores the content and design factors associated with convention and visitors

Myounghee Ha, MSc, is a graduate of the MSc in Hotel Administration program at the University of Nevada, Las Vegas.
Curtis Love, PhD, is Professor, Hotel College, Tourism and Convention Department, University of Nevada-Las Vegas, 4505 Maryland Parkway, Box 456023, Las Vegas, NV 89154-6023.

Journal of Convention & Event Tourism, Vol. 7(1) 2005
http://www.haworthpress.com/web/JCET
© 2005 by The Haworth Press, Inc. All rights reserved.
Digital Object Identifier: 10.1300/J452v07n01_04　　43

图 3.2　旧金山会议观光局官网上的文章 *Benchmarking CVB Webside Performance* 截图

从以上例子可以看出，一篇有价值的文章应该是从 problem（问题）到 solution（解答），而不是从 background（背景）到 knowledge（知识）。学术论文的目的不在于传达自己的想法/感受，而是改变读者的想法和认知，让他们读完后能打破旧的认知并获得新的认知或解决方案，这种研究才是真正有价值的。比如，第二篇文章，作者研究发现，CVB 官网的设计主要要考虑 4 个因素：信息质量、使用的便捷性、体验以及互动和商务服务过程。

学术论文评价标准。一般来讲，学术论文的评价标准包括 5 个方面：第一，论题是否新颖和有现实意义；第二，观点是否鲜明；第三，论据是否充分，资料和数据来源是否可靠；第四，论证的逻辑和科学性是否合理；第五，文字书写是否通畅、精练和准确。

二、基本结构

一篇学术论文主要有 11 个常见要素：标题、摘要、关键词、引言、文献综述、研究方法、研究结果、研究讨论、研究结论、研究启示以及参考文献，每个要素都不可忽略。

标题是一篇论文的关键所在，是对文章的高度概括。题目不宜太长，核心概念不宜多，表达要精准。在拟定题目时要注意词汇的选择，而且一定要和内容相呼应。有时候，文章写好后再反复琢磨题目。**摘要**是论文主要内容的浓缩和主要观点的提炼，最能反映一个学者的学术功底。一般来说，摘要包括研究目的、内容、研究方法和研究结论，摘要通常为 150 至 300 个字，英文一般要求 200 个单词。**关键词**比较好理解，指的是论文论述过程中的可以串联全文主要内容，表达论文主要观点的关键词汇，一般学术期刊要求 3—5 个，也有的要求多一点，但也不能随便罗列。以图中这篇文章为例，从中可以看出，这篇论文的摘要由研究背景、主要内容、研究结论和理论贡献组成，关键词有 5 个。

当代经济管理 . 2017,39(01)　CSSCI　印刷版 ▼

标志性政府运作型展览会对城市展览业发展的负面效应——以广交会为例

余构雄　戴光全

华南理工大学

摘要： 无论国内外,对事件影响研究均是热点课题之一,西方学者对事件社会影响关注较多,而国内较热衷于经济影响,其中又以正面效应居多。展览会是事件领域重要组成,而1957年在广州举办至今一年两届的广交会,属于典型的标志性政府运作型展览会。研究从经济视角,通过文献分析、深度访谈等方法,探讨了广交会对城市展览业发展的负面效应。结果显示:广交会通过利率实现及体系运作对广州展览业形成挤出效应,实际造成挤出效应的是后者;广交会从规模、展品及品牌三方面对其他展览会形成遮蔽效应;对城市展览业发展有重要影响的保障体系资源往广交会倾斜,造成虹吸效应。最后,构建了标志性政府运作型展览会对城市展览业发展的三重负面效应框架。

关键词： 标志性事件;　政府运作型展览会;　城市展览业;　负面效应;　广交会;

基金资助： 国家自然科学基金项目《强调质性微观尺度分析的事件空间理论与节事空间的实证研究》 (41571132) ; 中国国家旅游局研究型英才项目《珠三角城市群展览业竞合模式及发展路径研究》 (WMYC20151033) ;

图 3.3　余构雄戴光全文章《标志性政府运作型展览会对城市展览业发展的负面效应——以广交会为例》截图

　　引言作为引导性的文字,往往先介绍国内外研究背景和现状,并指出现有研究的不足,从而引出本文将要解决的问题。引言应该客观、简练,尽可能多地引用高频引用论文,最好是权威期刊的论文。**文献综述**重在梳理国内外学术界对所研究问题的研究现状,并发现现有研究存在的问题。切忌堆砌文献;一定要查找文献的源头,切勿张冠李戴;最好不要用网络文献和报纸文献;文献应准确无误。**研究结论**是整篇文章的总结,应该点明论文在理论和实际应用中的价值。**参考文献**最能反映学者的学术积累和论文的研究深度。文献在精不在多,要选择最新的国内外相关文献,最好是权威期刊或者高级别期刊上的文献。

三、选题标准

　　爱因斯坦说:"提出一个问题往往比解决一个问题更为重要,因为解决一个问题也许只是一个数学上或实验上的技巧问题。而提出新的问题、新的可能性,从新的角度看旧问题,却需要富有创造性的想象力,而且标志着科学的真正进步。"对于论文写作,好的选题是成功的一半。好题目能让读者一看就知道作者对这一问题的看法和态度,而且题目要有新颖性,使同领域专家和同专业读者一看就能引起兴趣。

　　好的论文选题,至少具备以下三个基本特点:

　　一是以问题为导向,论文选题的关键在于能否抓住现实中重要且迫切的问题。二是要有新意,如果是同质化的选题,就要有超出同类选题的深度。三是要有适当的范围,选题不宜过大或过小。选题过大会使研究无法深入下去,只是蜻蜓点水,反之,如果题目太小,研究可能会不具有代表性,甚至过于沉迷于琐碎的细节,从而使研究的价值大打折扣。

下面以韩建军和王春雷合写的发表在 2019 年第 1 期《旅游学刊》上文章为例，比较符合上面论文选题的三个基本原则：以问题为导向，选题有新意，研究范围适当。

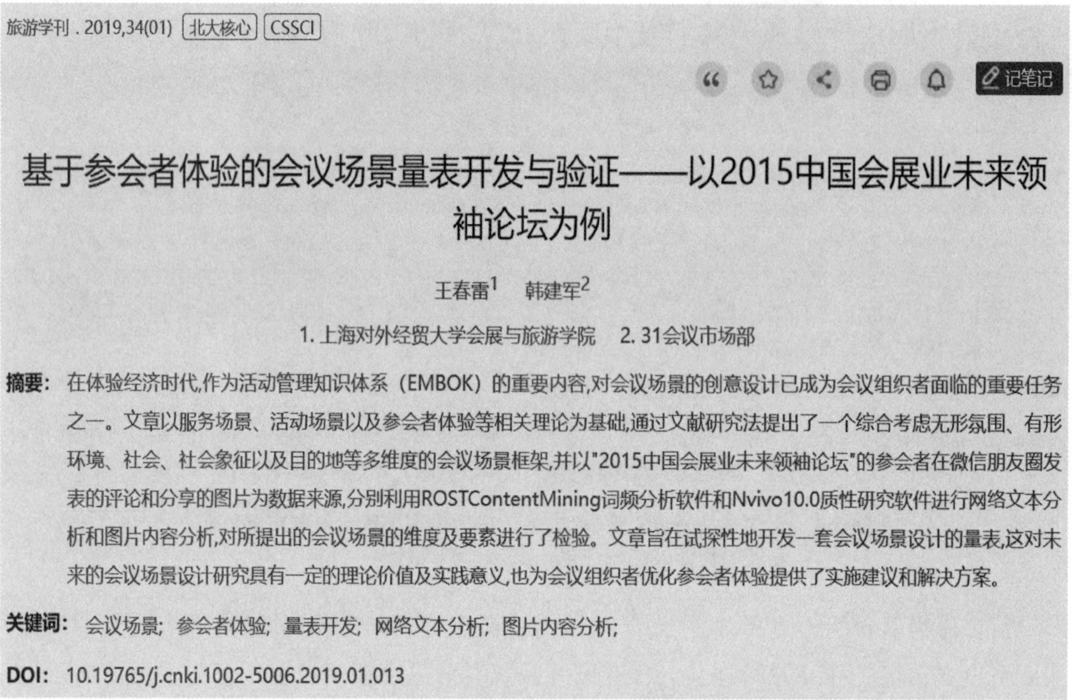

旅游学刊 . 2019,34(01)　北大核心　CSSCI

" ☆ ＜ 🖨 🔔 ✐ 记笔记

基于参会者体验的会议场景量表开发与验证——以2015中国会展业未来领袖论坛为例

王春雷[1]　韩建军[2]

1. 上海对外经贸大学会展与旅游学院　2. 31会议市场部

摘要： 在体验经济时代，作为活动管理知识体系（EMBOK）的重要内容，对会议场景的创意设计已成为会议组织者面临的重要任务之一。文章以服务场景、活动场景以及参会者体验等相关理论为基础，通过文献研究法提出了一个综合考虑无形氛围、有形环境、社会、社会象征以及目的地等多维度的会议场景框架，并以"2015中国会展业未来领袖论坛"的参会者在微信朋友圈发表的评论和分享的图片为数据来源，分别利用ROSTContentMining词频分析软件和Nvivo10.0质性研究软件进行网络文本分析和图片内容分析，对所提出的会议场景的维度及要素进行了检验。文章旨在试探性地开发一套会议场景设计的量表，这对未来的会议场景设计研究具有一定的理论价值及实践意义，也为会议组织者优化参会者体验提供了实施建议和解决方案。

关键词： 会议场景；参会者体验；量表开发；网络文本分析；图片内容分析；

DOI： 10.19765/j.cnki.1002-5006.2019.01.013

图 3.4　韩建军、王春雷合写发表在《旅游学刊》上的文章截图

四、研究构思

构思是题目确定后进入资料搜集和撰写前的重要一环，构思的本质就是对论文提纲进行设计。这项工作做得好，可以使资料搜集和未来撰写少走弯路。

构思包括文章的主要内容是什么，将使用什么研究方法，文章的起始，重点内容和段落结构等。一般来说，论文构思要注意以下几个问题：一是要紧密围绕论题，做到观点鲜明。二是文章结构要完整统一、逻辑合理。从形式上看，大小标题要层层相扣。三是除内容、结构外，资料和数据搜集和参考文献等重点工作也应在构思过程中统筹考虑，并对工作重点和时间先后进行设计，以保证论文撰写的顺利完成。

以前面提到的 CVB 官方网站的研究为例，在对相关 CVB 官网建设的现状进行评估并阅读了相关文献后，作者设计了一个研究问题：优秀城市 CVB 的网站究竟应该包含哪些内容，如何合理归并和组织这些内容，如何使 CVB 网站更加人性化并能突出城市特色？因为对这个问题，现有相关研究并没有给出明确的答案，另外，相关实证研究也很少。

论文结构主要包括六个部分：问题的提出、文献综述、研究设计与研究方法、案例研究、研究结论、研究不足与展望。

在选择案例时，作者运用了 Alexa 的排名工具，分别在北美、欧洲和亚洲选了 CVB 官网

Alexa 综合排名第一的 3 个城市,最后选了哥伦比亚、阿姆斯特丹和新加坡。

五、学术规范

学术规范,是指学术共同体内形成的进行学术活动的基本规范,或者根据学术发展规律制定的有关学术活动的基本准则。有两方面的含义:一是学术研究中的具体规则,如文献的合理使用规则,引证标注规则,立论阐述的逻辑规则等;二是高层次的规范,如学术制度规范、学风规范等。遵守学术规范常常和信守学术道德相提并论,底线要求是杜绝抄袭剽窃、强行在他人成果上署名、篡改文献和数据、一稿多投等各种学术不端行为。

格式规范是最基本的一种学术规范,也是在会展大赛学术作品中最应该注意和遵守的规范。早在 1988 年,国家标准局就发布了《科学技术报告、学位论文和学术论文的编写格式》国家标准,目的是统一科技报告、学位论文和学术论文的撰写和编辑的格式,便于信息系统的收集、存储、处理、加工、检索、利用、交流和传播。一篇学术论文的价值,关键不是写作技巧,而是研究工作本身。在整篇论文中,都要遵循相应的格式规范。

学术论文标题要简明扼要,问题指向鲜明。作为论文内容不加注释和评论的简短陈述,摘要一般包括研究的目的和重要性、研究内容、主要结论和理论及现实意义等。有些英文学术期刊还会采用结构性的摘要形式。图 3.5 这篇文章的摘要就是结构式的,包括研究目的、研究设计/研究方法、主要发现、实际启示和原创性。

Exploratory study on the perceptions of event gamification on positive behavioral outcomes

Perceptions of event gamification

Annamarie D. Sisson

Recreation, Tourism and Sport Management, School of Health and Human Services, Southern Connecticut State University, New Haven, Connecticut, USA, and

Elizabeth A. Whalen

Tourism and Hospitality Management, College of Behavioral and Health Sciences, Middle Tennessee State University, Murfreesboro, Tennessee, USA

Received 1 April 2021
Revised 7 June 2021
14 July 2021
Accepted 15 July 2021

Abstract

Purpose – The value of the events industry is increasing worldwide. An essential component for successful events is creating a unique experience by offering gamification. A conceptual model is proposed, exploring pre-event game communication and its effect on attendees' value perceptions, willingness to participate, word of mouth intentions and emotional commitment during gameplay at conference events.

Design/methodology/approach – Analysis of variance and structural equation modeling were employed to test the model using data collected from 177 attendees recruited from hospitality and tourism association network listservs and online research company.

Findings – Results reveal that perceptions of event gamification increase word of mouth intentions, willingness to participate and emotional commitment.

Practical implications – The study contributes to the knowledge of conference events with recommendations for incorporation of game elements for meeting planners to enhance attendee behaviors at the event.

Originality/value – This study is among the first to examine positive behavioral outcomes of using games at conference events.

Keywords Gamification, Events, Value, Emotional commitment, Willingness to participate, Word of mouth, Theory of belongingness, Self-determination

Paper type Research paper

图 3.5 结构式摘要

关键词是为了文献标引工作而从论文中选取出来的,用以表示论文主要内容信息的单词或术语,也有相应的规范。图 3.6 这篇英文文章——《一个值得庆祝的理由！公益音乐会观众的心理类型学》中,作者列出了 7 个关键词：类型学、消除贫困、市场细分、心理细分、公益音乐会、全球性事业、音乐节观众,从精简角度看,市场细分和全球性事业都可以删减。

A cause for celebration! A psychographic typology of attendees at a benefit concert

Martinette Kruger and Adam Viljoen

Findings – *Three psychographic segmentation variables were used: motives for attending the event (novelty, escape and socialization and cause advocating); behavioural intentions and change as a result of attending the event (cognition and awareness, loyalty-related behaviour, active engagement and travel-related behaviour); and global causes aimed at eradicating poverty that attendees regard as important to support (social, sustainability, fiscal, fundamental and elevated prosperity). The results revealed three distinct segments, proposing that an AID-typology applies to benefit concert attendees: advocates, inspirers and discoverers. Each group has either a high, moderate or low level of commitment towards the festival's and other global causes.*

Practical implications – *Practical implications are suggested as guidelines to encourage advocacy and active involvement for global causes.*

Originality/value – *This study was conducted from a developing country's perspective and contextualizes the role that events can play in advocating for specific causes and encouraging citizens to get involved.*

Keywords *Typology, Poverty eradication, Market segmentation, Psychographic segmentation, Benefit concert, Global causes, Music festival attendees*

Paper type *Research paper*

图 3.6　英文文章《一个值得庆祝的理由！公益音乐会观众的心理类型学》截图

学术论文展现的应该是在学习和研究中成果和心得体会。要写好一篇规范有价值的学术论文,需要用心对待,既不能为了发表而发表,也不能为了写作而写作,否则写作过程会很痛苦。

六、规范示例

(一)引言规范

引言作为引导性的文字,往往先介绍存在的现实问题,以及国内外研究现状,特别是现有研究存在的不足,从而引出本文的写作目的,也就是研究目的。因此,引言应该客观、简练,问题指向明确。

以《基于参会者体验的会议场景量表开发与验证——以 2015 中国会展业未来领袖论坛为例》引言为例,介绍一下引言写作时的基本思路。作者基本遵循了"现实背景—理论研究进展—研究目标"这样的脉络。第一段谈及了在实际生活中环境对消费者行为的影响,第二段和第三段基于对现有相关研究的梳理,指出了研究会议场景(conventionscape)设计的意义,第四段引出文章的研究目标。

案例 3:《基于参会者体验的会议场景量表开发与验证——以 2015 中国会展业未来领袖论坛为例》引言

环境心理学家认为,当环境改变时,个人行为也会随之改变。在社会学领域,Goffman 用戏剧理论来描述"人们如何在互动过程中按一定的常规程序(即剧本)扮演多种角色,并在表演中试图控制自己留给他人的印象(即印象管理),这为活动管理中的场景设计奠定了理论基础。在某种程度上,服务管理与戏剧场景具有一致性,人们利用语言、手势、表情等各种各样的行为方式影响他人对互动情境的感知。例如,在酒店行业,营销场所的物理环境对消费者的行为,以及品牌形象的建立等都起到非常重要的作用。Kotler 在 1973 年创造性地提出了"氛围"一词,用以描述"对环境因素有意识地控制与组合"。1983 年,Grove 和 Fisk 在戈夫曼剧场理论的基础上提出了服务剧场理论。他们认为,服务行为与舞台表演具有一定的相似性,舞台剧场的构成要素与服务的构成要素之间能形成一定的对应关系。

以 Goffman 的剧场理论、Kotler 的氛围理论以及 Grove 和 Fisk 的服务剧场理论为基础,Bitner 在 1992 年首次提出了"服务场景"这一概念,并将其描述为服务场所经过精心设计和控制后的各种环境要素的统称,主要包括氛围环境,空间布局及功能,符号、象征和人工制品。

通过梳理现有文献可以发现,服务场景方面的研究已涉及多种不同类型的场所,主要包含娱乐场、餐厅、机场、咖啡厅等。随着会议、展览会、节庆等活动领域的不断发展,对服务场景的研究和应用进一步向体育场、会议中心和户外节庆活动等扩展。在会议行业,参会者的与会期望早已不再局限于满足既定的参会目的,而是获取更难忘的参会体验。因此,关注会议场景(conventionscape)的设计具有重要意义。然而,目前学术界对会议场景的研究并不多见。

鉴于此,本文运用文献研究法对会议场景相关文献进行全面深入的分析,以初步确定会议场景的维度及要素,然后以"2015 中国会展业未来领袖论坛"的参会者在微信平台上发布的评论及图片为数据来源,通过网络文本分析法和图片内容分析法进行量表验证,最终确定会议场景的维度及要素。笔者希望通过对会议场景量表的探索,在理论上弥补会议场景研究的不足,拓宽场景的研究领域以及服务场景的应用范围,在实践方面为会议组织者提供指导,使会议场景的设计更符合参会者的期望。

讨论:结合案例 3,写一段不少于 1 000 字的学术论文引言。

(二)文献规范

参考文献是写好学术论文的基础,它反映了研究者的专业基础、学术训练及对某个领域研究脉络与水平的掌握情况。没有参考文献的学术论文,好比空中楼阁。另外,对文献的引用一定要遵守学术规范,尊重文献就是尊重前人的研究。因此,在撰写论文前,一是要对文献进行必要的梳理,二是要规范使用文献。

1. 文献梳理

撰写学术论文,需要大量的思考和学术积累,首先是要足够了解所研究的领域,在此基础上确定自己的研究方向。梳理文献最根本的目的是发现现有研究(existing research)存在的问题和不足,从而为自己的研究找到突破口。任何学术问题都有一个发展脉络,不了解脉络,就不能对学术问题进行深入研究。因此,一旦确定研究选题,要系统梳理国际学术界对这一问题的研究现状,从而全面把握这一问题的研究状况和前沿。

2. 文献阅读

首先是要带着问题研读,逐字逐句地"被动"阅读,往往事倍功半。当我们看到一篇相关学术论文时,可以先看标题,再读摘要,然后带着问题去阅读全文。其次,要做好阅读笔记,重点是记录文章的主要思想、研究方法、实验设计和结论等,还可以加入自己的思考,比如本领域已经有哪些研究、目前的进展和未来展望,以及自己的最新思考和闪光点等。另外,一定要阅读好刊物特别是顶刊上的相关文章,阅读最新文献能帮我们节约大量时间。

3. 梳理示例

以《基于参会者体验的会议场景量表开发与验证——以 2015 中国会展业未来领袖论坛为例》这篇文章为例,在文献综述部分,作者对服务场景、活动场景和参会者体验方面的主要理论特别是相关量表进行了系统梳理。这里的"服务场景"包括餐饮场景(winescape)、购物中心场景等,这方面有很多经典的理论,如 Bitner 的服务场景主要聚焦于氛围以及可观看、可控制的物理要素,Baker 等学者将服务场景划分为氛围要素、设计要素和社会要素,直到 Tombs 和 Kennedy 提出社会性服务场景模型,学术界才开始系统研究服务场景中的社交环境及其对社会密度、顾客感知体验和购买行为的影响。2011 年,Rosenbaum 和 Massiah 将社会象征要素与自然要素纳入服务场景的范畴,提出了扩展后的服务场景模型。"活动场景"也要细分,包括节庆场景(festivalscape)、展台场景(boothscape)、体育场景(sportscape)等。

基于文献系统梳理,作者发现,Rosenbaum 和 Massiah 的扩展服务场景模型为会议场景维度的建立提供了强有力的理论支撑。另外,基于活动场景理论,作者把"目的地"维度应被列入会议场景的研究范畴。现场所营造的氛围是决定活动场景质量的关键,因而在会议场景中应更加关注无形氛围的营造。

文献综述部分的结论是,将会议场景的维度划分为五大类,即无形氛围、有形环境、社会、社会象征以及目的地维度。然后再以"2015 中国会展业未来领袖论坛"的参会者在微信朋友圈发表的评论和分享的图片为数据来源,分别利用 ROSTContentMining 词频分析软件和 Nvivo10.0 质性研究软件进行网络文本分析和图片内容分析,对所提出的会议场景的维度及要素进行检验。

4. 文献引用

有两点要特别注意,一是在文中的规范引用,包括脚注,二是文献的格式。目前,最常用的文献格式有 APA、MLA 和 GB/T 7714。APA 格式,是美国心理协会(American Psychological Association)推出的一个被广泛接受的研究论文撰写格式,特别针对社会科学领域的研究,它规范了学术文献的引用和参考文献的撰写方法，以及表格、图表、注脚和附录的编排方式。MLA 是美国现代语言协会（Modern Language Association）制定的论文指导格式。GB/T7714 是我们的《信息与文献　参考文献著录规则》国家标准。

七、论证逻辑

学术研究是一个论证的过程，而论证是一个严密的逻辑思维过程。论证的逻辑性，主要体现在层次感、严密性、学理性和科学性等方面。层次感就好比剥洋葱，一层一层剥到中心，最后才知道中心究竟是什么。为解决层次问题，向大家推荐一个工具——金字塔原理。

（一）金字塔原理

该原理是芭芭拉·明托在 1966 年被派往英国伦敦，负责提高麦肯锡欧洲员工的写作水平时提出的。当时她发现市面上有很多关于如何写作的书，却鲜少有关于逻辑思路的书。于是她开始寻找实用的方法，最后系统提出了金字塔原理。

自上而下表达，结论先行，可以组成一个金字塔。金字塔中的子结构包括三个层面：主题与子主题之间的纵向关系；各子主题之间的横向关系；序言的叙述方式。其中，纵向关系是指上一层的思想必须是下一层思想的概括总结或者是下一层思想的结论，自上而下，结论先行。横向关系包括演绎关系和归纳关系。序言的叙述方式包括背景（situation）、冲突（conflict）、疑问（question）和答案（answer）4 个要素，简称 SCQA。

用冯唐的话来解释金字塔原理，就是"任何事情都可以归纳出一个中心论点，而此中心论点可由三至七个论据支持，这些一级论据本身也可以是个论点，被二级的三至七个论据支持，如此延伸，形状如金字塔"。如图 3.7。

那么，如何构建金字塔结构？

不管是自上而下还是自下而上的方法，金字塔原理的具体原则都主要包含四个方面：（1）序言情景冲突；（2）结论先行；（3）纵向疑问解答，上层概括下层；（4）横向独立穷尽、归类分组、逻辑递进。

再重点说一下横向的思考逻辑，在横向上整体遵守 MECE 法则，英文是 Mutually Exclusive Collectively Exhaustive，中文的意思是"相互独立，完全穷尽"。"相互独立"意味着问题的细分是在同一维度上并有明确区分、不可重叠的，"完全穷尽"则意味着全面、周密。这是金字塔原理中被最为重要、实用的法则。

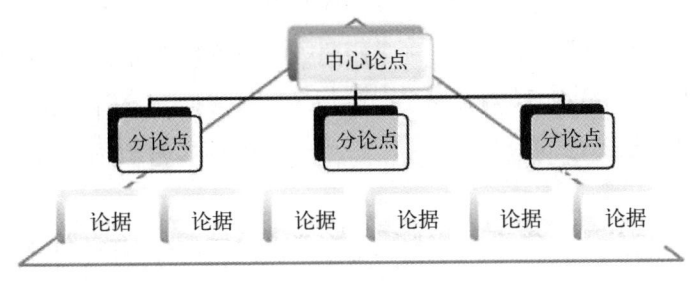

图 3.7　金字塔结构示图

（二）逻辑论证工具

归纳法和演绎法是两种基本的论证逻辑方法，归纳法是从特殊到一般，归纳关系是子思想之间有共性，上一层级思想就是对子思想的概括总结，或者说可以用一个名词进行归纳。演绎法是从一般到特殊，演绎关系是从因到果，推理层层递进，推理的结论就是上一层级思想。好的论证逻辑一定是立体的、有层次感的，也是这个道理。

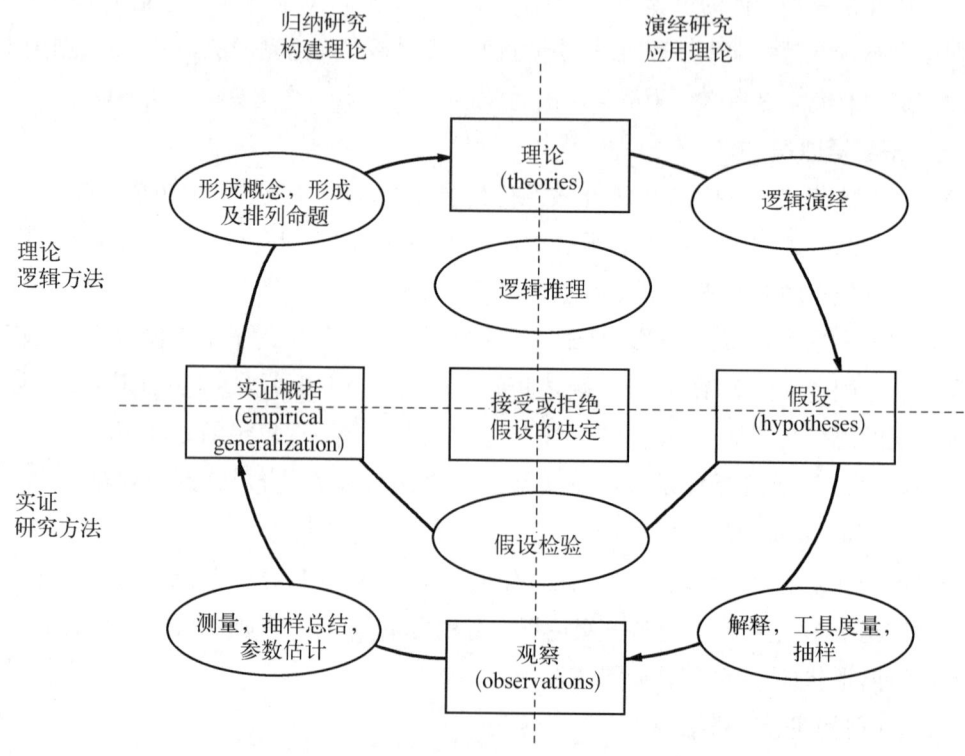

资料来源：W.L. Wallace，1971。

图 3.8　科学研究过程的要素示图

总的来说，归纳推理要比演绎推理难一些，因为归纳推理更需要创造性思维。在进行归纳推理时，大脑首先注意到若干不同事物所具有的共同点，然后将其归类到同一个组中，并说明其共性。除了归纳和演绎，还有类比法、反证法、归谬法、反驳论据等论证方法。

（三）研究方法

研究方法就是我们在研究中发现新现象、新事物或提出新理论、新观点，揭示事物内在规律时所使用的工具和手段。常用的管理学研究方法有实验研究、案例分析法、问卷调查与统计分析法（如利用因子分析、结构方程模型等）。但很多时候，我们还会把其他学科的研究方法借鉴过来，用于管理学问题的研究，比如社会学中的扎根理论方法、人类学中的民族志等。

研究方法本身并没有绝对的先进或好坏之分，只有是否合适，任何时候研究方法都是为研究目标和内容服务的。定量研究有相对规范和统一的研究范式和步骤，定性研究则相对自由和灵活一些。另外,人们常说的文献法、比较法、问卷调查法等并不是严格意义上的研究方法,而是具体的信息或资料收集方法。

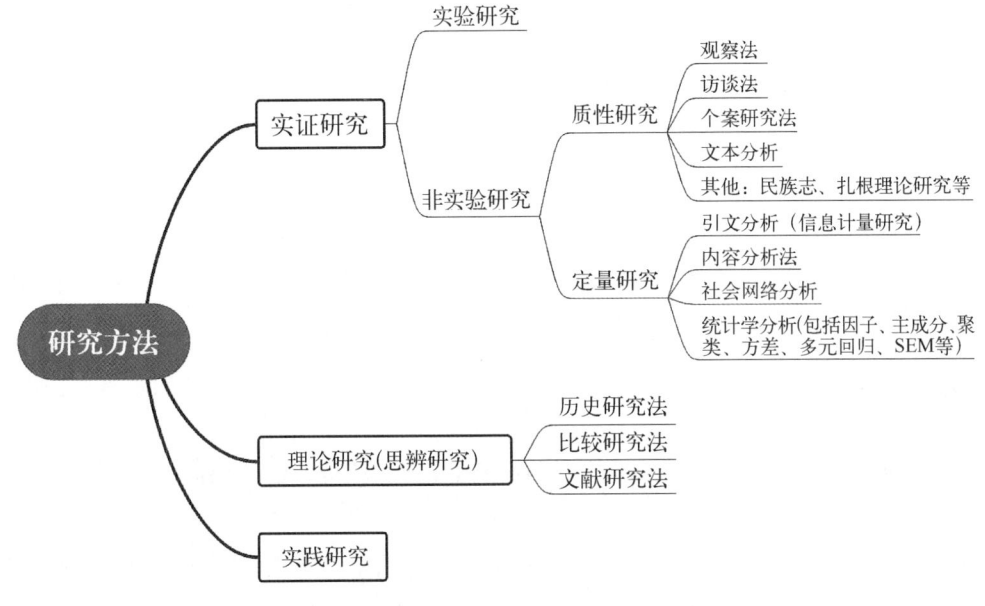

图 3.9 研究方法示图

要写好论文,需要接受规范的学术训练。例如,论文写完后要多次修改、认真查证。主要包括:对文章的总体结构进行斟酌,看是否在结构上存在着不合理的问题;对文章的逻辑进行梳理,看是否存在逻辑上的不连贯性;对文句进行斟酌,看表达是否存在问题;对文献和注释进行查证,看是否存在错误;对数据进行核对,看是否存在数据错误。这样才能使学术论文更加完善。

第二节 案例研究

案例分析也称案例研究,是通过单个案例分析或者多个案例分析,探究现象背后的本质及其一般规律的有效研究方法,同时它也是一种文章写作形式。2021 年,案例分析正式成为会展策划创意大赛成果形式之一,目前在会展创意赛道,未来将逐步扩展到会展设计赛道和"一带一路"赛道等。

一、案例目的

(一)研究案例,重在总结科学规律

近年来,会展大赛推动研究数字会展营销案例、"会城"主题案例,有助于发现并深化对会展案例背后所蕴藏的会展规律的认识。发现、认识并掌握会展业的规律是中国实现由会展大国向会展强国跨越的必由之路。

（二）研究案例，重在推动会展创新

模仿是创新的基础。会展业属于高端创意文化产业，本质上提供的是概念性和无形性的服务，具有相当程度上的可复制性，因此，研究国内外会展业发展中的案例，有助于我们在消化、吸收、领悟的基础上进行会展创新，也能加快我们的发展。

（三）研究案例，重在社会行业进步

"一业展百业，百业聚会展"。作为一名优秀的新时代会展人，除了要具备过硬的会展核心素养和能力，还必须能够从国际高度、历史深度和产业广度对整个会展业进行认知和把握，要有通过案例分析等方法对所从事的会展所涉行业和产业的快速学习能力，从而推动社会行业进步。博鳌亚洲论坛之于亚洲崛起，中国国际进口博览会之于全球共享中国发展，都是建立在对复杂的国际、国内政治经济形势精准把握基础之上的。

二、分析方法

（1）案例分析法指通过对典型个案进行分析、综合和评价，从而由具体到抽象得出概念、范畴和理论的研究方法。

这是案例研究最为主要的研究方法。案例分析适用于三种情形：第一种是需要回答案例"怎么样""为什么"的时候，第二种是在研究者几乎无法控制研究对象时，第三种是研究者关注的重心是当前社会生活背景下的实际问题时。与之对应，案例分析有三种类型，解释性或者因果性案例分析、描述性案例分析和探索性案例分析。在会展大赛三种目的主导下，三种类型的案例分析都是欢迎的。

案例4：冲击展会互动的元宇宙技术——基于双案例分析

摘要：元宇宙技术结合了增强现实和虚拟现实、区块链和人工智能。随着元宇宙技术的发展，该技术在展会中的应用冲击着展会的互动，为会展行业带来了新的趋势，关注元宇宙对展会互动的影响能够把握趋势，完成会展业的升级。本文选取了 METAVERSE EXPO ASIA 和2022"生态守护映像"沉浸式公益生态摄影展两个线上展会案例进行分析，展会类型不同，展会行业背景不同，展会受众与受众核心需求也不同，双案例中元宇宙在展会互动的影响上呈现异同与多样性。

关键词：元宇宙；展会互动；具身体验；价值共创

讨论：结合案例4，谈一谈学术论文中的案例研究。

（2）比较研究法，指对两个或两个以上的事物或对象加以对比，以找出它们之间的相似性与差异性的一种分析方法。这也是案例分析中经常使用到的研究法，比较研究法和探索性案例分析相结合，更容易得出有启发的开放式结论。举个例子，将慕尼黑、汉诺威等德国

会展城市同长三角会展城市进行横向国际比较,更容易得出建设国际会展之都的启发性思路。

(3)文献分析法,文献资料是案例分析不可或缺的研究方法,是案例分析的基础和前提,指根据案例研究所需,通过查阅和获取相关研究论文、著作、政府文件、企事业单位内部资料等多种方式搜集相关文献资料和数据,从而全面、准确、深刻掌握所研究对象的一种研究方法。

会展大赛案例分析更加强调原创性,应力求及时获得第一手资料,必须保证文献的及时性、有效性和信度。

(4)归纳研究法,归纳论证是一种由个别到一般的论证方法。归纳研究对于案例分析由个别到普遍,由现象到规律的飞跃具有重要的不可替代的作用。

(5)访谈法,原来是指通过访员和受访人面对面地交谈来了解受访人的心理和行为的心理学基本研究方法,分为结构型访谈和非结构型访谈。目前,这一研究方法已经被广泛运用于包括会展研究在内的人文社会学科的研究中。

在我国,会展业发展晚、历史短,案例研究不足,权威信息和有效数据获取有一定难度。为了克服这一困难,会展大赛选手可以就具体的研究对象拜会并访谈政府部门、企事业单位相关负责人。访谈法一般要求进行针对性的问卷设计。

除以上方法,在开展案例分析时还可以综合使用定性研究和定量研究。

三、选取原则

在案例选取的过程中,本着以下三大原则。

(1)典范性原则。典是经典,范是模范。会展大赛相关案例选取应该选择会展业具有典范性的案例,这样的案例对研究者起到事半功倍的效果,也有助于学习者进行创新性的模仿,从而使案例典范意义彰显。

(2)权威性原则。会展业发展不仅需要专业案例,更需要权威案例,这样的案例具有最大程度的说服力和影响力,能够对会展业产生最直接、最有效和最有益的影响。案例权威判定标准有案例出处是否权威、文献资料是否权威、访谈对象是否合适,尽量减少容易引起争议的环节。

(3)原创性原则。案例选取过程中,要注重案例原创性,要选取原创并最具代表性的案例。

案例选取过程中还必须关注案例分析的可行性和独特性。

四、选取示例

(一)会展项目策划命题:如何通过数字化赋能实体展会全链路

赛题说明:要求参赛队伍需要选择一场主流展览会来作为研究案例,完整审视该展览会从生发到落地的全流程,充分考虑其自身的属性、特点和定位,结合现在已有或正在研发的数字技术,系统梳理数字化办展的全套工作机制和流程,形成完整的方案。方案切忌大而空,要包含明确的观点,有效的论证基础,清晰的实施计划和完整的成本预估。

结合本赛题要求和典范性原则、权威性原则和原创性原则三大案例分析原则,我们很自然就想到广交会、进博会、服贸会等重大国家级涉外会展平台作为案例研究对象,尤其是广交会在国家级涉外会展平台率先完全全程线上办展,并且和腾讯合作,表面上看完全满足三大原则,但是仔细推演,我们就会发现将广交会作为研究对象没有任何可行性,因为我们无法对接广交会组委会,无法对接云上广交会团队,无法获取权威的第一手资料。

所以说不是越典范越好,越权威越好,还要考虑可行性。可行性也是案例分析评分的重要参考。

从往届获奖作品看,选了全球数字贸易博览会、中国数字贸易博览会、中国国际电子商务博览会等展览会,但是并没有进行案例研究,而是采取策划的形式,主要原因是数据获取难度太大,主办方很难开展基于数据的实质合作。

(二)数字会展科技应用及创新场景体验

命题说明:数字会展要解决的问题不是单纯的传播与流量的问题,随着数字技术进步与发展,最重要的是它能解决会展业的关键商业痛点,即通过不断开辟与丰富创新会展场景应用,提升会展活动的参与度、体验度和满意度,从而降低成本、提高效率。

本赛题相比赋能实体展会全链路难度有所降低,所以赛题明显较为活跃。本赛题一等奖是中山大学团队的《基于会展流程"流程链"(OSL)管理模式的数字会展应用场景创新研究——以第17届深圳文博会为例》,比较好地兼顾了案例研究的三大原则,同时将社会实践、学科竞赛和案例研究进行了完美结合。

(三)乡村会展助力乡村振兴调研

命题说明:请参赛团队根据各自实际资源条件选定调研具有乡村会展特色的县(市)、镇,围绕特定县(市)、镇的乡村会展活动发展现状、体制机制障碍与乡村振兴中的会展需求进行调研,形成有价值的研究报告或者论文。

本赛题同样强调社会调研,属于自由发挥度比较高的赛题。从获奖情况看,华东师范大学的《做足"海文章",讲好"海文化"——以金山嘴渔村为例探究乡村会展助力乡村振兴》、浙江工业大学团队的《"石榴籽·畲乡行"乡村会展助力乡村振兴调研报告——以浙江省景宁畲族自治县为例》和浙江万里学院的《乡村会展助力乡村振兴——中国徐霞客开游节的调研与思考》荣获该赛题一等奖,其主要特征,一是立足本省本地,二是重视实地调研,三是和导师科研课题相结合,四是结合大学生校外实践教育基地建设。

五、问题建议

从会展大赛案例分析作品来看,主要存在三大问题。

一是观点提炼还要进一步加强。参赛作品观点应该体现在案例分析的方方面面,尤其是题目宜亮明核心观点,案例分析或者论文中也要注意各部分观点的提炼、归纳和概括。

二是案例分析形式还比较单一。参赛作品的案例分析多数是解释性案例分析和描述性案例分析,探究式的案例分析还没有,高价值的针对会展现象的理论概括式的解释性案例还太少。希望未来看到更多针对中国会展业发展前沿的探究式案例分析和高价值的解释性案例分析,推动中国会展业理论创新。也希望未来看到更多的以案例分析作为研究方法的高质量论文。

三是案例分析陈述规则不清。有团队经常在陈述中有意或者无意中将团队成员姓名、指导教师姓名或者学校名字等说出来,违反大赛匿名规则,被取消参赛资格,建议熟读通读几遍大赛附件说明,全面熟悉大赛规则。

第三节　会 展 热 点

关注会展业热点,尤其是国际会展业前沿热点问题更容易获得大赛官方和评审专家的认可,并在比赛中胜出,获得更多发表机会。我们结合以下热点做一个简要分析和介绍。

一、数字会展

随着全球数字社会的到来,数字会展正在成为国际会展学术理论界最火热的研究热点。作为全社会的窗口行业,会展业具有数字的天然优势,从数字技术本身出发,跨界研究会展业中数字技术应用、数字场景创造的议题火爆起来。2020 年,作为全球在线会议服务领导者的 ZOOM 的股市市值成为全球第一个超 1 000 亿美元的会展企业和数字会展科技企业,这标志着全球数字会展的元年正式到来。

会展策划创意大赛高度重视数字会展人才的培养,和我国数字会展领军企业合作,开设数字会展赛题,并将其视为大赛最重要的赛事领域予以重点扶持。数字会展的发展和壮大是我国由会展大国向会展强国转变的重要支撑力量,是我们实现对传统会展强国换道超车的最佳赛道。

零零后大学生是数字原住民"Z 世代"的新生中坚力量,我们高度欢迎来自"Z 世代"大学生视角的数字会展学术论文,尤其欢迎大模型原生应用(AIGC、AI Agent、Embodied AI)、领域大模型＋多模态大模型、AI、智能计算、模型即服务、5G 和物联网、元宇宙和虚拟增强现实技术、区块链和数字货币、Web 3.0、可穿戴技术等在会展业的应用场景案例,元宇宙音乐节、元宇宙博览会、云上展览会、数字电竞、虚实结合混合会展等数字会展新业态、新模式和传统会展业的数字化改造等都是我们高度欢迎的学术议题。

二、会展可持续发展

可持续发展是联合国提出的全球发展目标,具体是在全球层面、地方层面和个人层面,采取强有力的行动,提供解决方案,发展转型和必要的改革,推动全球在 2030 年建立经济增长、社会包容和环境保护的可持续发展。可持续发展目标一经推出,各国政府、国际组织、跨国集团等迅速行动。

联合国环境署(UNEP)、经合组织(OECD)、国际标准化组织(ISO)等也在全面推动联合国可持续发展目标在会展业的落地。

案例 5:实现会展可持续发展的 19 项创新策略

可持续会展是指精心策划和执行的有组织的会展,旨在最大限度地减少对环境的影响,促进社会责任,并对经济做出积极贡献。可持续会展旨在实现会展目标与环境责任、社会正义和经济可行性之间的和谐融合。

1. 减少碳排放

选择低碳娱乐选项可以使活动与可持续发展目标保持一致,并减少对环境的影响。例如,全球最大的体育和现场娱乐公司之一的 AEG(包括竞技场和体育场)采用节能技术、LED 照明和可持续实践,最大程度地减少碳足迹。此外,AEG 还投资太阳能电池板等可再生能源,为其场馆供电。

2. 零废物倡议

在环境问题不断升级的情况下,将零废物策略纳入活动规划至关重要。这些策略旨在减少废物产生并促进生态意识行为。组织者可以通过拥抱创新和鼓励与会者养成可持续的习惯来缩小活动碳足迹。

3. 虚拟出席选项

为了应对不断变化的会展动态,虚拟出席选项已成为一种可持续的解决方案。它们允许参与者远程参与,减少与旅行相关的排放并扩大活动的可及性。

4. 可再生能源

在会展策划中采用可再生能源是迈向可持续实践的关键一步。会展可以从化石燃料转向更清洁的能源选择,以减少碳足迹。采用可再生能源有利于环境和会展业的长期生存。

5. 绿色餐饮

采用绿色餐饮实践将会展转变为生态意识体验。会展可以通过优先考虑食品采购、准备和废物管理的可持续性来减少环境足迹并促进负责任的消费。

6. 纯素食和素食选择

不列颠哥伦比亚大学发表的一项研究描述了肉类生产的影响,包含但不限于化石燃料的使用、动物产生的甲烷、土地退化、水消耗,以及为放牧而砍伐森林、大气污染。仅提供纯素食和素食选择是减少活动碳足迹的好方法。

7. 数字会展材料

改用数字会展材料可以减少纸张浪费,从而保护环境。这是一个可持续的选择。

由于其众多优点,这种方法正在迅速实施。

8. 可重复使用的装饰

在会展中使用可重复使用的装饰可以减少浪费并节省资源,从而保护环境。为了减少对环境的影响,会展可以选择可重复使用的装饰并支持负责任的规划。

9. 碳抵消

碳抵消是指为补偿其他地方发生的排放而减少温室气体(GHG)排放的行为。会展可以通过支持碳减排项目来帮助改善环境并产生积极的影响。

10. 公共交通

鼓励人们在会展中使用公共交通有助于减轻对环境的影响。鼓励人们使用公共汽车、火车和其他公共交通有利于环境并减少交通。

11. 本地采购

为会展选择本地采购的产品和服务,可以支持当地经济并减少会展的碳足迹。优先考虑附近的资源可以最大限度地减少碳排放,促进社区参与,并有助于负责任的会展规划。

12. 可重复使用的会展赠品

选择可重复使用的会展赠品符合可持续实践并促进负责任的消费。例如,科技巨头谷歌在其 Cloud Next '19 会议期间实施了一种可持续的会展赠品方法。谷歌没有为与会者提供传统的一次性促销品,而是提供高质量、可重复使用的商品,例如不锈钢水瓶、竹制餐具和环保手提袋。这不仅减少了该会展对环境的影响,还加强了谷歌对可持续发展的承诺。

13. 环保照明

为会展选择环保照明有利于环境并节省能源。通过采用节能技术和周到的设计,会展可以营造温馨的氛围。

14. 社会影响力伙伴关系

与社会影响力团体合作可以使会展变得更有意义、更可持续。会展可以与非营利组织或社区倡议合作。这将推动积极的变革、提高认识并为有意义的事业作出贡献。

15. 绿色科技参与

将绿色技术融入会展中可以展示创新,同时促进可持续发展。使用环保技术可以改善会展对环境的影响并促进负责任的技术使用。

16. 碳中和运输

选择碳中和运输策略可以减少与会者出行对环境的影响。优先考虑环保的交通方式可以最大限度地减少碳排放,增强会展的可持续性,并为更加绿色的会展业作出贡献。

17. 互动生态区

在会展中创建互动生态区可以增强与会者的参与度,同时促进可持续发展。在这些特殊区域，与会者可以进行活动，学习和观赏能够激发爱护环境的事物。这些区域使会展更加环保。

18. 可持续的场地选择

选择可持续的会展场地是减少活动对环境影响的基础，也为会展业树立了良好的榜样。选择具有公认的绿色认证（例如 LEED（能源与环境设计先锋奖）或 ISO 14001）的场馆。

19. 环境研讨会

在会展中添加环境研讨会有助于教育和提高人们对可持续发展的认识。它还允许实践学习和参与这些重要主题。在这些会议中，人们可以了解环保实践。这有助于他们做出明智的选择，并为可持续的未来作出贡献。

讨论：结合案例 5，谈一谈如何才能在会展策划和展示环节打造一场真正可持续发展的会展。

联合国环境署（UNEP）认为，可持续的会展是在设计、组织和实施会展活动时，最小化会展活动的潜在负面影响，同时为主办地和所有参与者留下有益遗产的会展活动。可持续的会展需要平衡环境责任、社会责任和经济责任。

经合组织（OECD）认为，全球会展活动在有限的时间内，在参与度、观众或媒体报道方面具有强大的全球触达力，能够带来长期基础设施投资，促进旅游业和贸易，创造就业机会并促进社区发展，可以帮助举办地实现可持续和包容性增长的会展。可持续全球会展会给举办地留下计划的、未计划的丰厚遗产。

国际标准化组织（ISO）认为，会展可持续性管理系统包括要求会展活动建立与可持续发展原则相关的目的和价值声明。这一标准最低限度规定了包容、透明、正直和管理的可持续发展原则。

根据中国绿色会展联盟的定义，绿色会展是以可持续发展为原则，按照循环经济理念，坚持办展与保护环境并重，构建以展览主办方、展览场馆、展览服务商为主体，贯穿物流运输、设计搭建、展览展示、会议活动、观众组织等各环节的绿色会展生态体系。

总起来看，会展可持续发展是在可持续发展理念指导下的会展策划、运营、服务和管理新模式，其追求的是环境责任、社会责任和经济责任的平衡统一，目的是实现会展的包容性、公平性、可持续性和韧性的美好未来。会展可持续发展是以一种平衡的方式运作，识别并减少会展活动对社会、环境和经济产生负面影响的领域，同时增进社会、环境和经济福祉的会展发展观和实践观。

联合国可持续发展目标，也在相当大程度上影响了我国会展可持续发展的实践。目前，我国会展可持续发展实践主要集中在绿色会展、低碳会展、生态会展等三个方面。21 世纪以来,我国在奥运会、世博会、冬奥会、亚运会等重大国际会展活动的可持续发展方面形成了不少典型做法,在会展可持续政策制定、自然资源和生态系统可持续、经济增长促进、社会公平包容等方面也值得进行理论范式实践研究,向国际社会传播中国会展业可持续发展的声音。我们高度欢迎来自会展可持续发展或可持续会展领域的学术洞见和论文。

三、会展城市

会展城市从根本上说是目的地建设和管理的范畴,指的是具备较发达的经济基础或特色产业支撑,具备大型会展设施和较强的会展接待能力,会展业综合实力、凝聚力、辐射力与发展力较强,会展业在城市国民经济社会中扮演重要角色或起主导地位的城市,也指利用会展进行目的地营销的城市。

案例6:达沃斯发展模式与国内会展小城镇的发展目标

达沃斯是闻名全球的会议中心小城,也是阿尔卑斯山脉最高的特色会展小镇。根据达沃斯官方的统计数据显示,达沃斯面积约 284 平方公里,人口仅 12 000 余人。达沃斯的经济结构以第三产业为主,第三产业从业人口占全部人口就业的 84%,是全球知名的会议目的地。

世界经济论坛是一个非政府的国际论坛组织,总部设在达沃斯。因论坛年会都是每年一月下旬在达沃斯举办,故也称"达沃斯论坛"。2015 年,达沃斯论坛被正式认定为国际组织。

达沃斯作为会展小镇的成功激励了一大批追赶者,最成功者莫过于海南省博鳌小镇。其后,黑龙江省的亚布力小镇,浙江省的乌镇、莫干山等也通过吸引重大国际会展平台落户发展起会展经济,成为蜚声海内外的会展小镇。

讨论:乡村振兴背景下如何发挥会展的作用,振兴小城镇,实现共同富裕。

选择这一热点,必须立足城市发展会展,站在国际和历史高度看会展,站在国际政治、社会、生产分工看会展,才能真正以大视野、大格局、大境界、大思维、大情怀、大智慧和大担当研究会展城市问题,进行中国特色会展城市理论创新,做到站在高处、谋在深处、干在实处、落在小处。

奥运会、世博会、世界杯等大型国际会展,全国性会展,城市会展都是不错的结合会展城市研究领域。伦敦、拉斯维加斯、慕尼黑、爱丁堡等传统热点会展城市,迪拜、巴厘岛等新兴会展城市,上海、北京、广州等新兴国际会展之都,博鳌、乌镇等特色会展小镇都是不错的研究对象。

四、会展与区域发展

会展活动是临时性的创新链、产业链、供应链、资金链、数据链、人才链六链合一的集群活动,在一定程度上,也是临时性的目的地营销活动,不仅对于推动城市发展意义重大,而且有助于促进区域社会经济发展。

　　针对这一热点问题,广交会、进博会、服贸会、数贸会、博鳌亚洲论坛、"一带一路"国际合作高峰论坛等都是不错的研究对象。在区域一体化、空间经济地理、周边战略等方面,中国边疆地区博览会也是比较有特色和竞争力的选题选项。

五、会展遗产

　　会展遗产是国际会展学术理论界研究的热点。随着可持续发展理念的深入和会展业的蓬勃发展,我国日益重视会展遗产的规划、开发、利用和保护。

　　会展遗产是指会展活动生命周期过程中所产生的任何具有持久的物理、社会、环境或经济影响的东西。会展遗产一般由会展组织者策划和执行,也有可能是由外部合作方完成的,如地方政府、行业协会。

　　会展遗产可以是无形的或"软的",如知识转移或社会行为改变;也可能是有形的或"硬的",如基础设施、资源和技术。会展遗产可以是直接的,是在项目的生命周期中,可以直接看到、直接体验和直接测量的;也可以是间接的,比如预期的未来遗产。各种规模的会展都能留下持久的遗产。

　　会展遗产和社会文明进步、人民福祉、可持续发展等议题关系密切,也是国际重要学术期刊征文的热门领域。上海世博会遗产、北京冬奥会遗产、杭州亚运会遗产等大型赛事遗产保护、利用和二次开发,我国新时代的会展遗产新议题,如会展数字遗产、会展精神遗产、会展遗产活化等都是会展大赛欢迎的选题范围。

案例7:杭州亚运会留下"三大遗产"

　　一、场馆遗产

　　说到大型赛事的"遗产",第一个被提及的关键词就是场馆。

　　杭州市体育局党组书记、局长金承龙此前在接受媒体采访时透露,"后亚运时代,亚运场馆作为亚运遗产的重要组成部分,都会得到利用和发展。"

　　根据公开数据显示,杭州亚运会共有54个竞赛场馆、30个独立训练场馆、1个亚运村及5个亚运分村,覆盖了主办城市杭州以及宁波、温州、湖州、绍兴、金华5个协办城市。在所有场馆中,其实只有12个是新建场馆,在新建这些场馆的同时,就对赛后利用进行了部署。

　　由废弃石料场改建而来的绍兴柯桥羊山攀岩中心,就是一个"场馆遗产"的典型案例。据绍兴柯桥羊山攀岩中心新闻发言人陈月芳介绍,目前已成为"网红打卡地"的攀岩中心,从建设阶段到赛时阶段一直坚持着"体育+旅游"的理念,结合羊山风景区和附近社区,以攀岩馆为核心继续拓展,规划建设极限运动馆、山地野攀等。

在亚运比赛结束后,场馆部分赛道将改造成亲民简易路线,同时增加亚运主题展示、攀岩科普等文化展示等空间,将场馆变成一个融顶级赛事、培训体验、科普研学、休闲旅游于一体的国际化攀岩运动主题公园。

"办赛是一时的,群众的使用才是长久的,任何一个专业的体育场馆,我们都希望它能继续发挥作用。针对个别很难为民众所使用的、'太过专业'的场馆,我们会让专业的人来使用和管理,这也是我们赛后运营的一个方向。"

杭州亚运会主新闻发言人毛根洪透露,杭州在亚运之后还将继续打造"赛事之城","这些场馆有了举办亚运会的经验,还要发挥更大的作用。有一点可以肯定,我们已经申办了一批锦标赛,将来杭州还将举办各种体育单项赛事,让场馆继续发挥'专业'用途。"

而从杭州亚运会目前的场馆管理方向来看,这些"场馆遗产"从赛前就已经开始展现出价值——亚运场馆在亚运之前提前面向大众开放,开创了国内先河,预约人数超过了1 000万人次。

二、科技遗产

从"数字人"点燃圣火到电子烟花的盛放,从裸眼3D的金牌展示到"显眼包"机器狗在赛场上的运用,杭州亚运会从圣火点燃的那一刻起就在方方面面展现着它的前沿科技和智慧办赛。

杭州亚运会发射了首颗商业卫星"亚运中国星",为保障车辆出行提供精准调度;此外,杭州亚运会还首次采用了基于我国自主标准AVS3的8K超高清电视广播与智能信息发布系统。

亚运会还实现了杭州市5G网络的提升以及5.5G的试点应用,这些技术在赛后将继续为市民提供完善、高速的网络服务。

不仅如此,杭州亚运会中具有自主导航和智能控制功能的智能公交未来也将提高城市交通的高效和环保;无人巡逻车能够在城市内执行巡逻任务,提高了安全性。

三、绿色遗产

杭州亚运会实现全部竞赛场馆常规电力使用绿电,超过1亿人次通过低碳行动贡献"绿色能量"。杭州亚运会充分体现了生态优先、低碳发展的理念,体现出杭州"办好一个会,提升一座城"的环保意识,让世界看到了中国实现降碳目标的信心和决心。

根据公开数据显示,本届杭州亚运会,42个竞赛场馆配套充电桩近800台,打造亚运村"0.9公里充电圈"。

在比赛期间,"绿色亚运"在杭州随处可见——从三维动画、AR技术展现的数字烟花到点燃主火炬塔的燃料首次使用废碳再生的绿色零碳甲醇;再到绿色住宿、无纸办赛和提出办会物资回收利用率不低于50%的《"无废亚运"提升行动方案》,几乎每一个和杭州亚运会产生联系的志愿者、工作人员、运动员和观众,都感受到了杭州亚运的绿色理念。

杭州亚运会专项绿电有来自青海柴达木盆地、甘肃嘉峪关等地的光伏发电,也有来自新疆哈密等地的风力发电,还有浙江省内的分布式光伏、海上风电等。这些电力,能实时反映在浙江电力交易中心的数字大屏上,通过绿电溯源系统清晰展示。

据统计,杭州亚运会绿电交易开展以来,截至 2023 年上半年,累计交易电量已达 6.21 亿千瓦时,相当于减排标煤 7.6 万吨。

"亚运会碳中和并不是不排放二氧化碳,而是深入实施亚运会绿色行动,最大限度减少碳排放量。"杭州亚组委相关负责人在接受采访时表示,"对一些不能减少的碳排放,通过单位和个人捐赠碳配额、碳信用、碳普惠等方式进行碳抵消,最终实现碳中和。"

亚奥理事会代理总干事维诺德感叹,"与历届亚运会相比,杭州亚运会很可能是最环保的一届。"

讨论:结合案例 7,谈一谈你对杭州亚运会遗产的看法。

六、会展危机

会展安全、会展风险和会展危机等是伴随现代会展业诞生就有的社会现象。在 170 多年的现代会展史中,世博会、奥运会、世界杯等因受战争、危机、罢工、恐怖主义等外部因素干扰、破坏而出现的会展安全、会展风险和会展危机事件层出不穷,国际会展业积累了大量会展安全、风险危机管理的实践经验和研究成果。进入 21 世纪以来,我国持续举办重大国际会展活动,对会展安全、会展风险和会展危机的重视程度日益提高,逐步形成了中国特色的会展危机管理体系。

七、会展人力资源

当前,国际会展人力资源教育和培训提供的主要是基于项目管理的技能和知识的教育和培训。从管理学视角出发的会展知识体系(EMBOK)在一定程度上限制了会展人力资源开发的广度、深度和范围。目前,国际会展人力资源开发正在逐步走向标准化、规范化。例如,英国为会展管理教育制定了国家职业资格能力标准,澳大利亚、南非和加拿大等也发展了自己国家的职业能力标准。

进入 21 世纪以来,我国会展人力资源建设经历了"从无到有、从小到大"的发展历程,取得了长足进步,也存在一定的短板和不足。据统计,目前开设会展经济与管理、艺术与科技、会展等专业的高等院校已经达到 350 多所,各类机构开发的会展人才培训和认证项目达上百种之多。但是,会展业人力资源开发对我国会展大国、会展强国建设的支撑作用还有待进一步加强,新时代呼唤国际会展人力资源开发和管理的中国经验、中国方案和中国标准。

当前,我国围绕重大国际会展活动的志愿者的创新实践越来越多。我们高度欢迎对会展人才职业化、标准化、国际化培养路径和模式,大型会展活动志愿者动机、招募、培训和激励等问题的讨论与实践。

此外,在中华民族伟大复兴的新时代,在乡村振兴和共同富裕的背景下,乡村会展、文博会展等也是我们欢迎的学术论文选题领域。

第四节　获奖作品赏析

一、杭州亚运会数字新场景：多维应用、参与体验与未来赛事

(一)简介
2023 年浙江省会展策划创意大赛一等奖。

(二)摘要

在 Web 3.0 时代,随着 AR/VR、云计算、人工智能等技术的不断成熟,数字新场景赋能杭州亚运会,增强参与体验,为体育赛事提供多元创新的机会。本研究采用半结构化的深度访谈方法,对亚洲 35 位亚运会参与者进行访谈,于 2023 年 8 月到 10 月,通过线上线下相结合的方式,在获得受访者的知情同意后,对访谈过程进行记录。同时,将访谈对象确定为深度体验杭州亚运会的人员,包括观众、工作人员、运动员、媒体、官员等,访谈文本 2 万余字。

本文针对亚运会创新性地构建了 TPECS 分析框架,从有形性、实用性、移情性、耦合性、可持续性等五个层面分析参与者在亚运会数字新场景中的体验感受现状,并在此基础上展开了访谈信息数据的处理和分析,得到研究发现如下:体育赛事数字新场景应用领域广泛、体育赛事中多维数字应用一定程度上提升了参与体验、受访者对于数字技术提高赛事实用性的感知程度较高、数字新场景为个性化服务提供更多可能、数字新场景体验价值转换能力不显著、数字新场景具有可持续发展的潜力等。通过探索性讨论如何将亚运会数字新场景的成功经验推广应用到未来体育赛事中,提供样板经验,实现数字新场景可持续性发展。

(三)文本点评

专家 1:研究创新意识和实用价值明显,问题导向突出,文档结构清晰,内容齐全。

专家 2:行业背景信息较全面,方案较规范。

专家 3:论文选题符合当前技术发展背景。格式基本符合规范;论文《杭州亚运会数字新场景：多维应用、参与体验与未来赛事》有较好的调研组织与数据支持,并从分析中提炼相关论据,具备论文的基础研究力;虽对论文的论据与论点间关联性有所存疑,但反映作者严谨治学与科学探索的一种态度。

专家 4:建议进一步思考文章所构建的 TPECS 框架各分析指标之间的相互关系,并在数据充分的情况下开展进一步量化分析。

专家 5:此届亚运会的数字力量,是浪漫与数字科技的完美融合。相信模式之后可以被

复制成更多的智能赛事。

（四）展示点评

专家 1：展示内容比较完整，语言表达清晰。

专家 2：本文研究思路具有一定的创新性，利用 TPECS 分析模型，从多个方面对亚运会数字场景体验感受进行了阐述，是未来可持续发展的运动会模式。

专家 3：展示创新、展示礼仪等都有提升的空间。

专家 4：项目报告有一定的针对性和创新性，对案例的具体描述和之后应用方面可进一步深入。

专家 5：方案内容充实，调研数据扎实。

二、基于 Web 3.0 的数字会展深度连接模式研究

（一）简介

2023 年浙江省会展策划创意大赛一等奖。

（二）摘要

随着互联网技术的不断进步，Web 3.0 时代的来临不仅使得用户的个性化需求和体验受到更多关注，也加速会展行业数字化和智能化的转型升级，使其不断呈现出新业态。

本文介绍 Web 3.0 的概念和发展趋势，从"人货场"理论出发分析会展应用场景，总结展前筹备、展中交互、展后复盘三个场景，阐述了 Web 3.0 在会展应用中的连接功能；并通过深入分析过国内外经典案例，论述目前已被应用在数字会展中的 Web 3.0 技术及呈现效果，例如数字活态化、新场域链接、文博新业态、Web 3.0 新场景、中心化模式和艺术展新趋势，系统论述了数字会展技术在会展应用场景的巨大潜力；最终从会展形式、会展技术、会展关联性、用户匹配性、用户体验、会展行业价值创造能力六个角度，深入解析了数字会展在 Web 3.0 环境下的未来发展方向。

本文认为，数字会展将体现出形式更加多样化、技术实现跨界融合、用户体验更加沉浸式、价值创造水平大幅提升等发展趋势，并为未来推出更多可复制性的数字会展模式提供建议。

（三）文本点评

专家 1：行业背景信息全面，方案较规范。

专家 2：对于 Web 3.0 的时代背景、会展应用场景以及案例的选取分析的阐述基本到位。

专家 3：论文选题与论文格式基本符合写作规范；论文研究案例虽提到故宫腾讯沉浸式体验展，但严重缺乏一手的数据与事实支撑，停留在感性的认知中；论据的组织不足以支撑论点的逻辑，需再斟酌。

专家 4：建议在案例分析过程中，进一步结合前文中总结的 Web 3.0 展前、展中、展后的应用场景展开分析。

专家 5：Web 3.0 已在国内很多类型展会上被使用，可以试着了解更多。

（四）展示点评

专家1：演讲的形式较好，使用了主持人模式，通过阐述Web 3.0在会展应用中的链接功能，深入分析了国内外的案例，视频具有较高的说服力和深厚的演讲功底。

专家2：语言表达清晰，团队合作好。

专家3：将Web 3.0的优势和技术特点讲得较清楚，对进一步的运用和建议需要提升挖掘。

专家4：团队合作很好，语言表达很棒。

专家5：建议进一步结合商贸型展会案例，思考数字会展的应用模式和途径。

三、关于侨博会反哺青田发展的现实路径与优化设计

（一）简介

2023年浙江省会展策划创意大赛一等奖。

（二）摘要

浙江省作为会展大省的同时，也是新侨大省，而浙江省青田县作为浙江省华侨数量第一的县市，发挥了侨乡的独特优势。2023年是浙江青田侨博会举办的第五年。五年来，侨博会走过了从地方政府间经贸合作展会到全球华人华侨侨商共同参与、相互合作的国际化平台的发展历程，成为了青田县打造世界青田侨商品牌、助推"对外开放"战略实施的重要载体。青田县作为华侨之乡、侨务资源大县，近年来围绕"以侨为'桥'"这一发展主线，在对外经贸合作方面取得了显著成效。而作为"以侨为'桥'"的重要载体——浙江青田侨博会，也在这五年间不断创新发展，已经成为展示青田形象、促进交流合作的重要平台。

本文在研究青田侨博会现状的基础上，深入探讨了"会"与"城"的关系，分析了青田侨博会反哺青田的战略导向路径，探讨了侨博会发展自身的政策引领路径，利用问题聚焦路径得出了侨博会产业聚集效应不够强、国际化程度略逊一筹、办会专业度有待提升、展会效应未充分释放、会展专业型人才缺乏、对会展业认识不到位这个六大问题，并提出相关对策建议，让会展与城市紧密联动、互相成就，将侨博会打造成为促进区域合作、服务对外开放和加快自身发展的重要平台，为城市能级跃升带来深度赋能。

（三）文本点评

专家1：选题较为新颖且有较高的现实意义，研究方法得当，调研内容也较为翔实充分，实操性方面略薄弱了些，需与青田、丽水以及浙江的整体产业再结合得紧密些。

专家2：该报告思路清晰，结构完整，立意合乎城市发展需要，但是在报告的执行深度和社会、经济价值分析方面缺少完善分析及价值的量化数据。

专家3：调研内容翔实，文本充实。建议在侨博会和青田联动宣传，特别是海外宣传方面进一步思考。

专家4：作者通过以侨为桥这一发展主线，通过一定的调研方法结合实际情况，本文在题材选取上具有一定的探索性，为城市会展领域提供了赋能。

专家 5：结构合理，内容丰富，方法得当。

（四）展示点评

专家 1：调研问题清晰，展示的形式、细节等具有创意、创新性。

专家 2：主题不错，部分数据不准。

专家 3：需要深化主题结构、清晰梳理定位层次。

专家 4：通过问卷调查将问题进行了剖析，可以结合调研报告给予更有针对性的建议。

专家 5：建议进一步思考进一步放大侨博会效应，促进区域合作的具体路径。

四、体育会展与乡村振兴的耦合效应研究——以山水四项体育赛事为例

（一）简介

2023 年浙江省会展策划创意大赛一等奖。

（二）摘要

2016 年金华市乡村发展陷入困境，"解决'三农'问题，促进农村发展"成为亟待解决的现实问题。与此同时，金华市体育产业发展势头迅猛，成为金华市特色产业。为带动乡村发展，2017 年，金华市政府设计了以生态发展为理念的山水四项体育赛事，随着党的十九大提出乡村振兴战略，山水四项体育赛事将乡村振兴引入赛事理念，成为金华市政府探索乡村振兴路径的创新。

在此背景下，本团队提出以下议题：山水四项体育赛事与金华市乡村振兴协同发展的内在逻辑如何？山水四项体育赛事的成功经验又有何借鉴意义？为回答上述议题，本团队于2022 年在山水四项体育赛事现场进行调研，通过文献检索搜索赛事举办 6 年以来的资料与数据，进行归纳总结。首先，本文以系统耦合协调理论为分析框架，构建了山水四项体育赛事系统与乡村振兴系统。其次，以 2017—2021 年的数据为基础，运用系统耦合协调度模型进行实证分析，计算得两大系统的综合发展值与耦合协调度，分析两大系统的演化过程与耦合水平，实证结果很好地展示了山水四项体育赛事系统与乡村振兴系统从"轻度失调—初步协调—优质协调"的发展过程。为进一步厘清两系统间耦合的作用机理，本文从系统耦合的动因、多重效应以及多元路径进行阐述：从自然资源、政策导向、经济跃迁、人文建设以及技术创新五大要素出发，对系统耦合的动因进行分析；运用乘数效应、集聚效应和外溢效应对系统耦合的效应进行分析；最后总结出两大系统耦合的三条路径。

综上，本文具有以下三点创新之处：（1）该案例的研究为促进体育赛事发展、助力乡村振兴以及建设体育强国提供了经验借鉴。（2）创新性地运用系统耦合协调理论分析体育赛事与乡村振兴之间的作用关系，理论分析加以实证检验丰富了系统耦合协调理论在体育赛事领域的研究。（3）通过归纳山水四项体育赛事的赛事特色，总结体育赛事与乡村振兴的演化过程，归纳系统之间的耦合动因、耦合效应以及耦合路径，为其他具有生态资源丰富、小规模体育赛事承办地以及多元产业聚集的相似贫困区域，提供"金华模式"的经验借鉴。

（三）文本点评

专家 1：对已有项目进行充分调研分析，所提出的建议有较高参考价值。

专家 2：该方案选题比较有意义，调研方法较为科学，数据充分，结论比较清晰，建议可行性较高。查重率过高。

专家 3：调研基于文旅体农融合带动乡村振兴的话题，紧贴杭州亚运热潮，同时使用了耦合协调理论进行深层次的理解，是一篇非常完善的调研报告，但需要注意对模式的总结与凝练，同时关注可推广性。

专家 4：题目现实性强，写作方式方法可取，图表运用直观，结论有价值。高度关注查重率。

专家 5：总体来说，这篇研究在理论基础和实证分析上都有很好的结合，对于体育会展与乡村振兴的关系进行了全面深入的探讨，并提出了对其他类似地区有借鉴意义的经验总结。展望未来，可以进一步完善研究，使其成果更具有指导性和推广价值。可以考虑对"金华模式"在其他地区的适用性进行验证，进一步探究影响耦合度发展的主要因素，如何提高耦合度以推动更优质的协同展，并对实践中的挑战和成功经验进行更详细的描述。

（四）展示点评

专家 1：项目内容丰富，视频展示过程中体现了研究团队的合作能力。美中不足的是，项目展示形式和细节的创意性和创新性还有待提升。

专家 2：主题明确，展示内容有新意，语言表达清晰。

专家 3：真正的调研是深入场景地的一线，不只是文字素材的整理分析。

专家 4：团队合作好，展示内容较完整。

专家 5：主题鲜明，展示结构清晰，内容完整，仪态仪表较为良好，展示的形式、细节等具有一定创意。但是表达表现力不足。

五、"浙江（滕头）新农人乡村会展"助力乡村振兴调研报告

（一）简介

2023 年浙江省会展策划创意大赛一等奖。

（二）摘要

浙江滕头村以"一犁耕到头，创新永不休"的理念实现了滕头人的物质生活由贫困到小康再到富裕的跨越。自 1993 年获联合国"地球生态 500 佳"以来，又相继荣获首批全国文明村、全国环境教育基地、全国生态示范区和全国首批国家 4A 级旅游景区等国家级荣誉 40 多项，现为 5A 级旅游景区。

本次调研以滕头村为中心，从滕头村、浙江 5 市新农人、青创农场三个层面，重点开展了涉及 5 个市、近 100 家现代农场、538 人次的大范围深度调研及访谈。以生态系统理论、场村协同理论、社会身份认同理论、内部管理理论，以及工作满意度理论为基础，对农场生态、乡村振兴、场村协同和农业数字化发展四个方面进行了系统的文献综述，构建了以农场规

模为变量,采用由极大似然方法估计的联立方程模型,通过递归系统对各变量之间的关系进行统计与分析。此次调研旨在打造一个适宜本土特色、具有知名度的"新农人"青创农场共富会展,并因地制宜将乡村振兴落到实处,通过乡村会展创造乡村全面振兴,共圆共富田园梦!

(三) 文本点评

专家1:项目组通过实践调研村落发展脉络,结合产业政策、村委班子及新青年农人投身产业发展肌理,提出通过文化赋能、云端赋能、会展赋能、人才赋能等方面对现有产业进行补充与提升,具有创新。

专家2:策划内容完整丰富,有考察实践,理论研究较深入。

专家3:调研内容翔实,结合多种调查方法,通过当下数字技术,助力宣传。

专家4:调研方式得当,样本数量充足,数据分析全面,问题分析透彻,对策建议合理。

专家5:调研内容空洞,没有实质性成果。

(四) 展示点评

专家1:团队通过融合短视频介绍展示了乡村产业发展模式,引入在村致富带头人互动模式,具有创新性,建议融入农村发展中的主角——农民参与致富的人物特写。

专家2:展示视频颇具创意,几位讲解人配合得当、讲解清晰。

专家3:汇报清晰,但缺乏团队合作精神。

专家4:内容清晰、完整、美观,精神面貌良好,有体现创新意识,语言表达良好。

专家5:主题明确,调研全面,分析深入,展示方式新颖有创意。

六、毛垟乡带溪文化节调研报告

(一) 简介

2023年浙江省会展策划创意大赛一等奖。

(二) 摘要

本篇调研报告针对丽水市景宁县毛垟乡带溪文化节、往届文化节,以及社会受众群体等方面开展调研。此次调研围绕毛垟乡带溪文化节的开展,针对之前文化节进行全面分析并得出结论。对于其优势加以发扬,其劣势改正创新,进而提升带溪文化节的整体质量水平。

近十年来,毛垟乡大力推行"五水共治"工作,并对带溪河生态堰坝进行修复提升等建设,带溪文化节提供了有力的基础设施建设保障。团队通过问卷、实地考察、访谈会议等方式了解到比较详细的毛垟乡情况以及带溪文化节信息。对往届带溪文化节的目标客群定位、活动场地与人流、活动宣传推广方式、活动项目内容、展会交通状况进行详细的分析,并通过问卷的调研方法针对社会群体对于乡村会展的需求开展调研分析。通过多维度分析往届文化节、毛垟乡会展的优势和劣势,总结出针对带溪文化节会展的针对性建议并获得毛垟乡采纳。

调研小组在带溪文化节的各个景点进行了实地考察、走访了相关村支部并获得了村务工作者的大力支持。全方位、多角度、立体化地对毛垟乡的发展进行了调研，并取得了许多相关信息。带溪文化节对于促进乡村发展、提升村民生活品质和文化传承具有重要意义。毛垟乡将持续立足本地资源禀赋，连接周边资源，打造起带溪文化节乡村会展品牌。以红色产业和苔藓产业为先导，红绿融合让强村富民梦照进现实。未来毛垟乡及带溪文化节的发展将深度挖掘毛垟乡当地特色资源，树立毛垟乡品牌形象，扩展旅游市场。而毛垟乡在带溪文化节的未来发展模式，将承接"全域文旅"，全面实现共同富裕的发展理念。

（三）文本点评

专家1：调研结果及建议具有一定的参考价值。

专家2：该方案选题比较有意义，调研方法较为科学，数据可信，结论较为清晰，建议可行性较高。

专家3：需要注意调研过程中的数据分析需要进行更详细的阐述，对分析过程与结果也需要更加精练的整合，同时需要考虑借助一定的理论框架进行分析。

专家4：主题鲜明有意义，行文图文并茂，提出了合理化建议。注意查重率。

专家5：在未来发展中，建议充分考虑可持续性，以确保文化节的长期成功和对乡村的长远影响。可以考虑进一步提升社会参与度，吸引更广泛的社会群体参与文化节，促使更多人了解并支持乡村振兴。

（四）展示点评

专家1：采用直播形式进行项目的呈现与解说，很有吸引力与感染力。视频展示也体现了很强的团队合作能力。

专家2：主题鲜明，内容和展示形式有创意，语言表达清晰。

专家3：思路清晰明确，可以在经济产业价值链与乡村振兴的结合方面进行实践性的思考。

专家4：团队合作好，展示形式新。

专家5：主题鲜明，展示结构清晰，内容完整，仪态仪表良好，展示的形式、细节等具有创意，表达清晰准确、完整，契合主题，突出重点。

参考文献

1. Getz D, Page S J. Event studies: Theory, research and policy for planned events[M]. London: Routledge, 2019.

2. 李平,曹仰锋.案例研究方法：理论与范例—凯瑟琳·艾森哈特论文集[M].北京：北京大学出版社,2012.

3. [美]殷.案例研究：设计与方法(第4版)[M].周海涛,李永贤,李虔,译.重庆：重庆大学出版社,2010.

4. [美]芭芭拉·明托.金字塔原理：思考、表达和解决问题的逻辑[M].汪洱,高愉,译.海口：南海出版公司,2010.

第四章
会展设计实务

学习目标

（1）掌握在地文化的概念及其范围；
（2）掌握在地文化、文化遗产和文化空间的关系；
（3）全面认识在地文化数字化的意义和影响；
（4）掌握会展设计复合型人才的素质要求；
（5）掌握会展短视频创作和营销方法。

思政融合

"中国历代绘画大系"成果展如何走进国家博物馆：
国宝重光背后的热爱与坚持（节选）

对团队中的绝大多数人来说，策展都是一个"零经验"的事儿。大家把浙江大学出版社的样书库房改造成实验场地，在这里完成了一个略显简陋的展览。这是"大系"成果展迈出的第一步。

数码打样稿画作初次尝试装裱，没有专门调配的灯光，场地空间也不大。尽管有种种限制，但这次展览却厘清了成果展的中心思想和脉络，奠定了整体风格，并为社会各界人士深入了解"中国历代绘画大系"项目开辟了一个崭新窗口。

2021年9月，"大系"成果展走向省外，来到了四川美术学院美术馆。这次展览，不仅尽数呈现了"盛世修典，久久为功""咫尺万里，纵览千年""四海汇聚，寰宇共赏""科学转化，创新发展"四大板块，还通过3D打印技术还原了大足石刻经典石窟造像，用沉浸式、互动影像声音装置实现传统绘画的活化与审美再现。

现在的"盛世修典"导览程序中囊括了"大系"全集的内容，成为观众深入了解"大系"的通道。通过查找画名、画家名或点击分类专题，用户可以品读作品专业介绍、收听语音导览、观看"每日中华名画"短视频等，还可以通过VR看展功能在线游览博物馆展厅。但在最初，"大系"团队并不清楚小程序前、后端页面的视觉、内容该如何呈现，使用户获得愉悦的使用体验。于是,他们配合杭州原数科技团队,参考国内外众多博物馆官网和数字平台内容,听取使用者的意见,在最初的两次展览中开始尝试、不断修改,"摸着石头过河",逐步构建起集查询、展示、策展、展品出入库管理等于一体的小程序体系,方便观众的同时,也极大提高了之后的布展效率。

"大系"出版物补写、改写、重写中国古代绘画史,如今"大系"展览也改写着许多传统的展陈理念。"耗费17年心血,我们用数字化手段让千年丹青在国家博物馆集中呈现。这是一个'国宝'汇聚的大展,让观众看到中国传统文化的伟大、优秀,以及所承载的历史意义和文化自信。""中国历代绘画大系"全国巡展总策展人王小松说。

这是一场"仓储式"的展览,这也是一次能够一日领略中国千年艺术风采的绝妙机会。

为了吸引当代的观众走入中国传统书画中,除了充分展示学术研究内容外,在展陈设计过程中,"大系"团队也与国博策展部一起策划设计了让观众拍照留影的"打卡点"。例如展示"大系"内页的"万画墙""大系"书壳造型、数字书画沉浸式体验等。

第一节　云　展　设　计

一、在地文化

(一) 在地性

在地性是一种全新的全球化观念,在某种程度上和本土化意思一致,说简单一点就是在全球化的视野中思考强调地方特性。在新时代,扎根中国大地,如何在会展设计中把艺术元素应用到城乡审美韵味和文化品位上?如何让设计成果更好地服务于人民群众的高品质生活需求?这是在地性要思考的一个重要课题。

通过设计汇聚成美丽中国的一个个瞬间,我们需立足于优化城市与乡村,自然和人的紧密连接,互为共生。成为扎根于城乡建设最前线的实践者,拉近城市和人的距离,以艺术重新发现日常,以实践重新梳理生产、生活和生态。

在吾乡吾土吾民的真实生活中为艺术再造现场,在历史和当下的连接中思考,努力构建一条能真正完成人们美好生活的实践之路,形成一个跨学科、跨领域的团队。在地文化选题方向可参考浙江省首批"浙江文化标识"培育项目。

案例1: 浙江省首批"浙江文化标识"培育项目

一、背景介绍

2022年1月首批立项的100个"浙江文化标识"培育项目涵盖浙江省11个设区市。这批文化标识的建设目标,除了夯实资源基础、提升文化遗产保护传承水平外,更要激活文旅产业发展动能,赋能新时代文艺创作,真正实现文化惠民。根据《建设文化标识推进文旅融合行动计划(2021—2025 年)(试行)》有关要求,在 5 年建设期间,全省将以"一县一品、分批建设、突出重点、有进有出"为建设原则,开展二级建设任务 1 799项,预计投入项目资金 1 260 亿元。

二、首批名单

1. 杭州市

宋韵文化·南宋皇城(上城区)、西湖龙井文化(西湖区)、大运河文化拱墅段(拱墅区)、西陵津渡(滨江区)、钱江潮文化(萧山区)、良渚文化(余杭区)、大运河文化临平段(临平区)、钱塘大围垦文化(钱塘区)、富春山居(富阳区)、新登千年古城(富阳区)、吴越国钱王文化(临安区)、天目山文化(临安区)、桐君文化(桐庐县)、严州文化(建德市)、千岛湖水下狮城(淳安县)、西湖文化(西湖风景名胜区)。

2. 宁波市

梁祝文化(海曙区)、千年慈城(江北区)、海丝之路东方大港(北仑区)、宁波帮文化(镇海区)、东钱湖文化带(鄞州区)、海洋渔文化(象山县)、古韵前童(宁海县)、阳明文化·余姚(余姚市)、浙东抗日根据地(余姚市)、千年越窑秘色慈溪(慈溪市)、弥勒文化(奉化区)。

3. 温州市

百工名城(鹿城区)、塘河文化(瓯海区)、永嘉场文化(龙湾区)、海霞文化(洞头区)、雁荡山文化(乐清市)、中国木活字印刷术(瑞安市)、瓯窑文化(永嘉县)、东南胜境南雁荡(平阳县)、世界矾都(苍南县)、中国印刷城(龙港市)、刘伯温故里(文成县)、廊桥文化(泰顺县)。

4. 嘉兴市

红船文化(南湖区)、朱彝尊文化·浙西词派(秀洲区)、潮文化(海宁市)、报本文化(平湖市)、蚕乡丝府(桐乡市)、善文化(嘉善县)、千年海塘文化(海盐县)。

5. 湖州市

中国茶文化圣地·茶经故里(吴兴区)、湖笔文化(南浔区)、蚕乡丝府·天下浔商(南浔区)、莫干山文化(德清县)、"绿水青山就是金山银山"诞生地(安吉县)、中国茶文化圣地·大唐贡茶(长兴县)、"江南小延安"红色政权(长兴县)。

6. 绍兴市

阳明文化·绍兴(市本级)、黄酒文化(越城区)、鲁迅文化(越城区)、孝德文化(上虞区)、三缸文化(柯桥区)、西施文化(诸暨市)、中国越剧之乡(嵊州市)、浙东唐诗名城(新昌县)。

7. 金华市

佛手文化(金东区)、李渔文化(兰溪市)、木雕文化(东阳市)、朱丹溪中医药文化(义乌市)、胡公文化(永康市)、上山文化(浦江县)、温泉康养文化(武义县)、徐谓礼文书·南宋官制文化(武义县)、婺州南孔文化(磐安县)、古茶场文化(磐安县)。

8. 衢州市

南孔文化(市本级)、九华立春祭(柯城区)、衢江姑蔑文化(衢江区)、清漾毛氏文化(江山市)、龙游商帮文化(龙游县)、宋诗之河文化带(常山县)、钱江源文化(开化县)。

9. 舟山市

鸦片战争·海防文化(定海区)、沈家门渔港风情(普陀区)、东沙古渔镇(岱山县)、嵊泗渔歌(嵊泗县)。

10. 台州市

大陈岛垦荒精神(椒江区)、官河古道(黄岩区)、十里长街文化(路桥区)、石塘海韵风情(温岭市)、府城文化(临海市)、东海渔俗文化(玉环市)、亭旁红色文化(三门县)、和合文化(天台县)、神仙文化(仙居县)。

11. 丽水市

通济堰水韵文化(莲都区)、龙泉青瓷文化(龙泉市)、青田石文化(青田县)、云和木玩(云和县)、香菇文化(庆元县)、轩辕祭典·黄帝文化(缙云县)、汤公遗爱盛世遂昌(遂昌县)、松阳高腔(松阳县)、畲族三月三(景宁县)。

讨论:结合案例1,谈一谈会展设计尤其是创新设计对在地文化传承发扬的意义。

(二) 文化遗产

文化遗产是历史留给人类的宝贵财富。它从存在形态上分为物质文化遗产(有形文化遗产)和非物质文化遗产(无形文化遗产)。物质文化遗产是具有历史、艺术和科学价值的文物;非物质文化遗产是指各种以非物质形态存在的传统文化。

(三) 文化遗产数字化

文化遗产的数字化与活化是当下炙手可热的话题之一。在全新的数字媒体时代下,如何重新理解历史与未来,人文与科技,个人与集体,有形与无形,物质与精神的关联? 数字遗产的跨媒介研究,视觉材料的叙事与创作,混合现实的展览与表演都引发着我们的思考。重新思考过去与未来的关联,挖掘数字媒体时代艺术以及隐藏于遗产物质性下的精神想象。

二、云展设计

(一) 物与空间的关系

空间和物质的关系可由空间和能量、能量和物质的逻辑从属关系获得解释。随着特定场域表现和多元展览的涌现,博物馆与沉浸式剧场之间的界限越来越模糊。物与空间、人与物、人与空间之间是什么关系? 如何重新解读空间? 空间不仅是容器,也是跨媒介信息系统。通过空间的解构重构与镜头语言的加成,时间也可以被重新解读,空间如何发挥更积极的存在意义? 可以从叙事性、系统化、可变性和媒介手法融合等角度进行解读。

（二）云展设计

云展设计指的是通过直播、VR 等技术化手段，将传统线下的会议、展览会等参与人数众多的活动场景转移至线上，搭建虚拟场景，进行实时参与和互动的新型互联网＋展览设计形式。

物与空间云展设计选题构思一般包括云展思维树立、研究分析与数据库构建、逻辑推演与媒介转译、宣传策划与作品呈现等四个阶段。云展设计最终呈现的角度，既包含了物质文化遗产、非物质文化遗产，也包含了刚刚兴起的数字遗产概念，这是一场打破常规探索未来创意的创新实验。一个完整的云展设计包括从数据采集、整理、展示、策划、创作、交互、开发等一站式内容，而且还要考虑到整合策划和营销。

三、会展跨界

展陈设计。展陈设计包括展厅、展台、展会、展柜。展陈的设计，应该是既具有展示设计的概念，又具有陈列艺术的思想，是两者的一种结合，展示设计是以"说明""展示具""灯光"为间接的标的物，来烘托出"展示物"这个主角的一种设计。

陈列艺术富有创意、新颖的陈列设计可以给展览起到锦上添花的作用，所以设计师也是脑洞大开、想方设法地在展览的陈列设计上苦下功夫，硬是把陈列做成了艺术，将公司或者产品的形式进行摆设，需要有一定的商业意识和艺术思想。

会展跨界创新融合的背后是越来越多人对会展经济带动作用的进一步肯定，以及人们对会展模式的进一步探索，其发展或将对我国会展业发展的业态和模式产生深远的影响。会展跨界创新融合，首先，我们要在会展＋行业融合的基础上进行创新，精准理解所服务的行业，尤其是文博行业，做全做强产业链。其次，我们要立足当下在地创新，既要符合全球化背景下的文化多样性的保护和在地性的可持续发展，紧扣社会热点，还要回应新时代的国计民生的需求和期待。最后，要依托数字展陈新技术，充分运用 5G、VR、AR、大数据、AI、物联网、车联网、大模型等前沿技术，畅想未来。

展陈设计中既要充分意识到展览视觉设计的必要性，也要充分利用互联网技术手段和平台。展览视觉设计包含标志设计、海报设计、H5 设计、空间设计、展板设计和衍生品设计等。在展陈设计中数字化资源与载体主要包括数字视频、数字音频、多媒体软件、网站、在线讨论和数据文件等。

案例 2：关于博物馆和藏品的深圳宣言（有删节）

我们重申，无论是物质或非物质文化遗产、可移动或不可移动文化遗产，还是陆地或水下文化遗产，博物馆始终是保护人类共同遗产的最为关键和主要的组织机构之一，且在促进文化创意产业的创造力和发展方面正发挥日益重要的作用，从而为改善人类的物质和精神生活作出了巨大贡献。

我们进一步考虑到,博物馆在提升社会凝聚力、促进可持续发展和文化交流以及实现 2030 年议程可持续发展目标方面发挥着重要作用。

我们注意到,在全球化和城市化、市场自由化和大众旅游、社会演变,以及社会文化规范发展的影响下,博物馆的角色发生了巨大改变,目前需要应对全新的挑战和机遇。

因此,我们号召所有直接或间接参与文化、遗产和博物馆活动的博物馆、国家机关、国际组织、政府和非政府组织、私人机构以及个人:

一、博物馆及其藏品和运营模式的多样化

1. 继续为博物馆注入活力,使其多样化的藏品和运营模式能够适应当今的使命,从而继续推动国内和国际社会开展更具包容性的与遗产相关的对话,进而消除社会、文化和经济方面的不平等,改善公众的文化体验;

2. 确保博物馆的基本功能,如联合国教科文组织 2015 年《建议书》和国际博物馆协会道德准则列出的保护、研究、交流和教育功能,不会受经济问题的影响,并令其范围得到进一步拓宽,从而提供学习、体验和交流方面的更多机遇;

3. 重视博物馆在促进当代文化表达和当地文化经济方面的重要作用,同时将现有和全新的博物馆项目整合至重视环境问题且公平分享惠益的更具包容性的文化版图。

二、博物馆的责任——关于博物馆、专业人士以及社区参与的道德标准、职业标准和技术标准

1. 鼓励博物馆参照国际博物馆协会道德准则,采用严格的道德准则,不断反思道德和职业标准,以此赢得公众信任,加强准则与社会要求及标准的相关度;

2. 与社区(特指土著居民)建立建设性的关系,保持持续对话,以便更为广泛地获取藏品和有关信息,参与藏品保护、展示与计划制定,加强其与文化景观的联系;

3. 鼓励成员国制定健全的机制,推动藏品的自由交换、陈列展示及遗产保护、修复和研究等领域相关知识的交流,使藏品活跃在公众视野;

4. 加强博物馆的教育作用,针对历史以及具有争议性和挑战性的社会问题开展辩论,以便形成相互理解和信任,同时针对环境和社会挑战交流看法,在全球化和多元文化的背景下,构建更加美好的未来;

5. 在实现国际发展目标的背景下,加强博物馆在宣传科学知识和自然遗产知识方面的作用;

6. 调整博物馆的内容,向不同群体提供正式、非正式或终身开放式的学习体验机会,为残疾人和特殊需求人群扫除障碍,推动信息传播,提高媒体素养,从而增强公众的判断力;鼓励员工和技能的多元化。

三、开展更广泛的国内和国际合作

1. 本着共同学习、建设智慧资本和社会资本的精神(为响应特定博物馆及其受众

的具体需求而制定并调整),抓住一切机会开展合作项目,以便促进知识和经验的共享与传播,并通过展览、教育和联合项目,设法了解彼此或相同、或具有可比性、或相异的历史;

2. 支持博物馆发挥更大作用,包括在多元受众及文化外交中发挥斡旋作用,推动经济复兴,并通过教育、文化旅游等活动激发创造性;

3. 促进对非博物馆机构中涉及公共利益的藏品进行保护、研究和评估,从而帮助社区更好地展现文化多样性及社区传承;

4. 制定必要措施,将公立和民间博物馆及其藏品置于更大的政策框架内,以便实现国际、国内和地方发展目标;

5. 通过开放各类博物馆和藏品的使用权限,加强馆际合作,以及鼓励非营利性民间博物馆及公立博物馆进一步融入国际博物馆网络等手段,支持联合国教科文组织2015年《建议书》的广泛采纳;

6. 将联合国教科文组织2015年《建议书》融入地方和国家级法律政策及博物馆章程,同时呼吁联合国教科文组织成员国批准、有效落实并遵守现有的联合国教科文组织文化领域有关公约。

讨论:结合案例2和你的会展策划案,谈一谈你对博物馆藏品活化中会展设计作用的看法。

可以预见,未来通过传统展会线上延伸、电子商务跨界合作、移动应用平台、会展服务平台、会展设施智慧化、管理与服务智慧化和信息利用智慧化等形式,互联网与会展业将持续深度融合,推动文博产业创新发展。

第二节 会 展 设 计

一、会展前世今生

现代会展业是工业革命后生产力大规模跃进式发展的产物。1789年,世界上第一个由政府组织的国家范围的工业产品展在法国巴黎成功举行。1851年,第一个世界博览会在英国伦敦水晶宫正式出现。1894年,第一届市场经济意义上的国际工业样品展览会在德国莱比锡举办。随着人类社会、政治、经济、文化的发展,会展形式逐渐发展演变,并得到丰富和完善。

当下,无论是以博物馆、规划馆、科技馆、行业展馆等代表的固展空间,还是各类展博会、会议、节庆活动等为代表的临展空间,以数字技术为核心的新媒体发挥着日益高效的作用,其极具互动体验感的方式广泛渗透至各类会展空间。近几年,线上会展、云会展等数字会展新形态、新业态和新模式雨后春笋般地出现,会展的信息交流渠道也发生了革命性的变化和拓展。

2020年印发的《商务部办公厅关于创新展会服务模式 培育展览业发展新动能有关工作的通知》中就要求统筹做好展览业复工复产工作,加快推进展览业转型升级和创新发展,举办"云展览",开展"云展示""云对接""云洽谈""云签约",提升展示、宣传、洽谈等效果。

总体来看,会展数字化的浪潮和趋势,正在表现出从物质性到非物质性,从现实维度到虚拟维度,从静态表现到动态活现,从被动关系到互动化关系等一系列特征。我们要有必要先充分理解会展业的这种时代大趋势,做出符合市场和未来需求的会展设计。会展设计赛道作为大赛主体赛道之一与整个会展业同呼吸、共脉搏,是非常注重落地性、实践性和前沿性的。

二、会展设计团队

全国高校会展教育模式,大体上可分为三类:第一类是以经济管理、国际贸易、旅游管理、文物与博物馆学等专业为依托,侧重会展策划、会展运营和会展管理的类型;第二类是以建筑、室内设计、视觉传达设计等艺术与设计学科为依托,侧重会展平面设计、会展空间设计、会展展陈设计的类型;第三类是以广告学、传播学为依托,侧重会展营销策划、会展视觉设计和会展传播设计的类型。

总的来看,会展人才的培养是朝着专业化、分工化的方向发展的。而就会展设计的范围来看,比如艺术与设计专业的学生就偏重视觉与空间的形象设计,擅长将抽象理念与主题进行技巧性的表现。会展、文博历史专业的学生偏重项目背景、文献资料、行业信息等方面的梳理和收集,策划文案的创意构思、成果文件的框架设计与内容校对都是他们的强项。旅游与经济专业的学生擅长会展宏观环境的分析与理解,用经济环境变化下的新趋势和新需求来反推设计去配合好,服务好。

社会分工细分化和聚合融合是并行不悖的时代趋势,具有有趣的"共生"的张力关系。我们可以看到会展教育与市场的供需矛盾已经日益突出,一方面学生难找对口满意的工作,另一方面企业找不到合适的人才,其中很主要的原因是很多会展专业的学生"一专多能"的特点不够突出。一"专"就是指专业主攻,平面设计、空间设计可能都是这个专。"多能"就是要知道并了解自身的"专"怎么跟会展业大环境下其他相关专业去互通并融合,这里面涉及大量的本专业学习与其他专业的深度合作学习。通过让自己长出"触角",与他者"触角"相连,才能共同迈出步伐,找到发展节奏。不然就很容易走向闭门造车的困境,造成以各自专业狭窄的视野想当然地进行会展设计的现象。打个比方,或者是简单地把展位设计当成临时装修来做,或者把会展媒介设计等同平面设计来做,这种设计思维模式是不适应未来的行业需求的。

会展策划创意大赛的设计赛道特别鼓励多专业交叉融合形成团队合力,期望各参赛团队在内部合作过程中形成"1＋1＞2"的效果。举例来说,历史文博专业的学生可以与设计专业的学生组队,以组内头脑风暴的方式共同制定策划主题。确定概念后,组内分工协作,一方面,历史文博专业学生查阅各类背景资料编写策划脚本,与此同时,艺术与设计专业学生在理解策划文案基础上,表现空间视觉,最后合作完成设计作品。

指导老师们在会展设计赛道起到主导作用。指导老师需要强化会展策划创意大赛的集体教研,明确设计努力方向,积极引导学生加强合作意识,并在方案的创作过程中给出合理意见。在指导老师高屋建瓴指导下,不同专业背景的学生才能因项目而真正走到一起。

三、设计赛道解析

会展设计赛道自命题选题范围包括蓝色海洋文化、红色革命文化、绿色生态文化、金色传统文化、多彩边疆文化、炫彩工业科技文化等六大领域。参赛队伍需要以选题自拟的方式从中任选一个主题进行具体项目的全案策划和设计,成果形式为特展策划设计案。

特别需要注意的是,成果要求特展包括博物馆、美术馆、艺术与文创中心、商业综合体、景区中的常设展、临展和特展,也包括书店、医院、写字楼、机场等公共空间的特展,还包括网络空间的特展,也即云展览。总之,选题项目的地点不做限制。需要高度重视的是:单一展览会的展台或者展厅特装展台并不符合本赛题的要求。

示例一:2025 舟山海洋文化特展

该特展既可以作为独立的展览会单独展出,也可以作为舟山海洋文化节的重要组成活动,还可以作为全球海洋合作论坛的重要同期活动。举办地点可以在舟山各类博物馆、会展中心,也可以在地标性的购物中心,具体取决于特展的实际需要。展期可长可短,既可以是作为重大海洋节事活动 2—3 天的临展,也可以是相对独立的作为博物馆旗舰型的常设展,还可以作为舟山打造地域品牌的巡回展。

示例二:《马可·波罗游记》中的中意服装服饰文化特展

该特展紧扣金色传统文化中的中华传统服装服饰文化,不仅有助于推动服装服饰作为载体的中国美学的复兴,增强文化自信,而且有助于推动中西文化交流。根据特展特点,展出地点既可以在中国杭州浙江博物馆之江新馆,也可以在意大利罗马。既可以在杭州临展特展,也可以在中国和意大利各城市巡展。

四、存在主要问题

一是方案不完整。例如,有作品选题是某会展概念设计,但是内容只是设计 VI(视觉识别)、标识、衍生品,项目背景、立项策划、主题演绎、空间规划、展示交互、市场营销、项目预算、项目效益等通通没有,这种就属于以偏概全、虎头蛇尾,项目方案不完整现象。这在设计相关专业背景参赛队伍作品中表现比较明显,也是需要避免的。

二是描述不充分。很多会展作品为了强化项目设计感,使用大量的参考图、效果图堆积,页数很多,文字偏少。评委很难从文件中发现设计的推导过程,无法判断哪些是借鉴的,哪些是原创的。一旦因为亮点体现不明显，创意表达不充分而导致评分低，是非常可惜的。所以，会展设计赛道相关团队应该尽可能把散落在创作逻辑线上的各个关键有价值的节点串联起来，形成张弛有度、逻辑严谨，具有知识性、趣味性、娱乐性、体验性和互动性的故事脉络。

第三节　会展文旅短视频

随着 5G 的发展，手机作为硬件终端，日益迭代，人们花在手机上的时间也越来越多。其中，短视频把碎片化的时间充分利用起来，可以获取新知，也可以愉悦身心，可以购物囤货，也可以云端逛展。同时也因为其千人千面的智能算法逻辑，让人总是一刷便停不下来，这就是短视频的魅力所在。

近几年，人们的生活方式、消费方式和娱乐方式等都在快速地数字化转型。习惯早上逛菜场的大爷大妈，也开始在网上买菜了，喜欢逛商场购物的人们，也开始在手机上下单了，喜欢旅游的家庭用户，也开始宅在家里刷旅游博主的短视频了。对于会展文旅而言，也开始由单一的线下单线模式升级为线下与线上双线融合模式，会展文旅业越来越多地通过短视频传播信息、增加受众、扩大影响和树立品牌。

一、会展文旅短视频

会展文旅短视频是将会展内容，通过短视频的形式，用在线的方式，打破时间和地理空间的限制，全方位呈现出来，这种方式传播、表达和传递的信息，将更为直接、高效，随着信息技术的发展，也将更为具有即时性、体验性和互动性。抖音话题♯2023 上海国际车展，播放量高达 59.8 亿次，极大地调动了全社会参展观展的积极性。通过短视频，观众还可以在线提交报名，观众和参展商之间的连接变得更加简单。

二、短视频内容呈现

会展文旅短视频的内容可以是行业展会、会议论坛、产品洽谈会、节庆活动、音乐节、渠道对接会，也可以是城市造节活动、景区主题 IP 活动，还可以是线上各类型的线上会展和混合型会展。2023 年 9 月 25 日，华为举行秋季全场景新品发布会，发布了包括手表、平板、全屋智能等在内的诸多产品。同时，华为全新超高端品牌 Ultimate Design"非凡大师"正式首发亮相。各大短视频平台进行了直播和短视频推送，"华为发布会"等瞬间爆燃热搜，华为新品发布会被"遥遥领先"刷屏。仅仅在微博，单个发布会全程视频的播放量就超过了 1 亿，登上了好几个热搜，如果加上其他的视频碎片以及话题度，播放量可能超过了 5 亿。这还没有算上其他平台的播放量，平均每个国人至少看到了一次关于华为的内容。堪称短视频时代超级营销经典。

贵州"村超"爆火是又一个短视频现象级的超级经典。根据新华每日电讯报道，贵州"村超"全网超 480 亿次浏览量、抖音视频播放超 130 亿次、单场最高上座人数超 6 万人。自 2023 年 5 月开赛以来,"村超"从黔东南苗族侗族自治州榕江县很快"出圈"蹿红,仅仅半年时间,线上线下各项数据创下历史纪录。短视频和直播间里的一幕幕"村超"比赛画面,吸人眼球、扣人心弦。仿佛是一夜间,榕江和"村超"两个名词便飞入千家万户,从国内开始走向国外,成为一个现象级的"超级 IP"。

三、短视频拍摄方法

会展文旅短视频,拍摄方法有很多种,大多是第一人称做体验分享,比较有代入感,也更具沉浸式,只是视频中的人物代替你而已,尽管你在不在现场,也能让你感同身受、身临其境。也可以是第三人称做介绍类讲解,这类方式以传递信息、资讯告知为主。

这里结合汉服文化日活动案例,分享几点具体拍摄技巧。

第一点,画面要大,把众多汉服文化爱好者,在布景点和游行区,通过航拍或远景展示出来,凸显场面的壮观。意在传递活动声势之大。

第二点,画面有趣,把身着汉服的爱好者,摆出各种造型,通过近景拍摄,呈现有趣的内容。意在传递活动的趣味性。

第三点,画面精美,这时要选最佳拍摄点,比如站立西湖断桥,身着汉服,打着油纸伞,这个画面本身就很美,很容易形成网红打卡点,吸引众人纷纷效仿。意在传递活动的精美程度。

第四点,画面要有代入感,以第一人称身份,身着汉服打卡活动现场,参与汉服游行、投壶游戏等活动,把精彩瞬间通过短视频的形式展示出来,更能引得点赞和关注。意在传递活动的参与性很强。

四、短视频剪辑技巧

第一点,鼓励原创视频剪辑,原创视频内容最能体现视频创作者的内心所想,让作品和创作者更加融合,让作品独具匠心。

第二点,支持非版权争议的内容剪辑,通常称为素材混剪,就是把多个视频素材,进行二次创作,由于各种原因无法到达现场拍摄,或者有更符合二次创作的优秀视频素材,这类可以进行素材混剪。

举一个例子,2022 年浙江省会展策划创意大赛富阳文旅专项赛道中的富阳文旅云展播,就需要参赛者到富阳当地进行拍摄,但是考虑到部分参赛者可能由于各种原因无法到达现场,大赛官方提供了大量视频素材供参赛者进行二次创作。对于参赛者而言,最后比拼的是,参赛者的短视频策划能力、脚本撰写能力、文案编辑能力,以及创意创新能力。

第三点,会展文旅短视频,画面精美程度是第一要素,主要体现为画面清晰度、画面优美程度、内容呈现丰富度、有无人物出镜等。

第四点,好的文案,可以帮助短视频引发更多关注,引起共鸣,产生话题,帮助短视频保持热度。

第五点，除了画面，还要有画外之音，一方面配以背景音乐，和画面相互辉映，一方面配以解说词，让画面内容的完整性更强，更饱满，用户的观感也会十分沉浸。

五、短视频发布规则

第一点，一条短视频，建议 15—35 秒最佳，一是符合用户观看短视频的行为习惯，二是让每一条的内容呈现更加垂直专注，进而更好地引导用户关注你，继续观看账号的其他内容。如果是更加精美的短视频，内容丰富且全面，建议在 1 分钟以内。时间越长，创作的难度也会相应增加。

第二点，内容呈现，不能出现平台所不允许的禁用词，要是正能量的，原创的，美好的，这是平台所鼓励的。否则，很有可能无法通过平台审核，发布不成功。具体禁用词可以到各大短视频平台查阅相关规则。

第三点，配以主题鲜明的文案，让标题眼前一亮，让用户第一秒就知道拍摄的内容大致是什么，引导用户看完作品。

六、短视频流量推荐

第一点，推荐机制，是基于用户群体行为数据的机器运算推荐。以抖音平台为例，抖音的算法，其实是机器算的，它是一个动态的机制。简单理解，就是短视频质量越好，用户越喜欢，系统就会分配更多流量。

第二点，推荐机制，和内容相关，会展文旅短视频内容，比较符合热点型内容。比如举办一场城市文旅推介会，推介会开幕当天也是城市文旅主题活动周的揭幕日，这场会展活动是有时间周期的，在短期内形成平台热点，就有可能获得更多的曝光机会。

第三点，推荐机制，和互动数据相关。在发布短视频之后，浏览者就有机会被动看到该条短视频，如果能引发浏览者主动去关注点赞评论转发，系统就会判定为这条短视频是一条优质的短视频，一方面说明用户喜欢，另外一方面说明符合平台推荐逻辑，数据越好，平台就会持续给予更多流量，让更多用户看到，是一个良性循环。

第四点，推荐机制，主要的数据维度是完播量、点赞量、评论量和转发量。完播量，是一个用户完整看完该条短视频内容的次数，能看完说明视频内容是优质的，符合某一类用户群体需求。点赞，是用户看到该条短视频后，能主动给予的赞扬行为，说明该条短视频，符合用户的内心需求。评论，是用户发现短视频内容当中，有有趣或是疑问的点，引起用户发问，或表达某一种态度。转发，是用户觉得该条短视频对某个朋友或某人有价值、有帮助，会主动去分享给他人的行为。平台根据以上数据维度，通过智能分析，选出可能会喜欢这类短视频的用户，把该条短视频推荐给他们，获得更多曝光和展现。

第五点，如果短视频中有大咖站台、网红出镜，又能贴合平台的热门话题，再加上网络比较火的音乐或是特效，流量推荐会得到持续加持。

第四节　获奖作品赏析

一、探寻宋茶"韵"文化

（一）简介

2023 年浙江省会展策划创意大赛一等奖。

（二）摘要

本次博览会以茶文化发展为主线,重点突出宋代世俗茶文化,以点茶、斗茶、茶百戏等世俗茶事活动为亮点。2022 年 11 月 29 日,"中国传统制茶技艺及其相关习俗"正式被列入联合国教科文组织人类非物质文化遗产代表作名录,中国也因此成为世界文明的重要贡献者。为此,各级政府和机构纷纷采取行动,加强对"中国传统制茶技艺及其相关习俗"的传承,并将其纳入文化遗产管理范围的保护体系,以便更好地传播和发扬中国的传统文化。浙江是茶叶重要原产地之一,本次博览会旨在融合传播茶文化与浙江精神的丰富内涵,营造良好的社会文化环境,促进城市高质量发展。

（三）文本点评

专家 1：创意一般,方案较完整,可以落地。

专家 2：茶文化的展览非常多,如何吸引观众呢?

专家 3：方案完整,项目立意积极向上。

专家 4：项目结构与内容较完整,应加强文本呈现方式的创意创新。

专家 5：整体方案完整性较好,目标定位较为清晰,具有一定的可行性,展示设计的原创性有待加强。

（四）展示点评

专家 1：主题鲜明,展示结构清晰,内容完整,展示表现的内容、对话及情节与主题展示较好。

专家 2：展示主题鲜明,内容有地域特色,展示有创意。

专家 3：较清楚地展示了本次设计的主题主线,细节方面有待打磨。

专家 4：介绍词的写作,建议多写项目情况和项目特色。

专家 5：主题鲜明,展示结构清晰,内容完整,展示表现的内容、对话及情节与主题展示的需要吻合。

二、浙江龙泉青瓷线上云展览

（一）简介

2023 年浙江省会展策划创意大赛一等奖。

（二）摘要

龙泉青瓷艺术造型优美、文化内涵丰富,是浙江人民的劳动智慧结晶,是南北两大瓷业文化交流与融合的典范,是我国青瓷工艺发展的历史总成。本次展览以弘扬浙江在地非遗——龙泉青瓷文化为指引,以线上云展览的形式举办,通过 H5 扫码的方式观展,使观众在线上感受青瓷艺术与魅力。

在空间设计上:展馆设计以青瓷艺术当代转译为理念,以龙泉青瓷制作工序为顺序,从序厅、练泥、修坯、装饰、烧成、数字等六个展厅进行整体规划与艺术表达。序厅以黑、白、灰、梅子青等颜色为基调,注重龙泉青瓷传统文化与当代艺术的完美融合。通道的设计巧妙地融入了青瓷元素,结合现代空间展陈方式进行艺术展示。练泥厅以泥土为设计理念,注重龙泉青瓷传统工艺与现代艺术融合,从泥土到装置、从练泥到艺术,注重传统与当代结合、突出历史性、传承性和包容性。青瓷长廊连接练泥厅与修坯厅,穿过青瓷长廊,感受空间光影变幻和青瓷历史厚重感,体验光与瓷,人与影的空间氛围。修坯厅设计灵感来源于泥胎之后的修饰过程,注重数字化、艺术化表达,展厅空间高端大气、视野辽阔,给人耳目一新的设计感。装饰厅以青瓷瓦片装置艺术为设计理念,突出装饰性、装置性和艺术性,让游客在空间中感受传统青瓷装饰纹样与当代装置艺术相碰撞,给人梦幻般的感受。烧成厅以龙泉青瓷冰裂纹与当代裂纹玻璃相结合进行创新设计,通过重叠、互置、同构等设计手法进行设计,突出当代性、艺术性和传承性。数字厅是以数字化、智能化、科技化为理念,对传统青瓷进行数字艺术创新设计,使传统青瓷在数字中国发展下得到更快、更好、更健全发展。

空间上规划合理、动线明确,注重空间动静区分、主次分明,注重青瓷艺术传承与开发,突出数字化、现代化、空间性等展陈效果,达到弘扬我国传统优秀非遗文化的目的。

在视觉设计上:团队 LOGO 将图形语言视觉化,使用龙泉青瓷的传统造型之一的玉壶春瓶进行设计,凸显品牌的历史和文化底蕴,结合展馆的内部青瓷片的造型,强化品牌关联,清晰简明,让游客在参展中体验数字化、沉浸式、体验式的整体感受。色彩上使用雅绿和青色渐变,追求达到龙泉青瓷温润高雅的质感。海报设计上通过强烈的对比,将小巧的人物与庞大的青瓷相结合,以展现龙泉青瓷的色彩美、形状美和纹路美。

团队希望通过此次展会传递浙江青瓷文化,让青瓷艺术被更多人了解,从而使青瓷艺术与文化走向世界。

(三) 文本点评

专家 1:视觉设计优秀,有创新性,空间规划合理,展览线路清楚。

专家 2:通过重叠、互置、同构等设计手法进行设计,突出当代性、艺术性和传承性。

专家 3:方案内容条理清晰,贴合展览主题。

专家 4:项目策划贴合展览主题,视觉设计优秀。

专家 5:展厅空间与展物的和谐统一性不佳,分展厅之间缺乏统一的视觉形象来协调。

(四) 展示点评

专家 1:主题鲜明,展示结构清晰,内容完整,展示表现的内容、对话及情节与主题较好。

专家 2:主题鲜明,展示结构清晰,内容完整,展示表现的内容、对话及情节与主题展示的需要吻合。

专家 3：设计思路清晰、讲解清晰，背景介绍时间可适当缩减。

专家 4：运用新科技，用当代性的形式展示传统工艺，形式新颖。

专家 5：主题鲜明，内容全面，形式有新意。

三、丰州故城物与空间云展设计

（一）简介

2023 年浙江省会展策划创意大赛一等奖。

（二）摘要

文化民族魂，文铸民族神。千年光阴流转，中华文明源远流长，生生不息。文化的传承，扎根于代代中华儿女精神世界，并赋予其不竭的精神动力。当今世界，信息技术革命日新月异，互联网等数字信息传播媒介打开了民众视野，丰富、方便民众生活的同时，也为文化繁荣提供了发展的新思路、新载体、新机遇。而"云展览"在当今时代背景下，跨界融合各专业领域，综合运用数字化资源与载体，汇千年光阴于方寸之间，生动重现历史文化的同时，让"观展"突破了时间与空间限制，让中华民族之魂更为清晰地跃然观众眼前。

本会展设计将分为线上线下两个模式，线上会展将设计五个展厅，线下使用虚拟现实、增强现实技术集成于 App 中，使观者可以在线下得到与线上相同的体验。创新融合数字媒体技术做展陈设计，并在方案中以模型效果图、全景图、平面设计图进行内容呈现。在本云展单独设计的游戏《金碑窥史》中，观众可以选择多种角色形象，而后进入染巷、药师阁巷、刘公进巷等三处场景画卷进行交互体验。于屏幕中了解更多金时期手工业情况、钱币演变、佛教文化等科普知识。

（三）文本点评

专家 1：选贴合展览主题，视觉设计优秀，有创新性。

专家 2：紧密结合现实需要，方案论述清晰，设计美观。

专家 3：方案内容条理清晰，贴合展览主题。

专家 4：贴合展览主题，交互性强。

专家 5：展示设计方案较为深入，系统性和完整性较好。

（四）展示点评

专家 1：展示的形式、细节等具有创意、创新性，能够较好融入现代科技、数字。

专家 2：主题鲜明，展示结构清晰，内容完整，展示表现的内容、对话及情节与主题展示的需要吻合。

专家 3：五个展厅，线上线下模式相结合，使观者可以得到多重体验。

专家 4：较系统全面地介绍展示主题历史人文且运用新技术增强人们的参与感，从而达到了解历史的目的。

专家 5：主题较为鲜明，结构清晰，形式有一定的创意。

四、扎染的艺术之旅

（一）简介

2023 年浙江省会展策划创意大赛一等奖。

（二）摘要

白族扎染技艺是在云南大理地区广泛流传的传统织物手工染色技艺。它取材天然,工艺考究、技艺精湛,风格独特。在近代历史上,白族扎染技艺既是白族民众生产生活中的必需品,又是多数白族民众的谋生方式,经过长期的历史沉淀,它成为白族传统文化的重要表现形式。2006 年 5 月 20 日,伴随着我国政府对非物质文化遗产的重视,以及积极开展各类保护工作,白族扎染被选入第一批国家级非物质文化遗产名录。

让我们走进大理白族扎染,了解它的前世今生以及制作工艺,探索其图案纹样的奥秘,观赏扎染技艺与现代工艺品的结合。展馆分为“扎染起源”“扎染纹样”“手工扎染体验区”和“现代扎染艺术品”四个单元,以平面图设计、模型搭建、交互设计和平面设计为表现手段。第一单元:织绘岁月——介绍白族扎染发展历史和工艺流程,展板立体化这一新颖方式吸引更多游客的注意力,进而更多了解扎染的具体内涵,单元结尾处设置有情景再现,还原了扎染的织布这一环节,游客能够沉浸式地感受氛围。第二单元:花纹华章——周围展柜展示的是经典的扎染特色纹样,中心处悬挂着高低不同的精美扎染布料,同时配有纹样式地毯,单元主题直观明确,地面配有指向标,提醒游客按照正确路线观览展馆。第三单元:亲身体验——让观赏者体验扎染流程。本单元分为两块体验区域——扎花和浸染,展馆为游客们提供了整套丰富的扎染工具,同时配有多媒体播放制作教程和工作人员在一旁辅助指导,我们还为游客们做好的工艺品设置了悬挂区来展示,结尾处有清洗台为游客提供清洗。第四单元:现代装饰——陈列现代化的扎染衍生品。本部分的重要展陈是青年艺术家林芳璐的手工扎染作品,她的创作让更多人感受到女性的力量和古老手工艺的生命。服饰、抱枕、布袋、扇子等现代装饰,是从改革开放才开始形成的,现如今的工艺品虽然形式发生了变化,但核心却未改变。会展第四部分的设置也是为了进一步宣扬非遗文化——扎染,通过多种文创衍生品来吸引喜欢扎染这项工艺的游客。

希望借此弘扬传承扎染文化,推广扎染技法,促进文化交流。

（三）文本点评

专家 1:贴合展览主题,视觉设计优秀,有创新性。

专家 2:主题突出,观赏性强。遗憾的是多次扫码也未能进入云展。

专家 3:方案内容条理清晰,贴合展览主题。

专家 4:贴合展览主题,视觉设计优美,有创新性。

专家 5:交互设计部分内容较为薄弱。

（四）展示点评

专家 1:展示的形式、细节等具有创意、创新性,能够融入现代科技、数字,很好。

专家2：展览设计分为"扎染起源""扎染纹样""手工扎染体验区"和"现代扎染艺术品"四个单元，辅以多种形式的展陈形式，丰富多样、美观大方。

专家3：较完整阐述主题的工艺流程，能突出环节重点，有一定创意。

专家4：主题明确，内容结构完整、形式有一定的创新性。

专家5：主题鲜明，展示结构清晰，内容完整，展示表现的内容、对话及情节与主题展示的需要吻合。

五、FUFU 超级市场

（一）简介

2023年浙江省会展策划创意大赛一等奖。

（二）摘要

以超市的这一形式和概念来进行展会设计，区别于以俗套的"展"为概念进行设计和展出农产品。FUFU 果蔬超市展旨在提供顾客各种新鲜、健康和有机的食品选择，同时加强'三农'概念，加强农产品带动经济的诉求，并且以满足顾客的膳食需求。我们将在一个宽敞、舒适、环保的店内提供多种新鲜水果、蔬菜、有机食品、健康零食和其他相关产品。我们将此展定义为一个超市，并且以果蔬超市的形式来展示和吸引群众。果蔬超市将致力于可持续性，支持本地农业和最大程度地减少对塑料包装的使用，积极响应绿色低碳环保政策，并致力于打造与中国传统文化实现有机结合具有独特风格的果蔬超市，为顾客提供更加多元化的购物选择，并改善人们对于果蔬超市脏乱差的固有刻板印象。

（三）文本点评

专家1：作品整体感觉舒适、美观、协调，具备多场景的实用价值，能够满足目标群体的审美习惯。

专家2：设计美观有创意，但对于中华传统文化的融合可以有更多的思考。

专家3：符合大赛主旨主题，视觉设计优秀，有创新性。

专家4：设计新颖，具有一定实用价值，能将绿色理念融入其中。

专家5：视觉设计方案呈现不充分。

（四）展示点评

专家1：主题鲜明，展示结构清晰，内容完整，展示表现的内容、对话及情节与主题展示的需要吻合。

专家2：展示的形式、细节等具有创意、创新性，能够融入现代科技、数字等元素。

专家3：图案颜色鲜艳，设计美观大方，遗憾的是在"介绍"部分，没有把项目描述清楚。

专家4：设计色彩亮丽，符合主题，宣传页面生动活泼。

专家5：主题鲜明，展示设计形式有新意。

六、竹文化展示设计

（一）简介

2023年浙江省会展策划创意大赛一等奖。

（二）摘要

我们想要在横山坞村打造一个竹文化展示空间,推动乡村振兴,保护宣传,生态资源,成为横山坞村的文化窗口、传承载体、教育基地、体验中心。本设计内容共四个主题,分别是沉于雅、织于艺、寻于野、归于新。以文人游苑,遇苑、过桥、入雅、穿廊、赏雅、悟雅,串联琅玕苑,一苑四境故事线。以生态自然在雅俗中的平衡与转换,重新定义历史文化、艺术鉴赏、产品延伸之间的关系。

本项目位于小瘾半日村的西面,道路宽敞,周围绿植环绕。为打造以自然山水为主体的写意宋式园林,将工笔画元素和宋式四合布局设计为坡屋顶和围合的现代建筑结构,建筑立面呈"竹"字形象。在生态园林中增添宋式特色,如跌水、石桥、游廊、门洞等。展厅内部的展示方式由传统展示方式与现代技术相结合,打造创新型展厅。

一境·沉于雅,我们在一境中设置三个展区,(1)年湮世远,破竹建瓴。从古籍记载中整理安吉竹文化史,从资源优势、地理优势、发展优势三个层面总结竹文化的形成基础,然后提出对保护竹文化的建议。设置触媒平台,直观生动展示竹子种类、生长习性、地区分布。(2)采风问俗,本深末茂。主要以《浣月图》详解竹子入药、以3D投影技术展示竹纤维造纸,还原模拟竹林四季小景。(3)竹外生枝,昌硕之雅。围绕吴昌硕的诗书画印展开,以传统展示方式展示书画作品,配合场景模拟,还原文人写竹诗作竹画的场景,加深游客代入感。

二境·织于艺,二境由两部分组成。(1)屡变星霜,刀过竹解。介绍传统工艺发展变化,为匠人增设表演台,拉近与游客的距离,以竹钢走廊作为联系传统与现代展示空间的枢纽。(2)灼灼玉竹,静世芳华。设现代工艺品集中地,中央设置民间竹乐器体验台,配以弧形数字屏和耳机讲解乐器历史以及使用方式。

三境·寻于野,由四个景组成　(1)竹烟波月:雾气中的竹林和月照下的波纹交相辉映。(2)步步生竹:汀步刻画多样竹画,以至步步生竹。(3)簟纹如水:细竹与叠水交相呼应,静谧雅致　(4)碎竹虚廊:竹子虚影碎落廊顶,水影交融,风铃碰撞,视听如身临其境。

四境·归于新,四境分为两种空间。(1)文创售卖空间:与安吉当地特色结合,开发竹编盲盒、竹类文具、书签、香包挂件等文创用品,提供可降解竹纤维环保袋,解锁竹子新的可能。(2)研学体验空间:组织活动形式分为:科普类——知"竹"常乐、游戏类——武林萌"竹"、手工类——"竹"够有趣、搭建类——"竹"以致用,面向学生、游客。在活动中拓展竹知识,感受竹乐趣,宣传竹文化。

（三）文本点评

专家1:项目组通过实践调研村落发展脉络,结合产业政策、村委班子及新青年农人投身产业发展肌理,突出通过文化赋能、云端赋能、会展赋能、人才赋能等方面对现有产业进行补充与提升,具有创新。

专家2:策划内容完整丰富,有考察实践,理论研究较深入。

专家3:调研内容翔实,结合多种调查方法,通过当下数字技术,助力宣传。

专家4:调研方式得当,样本数量充足,数据分析全面,问题分析透彻,对策建议合理。

专家5:调研内容空洞,没有实质性成果。

（四）展示点评

专家1:主题鲜明,展示结构清晰,内容完整,展示表现的内容、对话及情节与主题展示的需要吻合。

专家2:主题鲜明,展示结构清晰,内容完整,展示表现的内容、对话及情节与主题明确。

专家3:主题鲜明,内容丰富,展示有创意。

专家4:于学于玩中感受竹艺术,体会竹工艺。

专家5:设计精美,逻辑清晰,以生态自然在雅俗中的平衡与转换,重新设计了历史文化、艺术鉴赏与产品延伸之间的关系。

七、老底子杭州味

（一）简介

2023年浙江省会展策划创意大赛一等奖。

（二）摘要

本团队的作品《老底子杭州味》为响应2023年杭州西湖博览会中对于中华美食传播的号召,密切围绕大会"广博、精专、年轻、消费、双创、开放"的中心主题,旨在通过本次博览会来扩大杭州美食文化,以及人文景观的宣传,推进区域美食文化特色产业经济与会展平台经济相互促进的共同目标。

我们团队通过对美食类短视频内容形式单一进行反思,且结合波普艺术的艺术审美性,创作了波普风格的美食类短视频《老底子杭州味》。在创作需求调研中,首先调查了美食类短视频行业在互联网时代的发展趋势,以及波普风格在当代艺术作品中的应用,并且对波普风格与新媒体艺术领域结合的案例进行分析,总结了波普风格在现代发展趋势特点、风格特征、借鉴其设计思路。然后总结出美食类短视频所面临的问题,以及波普风格带给观众的视觉反馈,为之后的创作寻求应用需求和可行性分析。从短视频的背景和美食类短视频流行类型进行分析,得出了美食类短视频发展需要依靠传统美食文化以及艺术形式创新的结论。最后,分析杭州美食种类和传统美食文化的发展,为创作奠定了文化基础。在创作过程报告中,包括波普风格在短视频的运用形式、二维动画与实拍结合的创新思路等进行阐述。内容来自老底子的杭州美食小吃,用波普风格的表现手法和短视频的展现形式加以元素拼贴与二维动画效果制作成短视频,以杭州话娓娓道来"葱包桧儿""油墩儿""定胜糕"三个美食。

本创作具体运用流行的波普风格与老底子杭州方言,利用短视频时间短、传播力广、内容精简的特点,打破了传统短视频内容制作的形式和传统波普艺术静态化视觉特征,借本次西湖博览会中华美食主题单元的机会,弘扬杭州极具特色的美食文化及历史,同时通过本团队主题品牌促进杭州西湖国际博览会品牌的高效传播和流量转化,汇聚团队青年的创作活力,让杭州美食文化走向世界,进而带来更大的经济效益和文化价值,实现区域文化与特色产业经济的共赢。

(三)视频点评

专家 1:有代表性并有创作力,可惜缺乏现场讲解,视频制作也较为用心。

专家 2:是否实地探店体验,并现场讲解。

专家 3:内容质量具有地区代表性,有记忆点且具创作力。

专家 4:主题与内容契合,有创意和表现力。

专家 5:视频内容及制作具有原创性。

八、2024 年首届苏东坡数字特展

(一)简介

2023 年浙江省会展策划创意大赛一等奖。

(二)摘要

随着中国综合国力与经济水平的不断提升,对中国传统文化的继承与传播越来越受到人们的关注与重视。2017 年颁布的《文化部关于推动数字文化产业创新发展的指导意见》与2021 年中共中央办公厅、国务院办公厅印发的《关于进一步加强非物质文化遗产保护工作的意见》中,都重点强调了非物质文化遗产保护的重要性与注重数字化与文化相结合,有效合理地保护文化,促进文化在新时代具备新的竞争力。

此次苏东坡数字特展,正是迎合国家发展战略需要产生的。苏轼与其所属的宋韵文化是中国传统文化中不可缺少的一环,尤其对于浙江地区来说,苏轼推动了当地的发展,改善了当地的环境,其留下的著作与事迹,也深刻影响了当地人们的精神素养。当前得益于当代人工智能技术、大数据整合技术、VR、AR 等技术的发展,苏东坡精神与其所代表的宋韵文化在视觉呈现与品牌发展等方面都获得了新的生机,因此苏东坡以及宋韵文化数字化是当前文化传承的重要举措和方式。"东坡·月明——苏东坡数字特展"运用数字化手段,结合 AI、VR、区块链、数字大模型等新一代数字展陈技术,展示苏东坡与宋韵文化,包括苏东坡的生平事迹、作品、思想与成就,助力推动数字技术与文化融合发展,让人们更直观、更深刻地了解东坡文化、学习东坡思想、感受东坡精神。

(三)文本点评

专家 1:作品整体感觉舒适、美观、协调,具备多场景的实用价值,能够满足目标群体的审美习惯。

专家 2:设计美观有创意,但对中华传统文化的融合可以有更多的思考。

专家 3:符合大赛主旨主题,视觉设计优秀,有创新性。

专家4：设计新颖，具有一定实用价值，能将绿色理念融入其中。

专家5：视觉设计方案呈现不够充分。

（四）展示点评

专家1：主题鲜明，展示结构清晰，内容完整，展示表现的内容、对话及情节与主题展示的需要吻合。

专家2：该方案结合AI、VR、区块链、数字大模型等新一代数字展陈技术，设计苏东坡与宋韵文化主题，有助于文化传承和创新。

专家3：展示的形式、细节等具有创意、创新性，能够融入现代科技、数字等元素。

专家4：主题鲜明，展示形式、细节有创意。

专家5：数字技术与文化传统的结合，将会给文化艺术展会以无限想象。

九、星火村文化主题街巷空间设计

（一）简介

2023年浙江省会展策划创意大赛一等奖。

（二）摘要

湖镇镇星火村的历史源远流长，留下了丰厚的文化积淀。2019年星火村被列为浙江省第七批历史文化村落利用重点村。目前，星火村已进行了初步规划设计，但是各节点空间分布比较零散，存在不够连贯、规模效应较弱等问题。村内规划目前文化气息不够浓厚。挖掘现有的文旅资源，设计村庄面貌整体提升方案，以及湖镇老街商业布局优化方案，为文旅产业发展赋能。对公共区域、湖镇老街沿街立面等进行微景观设计，体现当地人文特色。

经过本团队调查发现：北部地区古街建筑风格：明清时期北方建筑，轴线明确，左右对称、主次分明，蕴含晋商文化。南部地区建筑风格：南宋和明清建筑风格依黄山、伴新安江，空间景观特色依托于城市与自然环境的有机结合，蕴含晋商文化。东南部地区建筑风格：唐朝建筑风格，七巷中每条巷子都有对应的历史文化与节点，蕴含各大名人故里。浙江位于东南沿海地区，其建筑基本使用小青瓦覆盖屋面，仅有一些亭台楼榭等重要建筑才使用筒瓦。星火村具有的建筑特色为：清末民初时期建筑，延续地方传统特色文化和展示运河文化，集商住、居住、休闲功能为一体的历史文化街区。

因此，本项目立足于当地居住的烟火气息进行设计规划，打造独具一格的浙西景观空间，通过街巷网状串联，将各个空间景观节点相互融合，体现有别于其他地区的建筑景观，吸引原、归、新、游"四乡人"，达到文化复兴经济复兴的目的。设计概念。希望通过设计来提高古街的知名度，增加居民的收入，从而实现星火村"田舍炊烟常蔽野"的繁荣景象。当地游客可通过合理的游玩路线、有趣的打卡环节更好地了解当地历史，感受风土人情，同时宣传特色非遗文化。

概念延伸：通济三味。市井味：改造提升村落风貌，立足于原有的街巷尺度，根据不同的街巷尺度空间，疏通脉络层级，打造属于当地12时辰的街巷空间。烟火味：立足于原有的街巷空间，探索街巷业态特征，寻找12味特点空间。针对当地的烟火气息进行设计渲染，打造属于当地独有的空间特色。人情味：立足当地特色传统文化，通过点线面要素结合，通过文化人情将整个空间串联起来，打造一体和谐的村落空间景观。

通济街作为历史街区，其健康生长应当从历史文化保护、肌理的延续与人居品质提升、地区活力提升共同考虑；人们乐业、安居、心灵有寄托、精神有传承；其最大特色在生活气息，也就是市井味、烟火味、人情味，充分发扬地域特色，让规划"生"于斯"长"于斯。

（三）文本点评

专家1：能感受到你们认真的态度！认真的过程！文案PPT本身的设计还有很大的进步空间！

专家2：设计新颖独特，具有一定的使用或实用价值，能够将绿色、低碳、环保等理念融入设计。

专家3：创意演绎并呈现会展活动的主旨主题，将中华美学融入设计，具有一定的使用或实用价值。

专家4：主题符合所选择会展活动的主旨，能够创意演绎呈现，特色较鲜明。

专家5：设计成果主要内容与会展设计属性要求不符。

（四）展示点评

专家1：主题鲜明，展示结构清晰，内容完整，展示表现的内容、对话及情节与主题明确。

专家2：主题鲜明，内容设计结构完整，展示形式有创意。

专家3：有调研！有思考！有设计！有对策！

专家4：主题鲜明，展示结构清晰，内容完整，展示表现的内容、对话及情节与主题展示的需要吻合。

专家5：设计规划应充分考虑设计元素是否可行，否则为设计而设计就会出现许多"僵尸建筑"，不仅没提高居民收入反而增加人们负担。

十、无名之辈

（一）简介

2023年浙江省会展策划创意大赛一等奖。

（二）摘要

杭州亚运会和亚残运会体现了竞技体育的魅力。在亚洲这片广袤的土地上，有着众多默默无闻的体育和文化人才，他们或许没有出类拔萃的竞技成绩，或许没有在国际舞台上闪耀光芒的才华，但他们同样有着对梦想的执着追求和对事业的热爱。富阳水上运动中心和富阳银湖体育中心曾承办过赛艇、皮划艇静水、皮划艇激流回旋、射击、射箭、现代五项等竞赛项目。

本作品以富阳体育休闲项目为载体，记录无名之辈的汗水和精彩，表达了对于那些默默付出的人们的敬意和鼓励。同时，也呼吁更多的人关注普通人的体育和文化事业，为这些无名之辈提供更多的支持和鼓励，让他们能够更加自信地追求自己的梦想。

灵感来源：亚运会期间我们是亚运会志愿者，在服务期间有幸目睹了全红婵惊人夺冠现场,她完美地凭借最后一跳夺冠,赛后各大平台争先报道。我们看到了一篇亚运报道《完美一跳7个10分!全红婵夺冠》,看完后发自内心地称赞她这个小女孩,她小学时在操场上跳格子,被启蒙教练陈华宁发现立定跳远能跳到一米六,从而进入了体校。7岁学跳水,13岁入选国家队,仅用了一年时间,14岁就在奥运会上破纪录夺冠。她和我们皆是平凡人,但她用自己的努力成就了英雄的自己。

本案创意:视频中运用多种运动镜头,赋予视频紧凑激昂之感,跑步、跑酷、皮划艇、射箭、骑行、漂流、赛艇、滑翔、撑伞舞动等画面显示了生活与运动相融合,他们坚持梦想或兴趣使然都是对自己人生的擘画。每一项运动中的参与者,都在为了自己的梦想而努力,他们在赛场上,代表自己国家、团队出战,生活中也绽放不一样的自己。无名之辈,也有自己的梦想,也有自己的追求,也有自己的故事。他们的生活或许平凡,但他们的感受却并不简单。他们用自己的方式创造着人生,享受着每一个阳光灿烂的日子。他们在人生的舞台上,以最真实的姿态,面对每一个挑战,承受每一次挫折。

本案亮点:采用多个富阳开展的运动项目快速交替,多次运用叠化的方式,转变运动项目,描写运动和生活相交替,更能体现出在生活中每个人都不平凡,英雄来自人民,平凡铸就伟大,也借此宣传活力富阳、全民运动。

(三)视频点评

专家1:视频内容把握精准,镜头衔接自然。

专家2:视频节奏、音乐合理,总体视频质量好。

专家3:作品完整度可以,表现力一般。

专家4:较好诠释主题,部分声效不协调,个别画面累赘。

专家5:本视频反映后亚运会时代,拼搏不息的年轻人形象。主题明晰,记忆点明显,充满激励人的正能量;实景拍摄,转场节奏快,画面镜头衔接到位,具有符合当代人朴素的审美观。视频镜头冲击力需强调。

参考文献

1. 杨国杰.基于新媒体的文化展示设计研究[M].北京:中国纺织出版社有限公司,2022.

2. 潘鲁生,韩卫萍.博物馆展示设计[M].北京:中国纺织出版社有限公司,2022.

3. 孟磊.数字展示设计[M].南京:江苏凤凰美术出版社,2016.

4. 黄建成.空间展示设计(第2版)[M].北京:北京大学出版社,2013.

5. 陆江艳.展示设计概论[M].北京:清华大学出版社,2012.

6. 侯凤菊.短视频制作与营销全攻略[M].北京:九州出版社,2021.

7. 周英英.短视频+直播:内容创作、营销推广与流量变现[M].北京:电子工业出版社,2021.

8. 李彪,吕澜希.短视频策划、拍摄、制作与运营[M].北京:清华大学出版社,2021.

第五章
会展翻译

学习目标

(1) 掌握会展翻译及其类型；

(2) 掌握会展口译类型、标准及其过程；

(3) 认识会展翻译在国际交往中的地位；

(4) 掌握会展译员的素质要求；

(5) 掌握会展翻译的小技巧；

(6) 全面认识博物馆翻译的主要场景。

思政融合

杭州亚运会多语种翻译热线服务中心成立

杭州 2022 年亚运会(以下简称"杭州亚运会")多语种翻译热线服务中心正式成立,杭州亚组委与北京外国语大学正式达成合作,赛时将由北京多语言服务中心为杭州亚运会提供多语种翻译热线服务。

据悉,多语种翻译热线服务是杭州亚运会语言服务的重要组成部分,赛时将为组委会工作人员、OCA/APC(亚奥理事会/亚残奥委员会)大家庭成员、各体育代表团、技术官员提供中文与英、日、俄、阿、韩、柬、印尼、泰、越等 9 种语言的电话互译服务,其中中英互译热线提供 24 小时服务。

多语种翻译热线服务将与远程同传/交传、志愿者口译服务互补,为各客户群提供多场景、全时段、高质量、高水平的语言服务,充分体现"绿色、智能、节俭、文明"的办赛理念。

北京外国语大学党委常委、副校长贾德忠表示,杭州亚运会是民众期待的体育文化盛事,该校将弘扬志愿传统、发挥专业优势,全力支持杭州亚运会各项筹办工作。

经济全球化是当代世界经济发展的重要趋势。随着经济全球化进程的不断加快,会展业已发展成为新兴的现代服务贸易型产业。会展经济逐步成为城市发展新的增长点,同时也成为衡量一个城市国际化程度和经济发展水平的重要标准之一。我国会展经济的蓬勃发展,国际会展业务不断增加。越来越多的国际性会展活动在中国开展,高质量的口译服务是展览、国际会议、节庆和赛事成功举办的重要保障。

第一节　会 展 翻 译

一、会展翻译

　　会展翻译有两种主要形式,即会展口译和会展笔译。国际会展口译是指通过口头表达形式,将所听到或读到的会展信息准确而又快速地由一种语言转换成另一种语言。

　　国际会展口译属一种立体式、交叉型的会展信息传播方式。国际会展口译也是一种综合运用视、听、说、写、读的语言操作活动。"视"是指译员在国际会展中具有观察捕捉会展人员的脸部表情、手势体姿、情绪变化等非语言因素的能力。现场各种与口译内容有关的景物,如旅游景点和博物馆的实景实物,所有这一切都是辅助口译的有利条件。"听"是指译员能够耳听会意各种会展人员带地方口音以及不同语速的话语的能力。"说"是指能用母语和外语进行流利而达意地表达的能力。"写"是指译员在口译过程中能进行快速笔记的能力。"读"是指译员在视译时能进行快速阅读和理解的能力。

案例 1：国际翻译日

　　2017 年 5 月 24 日,联合国大会通过第 71/288 号决议,宣布 9 月 30 日为国际翻译日,承认专业翻译在连接国家方面的作用。决议草案 A/71/L.68 由 11 个国家签署:阿塞拜疆、孟加拉国、白俄罗斯、哥斯达黎加、古巴、厄瓜多尔、巴拉圭、卡塔尔、土耳其、土库曼斯坦和越南。除国际翻译联合会外,该决议的通过还得到了其他几个组织的支持,包括国际会议口译员协会、Critical Link International、国际专业笔译员和口译员协会、Red T。

　　联合国每年举办一次圣杰罗姆翻译大赛,评选阿拉伯文、中文、英文、法文、俄文、西班牙文和德文的翻译作品。

　　国际翻译联合会(FIT)自 1953 年成立以来,一直致力于推动国际翻译日。1991年,FIT 提出了官方认可的国际翻译日的想法,以表达与全世界翻译界的团结,努力推动翻译作为一种职业在全球化时代的重要性。

　　讨论:结合案例 1,谈一谈你对翻译在全球跨文化沟通中的作用的认识。

二、口译标准

　　会展口译的标准,可以套用严复提出的"信""达""雅"翻译三标准,但会展口译的

"现时""现场""限时"的特点决定了衡量国际会展口译质量的基本标准是"准确"和"流利"。

首先,准确是国际会展口译的灵魂,是国际会展口译的生命线。准确要求译员将原语这一方的信息完整无误地传达给另一方,口译的准确涉及口译时的主题准确、精神准确、论点准确、风格准确、词语准确、数字准确、表达准确、语速准确以及口吻准确等方面。同时保持原语的意义和风格。

流利是另一大标准。译员在确保准确口译的前提下,应该迅速流畅地将一方的信息传译给另一方。国际会展口译的现场性、现时性、即席性、限时性、交互性等因素要求国际会展口译过程宜短不宜长,节奏宜紧不宜松。

三、口译过程

国际会展口译的基本过程是输入、解译、输出:

输入 → 解译 → 输出

从国际会展口译过程的内容上看,口译从会展信息的感知开始,经过加工处理,再将会展信息表达出来:

信息感知 → 信息 → 处理 → 信息 → 表达

国际会展口译过程的这三个阶段可具体分解为信息的接收、解码、记录、编码和表达这五个阶段:

接收 → 解码 → 记录 → 编码 → 表达

对会展信息的接收有两种渠道:一种为"听入",一种为"视入"。听入是国际会展口译中最基本、最常见的信息接收形式,是国际会展口译的重要环节。视入是视译时的信息接收形式,这种形式有时用作听译的辅助手段。

解码是指译员对接收到的来源语的会展信息码进行解译,获取语言和非语言形式所包含的各种展览、会议、节庆和赛事等会展信息。在这个过程中,译员在解译语言信号的同时会综合辨别和解析各种微妙的非语言信号,以及它们同语言信号之间可能发生的关系。这是智能翻译机无法取代人工口译的主要原因之一。

记录是将感知到的语码会展信息暂时储存下来。国际会展口译的信息记录采用两种形式,一种是以"脑记"为主,一种是以"笔记"主。对于单位信息量较大的国际会展口译,译员宜采用网状式的整体记忆法,避免点状式的局部记忆法。孤立的记录不仅效率低,而且没有意义。

编码是指将来源语的会展信息解码后,赋以目标语的表达形式。经过编码加工后的会展信息不仅要在语言形式上符合目标语的表达规范,而且还应该在内容上保持信息的完整性,在风格上尽可能保持信息的"原汁原味"。

表达是国际会展口译过程的最后一道环节。准确流利的表达才能在国际会展中间构筑一座顺达的信息桥梁。口译表达虽无须译员具备伶牙俐齿、口若悬河、能言善辩的演说才能,但口齿清楚、吐字干脆、音调准确、择词得当、语句通顺、表达流畅却是一名职业译员必备的条件。

案例2:国际会议口译员协会

国际会议口译员协会(Association Internationale des Interprètes de Conférence, AIIC)成立于1953年。它拥有来自100多个国家的3 000多名会员。总部在瑞士日内瓦,在泰国曼谷设立有地区办公室。

AIIC是唯一的全球会议口译员协会。自现代会议口译发展以来,AIIC一直致力于推动行业的高标准质量和道德标准,并代表从业人员的利益。

AIIC积极参与影响会议口译的所有领域,并为所有会议口译员和整个行业的利益而努力。AIIC为该行业制定专业和道德标准,并改善高质量口译所需的工作条件。该协会还贡献其专业知识,以确保下一代口译员接受当今高标准的培训。

该协会拥有基于同行评审制度的严格录取程序,旨在保证高质量的口译和专业精神。候选人必须有至少五年的口译员经历。AIIC会员必须遵守协会的道德准则和专业标准。

AIIC与许多国际组织(例如欧盟和联合国)联络,并就其所有编外口译员(包括非成员)的工作条件进行谈判。AIIC的目标是确保达到口译员可接受的工作条件,确保口译专业性,并提高公众对口译职业的认识。它还涉及该专业的其他领域,例如:年轻会议口译员项目;持续的专业发展;标准化;会议口译新技术;"世界语言遗产的保护"。

讨论:结合案例2,谈一谈成为国际会议口译员协会个人会员的潜在利益有哪些。

四、口译类型

国际会展口译类型的划分有三种不同的方法,即"形式分类法""方向分类法"和"任务分类法"三种。

(1)国际会展口译按其操作形式可以分为以下五种:

交替口译(alternating interpretation);

接续口译(consecutive interpretation);

同声传译(simultaneous interpretation);

耳语口译(whispering interpretation);

视阅口译(sight interpretation)。

（2）国际会展口译按其传译方向可分为以下两种：

单向口译(one-way interpretation)；

双向口译(two-way interpretation)。

在前面所讲的五种国际会展口译形式中，交替口译自然属于双向口译的范畴；接续口译因场合不同可以表现为单向口译或双向口译；同声传译、耳语口译和视阅口译这三种形式通常表现为单向口译。

（3）国际会展口译在会展领域按其操作内容可以分成展会口译、博物馆口译、会议口译、节庆口译和赛事口译等类型。

案例3：主动和被动工作语言分类的通用系统

理解一门语言和说一门语言是有区别的。这种差异是口译员如何对其工作语言进行分类的核心。会议口译员不仅可以完美地讲自己的母语，还可以完美地理解一种或多种其他语言及其背后的文化。然而，他们可能无法同样流利地讲所有这些语言。即使使用母语，人们有时也会"找不到合适的词"来表达自己的感觉。在外语中，这更加困难。对于口译员来说，在任何情况下（甚至在压力下）都能"找到正确的词语"显然是至关重要的。

口译员必须能够非常快速地将信息从一种语言转换为另一种语言，特别是在速度非常快的同声传译中。他们必须立即理解、快速思考并流利地说出。

口译员能够用某些语言比其他语言更好、更流利地表达自己的意思。

他们流利地说的语言被称为"活跃"语言。

他们完全理解但说得不太流利的语言被称为"被动"语言。

口译员的工作语言分为三类——A、B、C：

"A"语言是口译员的母语（或其严格的等效语言），他们在交传和同声传译中使用所有其他工作语言进行工作。这是他们最擅长的语言，他们可以轻松地表达复杂的想法。因此，对于口译员来说，它是一种主动语言。

"B"语言是口译员可以完全流利使用的语言，但不是母语。口译员可以从一种或几种其他工作语言翻译成这种语言，但可能更喜欢连续或同时（通常是"连续"，因为速度不那么快）仅使用一种口译模式。它也被认为是口译员的主动语言。

"C"语言是一种解释器可以完全理解但无法工作的语言。他们会将这种（这些）语言翻译成他们的活动语言。因此，对于口译员来说，它是一种被动语言。

这三类语言如何应用于会议环境呢？

会议有自己的主动和被动语言。与会者所说的语言将是会议的主动语言，而他们通过口译员听到的语言将是会议的被动语言。

因此，如果您要组织有口译员的会议，系统会询问您哪些是会议的主动语言，哪些是被动语言,即与会者可能会使用哪些语言,以及哪些语言需要翻译成一种或多种供其他参与者收听的语言。

我们将组织口译员团队,使其工作语言符合您的要求。这可能是一项复杂的事情,尤其是涉及多种语言时,因此建议您最好请一位顾问口译员来帮助您。

讨论:结合案例3,谈一谈你对会议口译员工作语言的看法和认识。

五、译员素质

国际会展口译既需要我们对于会展相关知识有很好的掌握,同时对于语言转换能力的要求也比较高。除了必要的生理、心理条件之外,通常还需要经过专门学习和强化培训,培养和提炼职业译员所必须具有的素质。如何做好国际会展口译呢? 我们有如下一些建议:

一是具有良好的职业道德和爱国主义的情操。很多国际会展口译活动属外事活动,译员的一举一动一言一行都关系到祖国的形象、民族的风貌、机构的利益。

二是具有扎实的会展专业知识,熟练在国际会展场合中运用语言知识的能力。包括但不限于会展策划、会展接待、会展行程安排、会展营销、展览讲解、会展谈判、会展搭建谈判、会展合同谈判、会展设施租赁谈判、会展物流谈判等会展业口译范围。

三是具备清晰、流畅、达意的表达能力。在做口译时,要做到语速不急不缓,音调不高不低,吐字清晰自然,表达干净利落,择词准确、恰当,语句简明易解,译文传神传情。

案例4: 会议口译员的技能

会议口译员实时翻译口语。透彻的语言知识、钢铁般的意志、对细节的关注和无限的好奇心是专业口译员的标志。口译员在各种会议和任何地点工作。他们为主要国际组织和商业客户工作。

所有专业口译员都接受过严格的培训,其中许多人达到了研究生水平,并在专业发展课程中不断磨炼自己的技能。仅凭语言能力不足以成为一名会议口译员。专注力、思维速度、思维敏捷性,以及广泛的常识都是必不可少的,再加上在压力下保持冷静的能力。

除了对工作语言有深入的了解和对相关文化的理解之外,对母语的良好掌握也是会议口译员必须具备的条件。然而,成为一名成功口译员所需的技能并不仅仅局限于语言能力,这需要更多其他能力,如:

倾听和集中注意力的能力;

美好的回忆;

头脑灵活;

思维速度;

广泛的常识;

分析能力;

悦耳的声音;

在压力下保持冷静的能力;

在一大群观众面前表演所需的镇定;

尊重职业机密。

讨论:结合案例 4,谈一谈你对国际会议口译员所必须具备能力和技能的认识。

　　四是具有敏捷、聪颖的头脑,培养良好的心脑记忆能力、逻辑思维能力、辨析解意能力和应变反应能力。可以通过影子练习、"点三杠四"数字书写法、即席演讲、笔记符号等方式提高记忆的效率和准确性。

　　五是具有高尚忠诚的品格和大方得体的仪表。国际会展口译活动中也讲究外事礼仪、社交礼节和口译规范。注意自己的服饰和仪容,做一个仪表端庄、举止大方、态度和蔼、言谈得体的文化传播者。

第二节　博物馆讲解

　　博物馆是典藏、陈列和研究代表自然和人类文化遗产实物的场所,去到一个地方,去参观博物馆可以更好地了解这地方的人文历史,让我们知道这个城市的过去所创造的辉煌。

　　如果要介绍一个博物馆,我们可以从哪些方面入手呢? 我们从以下三个博物馆入手,来探讨一下博物馆的展览讲解。

一、大英博物馆讲解

　　讲解博物馆我们通常会先描述博物馆位置、地位、历史等概况。如:大英博物馆是位于英国伦敦布鲁姆斯伯里的综合性博物馆,成立于 1753 年,是世界上首个国家博物馆,是世界上规模最大且最著名的博物馆之一,有八百多万件藏品,大批藏品因馆内空间限制未能公开展出。(The British Museum is a comprehensive museum in London, England. Founded in 1753, it is the first national museum in the world. It is one of the largest and most famous museums in the world, with a collection of more than eight million objects, many of which are not on public display due to space constraints.)

　　还可以讲解馆藏品的特殊的历史来源。如:馆藏品最初来源于英王乔治二世的御医、古玩家汉斯·斯隆爵士收藏的 8 万余件文物和标本。汉斯·斯隆爵士在去世前立下遗嘱,将他所收藏的近 8 万件珍贵物品全部捐赠给国家,由此奠定了大英博物馆的基础。(The collection originally came from the collection of more than 80,000 artifacts and specimens collected by Sir Hans Sloane, the antiquarian physician to King George II. Before his death, Sir Hans Sloane made a will in which he donated his collection of nearly 80,000 precious objects to the nation, thus laying the foundation of the British Museum.)

还可以介绍博物馆的建筑特色。如:大英博物馆的核心建筑占地约 56 000 平方米,博物馆正门的两旁,各有 8 根又粗又高的希腊爱奥尼式圆柱。大中庭(Great Court)位于大英博物馆中心,于 2000 年 12 月建成开放,是欧洲最大的有顶广场。广场的顶部是用 3 312 块三角形的玻璃片组成的,广场中央为大英博物馆的阅览室,对公众开放。

还可以介绍博物馆的建筑布局。比如大英博物馆中著名的两个展馆:埃及文物馆,分为木乃伊和埃及建筑两个馆,是博物馆中最大的专题陈列馆之一。(It is one of the largest thematic galleries in the museum.)

二、故宫博物院讲解

北京故宫博物院是一座中国综合性博物馆,也是中国最大的古代文化艺术博物馆、世界三大宫殿之一。其建立于 1925 年 10 月 10 日,位于北京故宫紫禁城内,收藏品包括但不限于明朝、清朝两代皇宫及其收藏。

以下是故宫博物院官网推荐的旅游路线,包括半日游、一日游、两小时游等多条游览路线。(The following are the recommended tour routes on the official website of the Palace Museum, including half day tour, one-day tour and two-hour tour.)

下面我们聚焦两小时游路线,除了宫殿游览的顺序,官网还提供了游览路线图。参观路线也可以作为展览讲解的重要部分。如:自 2011 年 7 月 2 日起,故宫博物院实行自南向北单向参观路线:午门(南门)只作为参观入口,观众一律从午门进入故宫;神武门(北门)只作为参观出口,观众参观结束后可由神武门或东华门(东门)离开故宫。(Since July 2, 2011, the Palace Museum has implemented a one-way tour route from south to north. The Meridian Gate (South gate) is only used as the entrance, and all visitors enter the Palace Museum through the meridian Gate. Shenwu Gate (North gate) is only used as the exit. After the visit, visitors can leave the Palace Museum through Shenwu Gate or Donghua Gate (East Gate).)

在游览过程中我们不仅能看到各类宫廷建筑、文物珍品,还能了解到一系列的宫廷历史。那么,当我们在口译中遇到这些与历史相关的名词、短语要如何处理呢?我们可以实地调研,也可以查阅相关资料,在口译前做好充足的准备,这是国际会展口译过程中不可忽视的一点。

故宫博物院和大英博物馆的介绍角度或许可以开拓思路,接下来我们来看会展策划创意大赛口译主题之一的全世界最大的丝绸专业博物馆——中国丝绸博物馆。

三、丝绸博物馆讲解

位于杭州西子湖畔玉皇山下，是国家一级博物馆，中国最大的纺织服装类专业博物馆，也是全世界最大的丝绸专业博物馆。现占地面积 42 286 平方米，建筑面积 22 999 平方米。(The China Silk Museum，located under Yuhuang Mountain on the shore of Hangzhou's Xizi Lake，is a national-level museum，the largest professional museum of textiles and clothing in China，and the largest professional museum of silk in the world. Now covers an area of 42,286 square meters，with a construction area of 22,999 square meters.)

丝绸是中国的特产，中国古代劳动人民更开启了世界历史上第一次东西方大规模的商贸交流，史称"丝绸之路"。从西汉起，中国便被称为"丝国"。

中国丝绸博物馆展示了中国五千年的丝绸历史及文化。(The China Silk Museum shows 5,000 years of Chinese silk history and culture.)

为打造精品展览，提供优质公共文化服务产品，中国丝绸博物馆基本陈列突破中国丝绸的局限，从丝绸到纺织和服装，从中国到世界，从古代到当下，从物质到非物质。Important Collections：截至 2019 年末，中国丝绸博物馆共计馆藏文物有 67 866 件/套，珍贵文物有 4 642 件/套。在展览讲解时，我们可以从藏品年代、藏品类型等多个角度来介绍中国丝绸博物馆丰富的藏品。

中国丝绸博物馆多年来与世界各地的博物馆建立了良好的合作关系，与海外知名博物馆和国际机构合作，连续七年举办"丝绸之路"主题展览。

以科技为引领，广泛开展国内外合作。中国丝绸博物馆以科研基地为平台，保障多地纺织文物保护事业；开展重大国际合作项目，如将流散在英、法、俄等国的敦煌藏经洞丝绸进行全面整理，以多国语言出版《敦煌丝绸艺术全集》。

以"丝绸之路周"为载体，大力加强国际传播。"丝绸之路周"活动已经连续举办两届，国际文博机构踊跃参与，也得到了国际媒体的广泛关注。2020 年的主题为"丝绸之路：互学互鉴促进未来合作"，我们将主题译为 The Silk Road：Mutual Learning for Future Collaborations.

壮大国际朋友圈，搭建合作交流平台。随着中国丝绸博物馆国际合作空间的不断延伸，国际合作平台机制建设显得尤为重要，搭建国内外交流平台，中国丝绸博物馆一直在行动。

展品因文创而获新生，文创因展览而获推广。2021 年丝绸之路周插画以丝绸之路上的动植物为主题，整个画面生动诠释了丝路上的东西方文明交流互鉴，凸显了"Silk Road Changes Lives"这一主题。以展品、插画为素材的中国丝绸博物馆文创恰好契合了会展策划创意大赛题目中的"文创产业多元模式创新"，丰富了我们的口译内容。

第三节 获奖作品赏析

一、中国丝绸博物馆英文讲解

（一）简介

2023 年浙江省会展策划创意大赛一等奖。

（二）初赛作品介绍

中国丝绸传承千年，不仅是中华文明的辉煌表现，也是世界上最著名的古代贸易网络——丝绸之路的起源。中国丝绸博物馆汇集了千年丝绸之路文化的珍品。在这里，能够深入探讨丝绸之路的历史和发展，了解丝绸之路的贸易和文化交流。我们选择了两件展品——"外销黑色刺绣花卉纹马尼拉披肩"和"黑漆描金人物纹欧式针线盒"来详细介绍。它们不仅仅是历史的见证，更是中西方文化交流的珍贵遗产。"外销黑色刺绣花卉纹马尼拉披肩"展示了中国丝绸制品的精湛工艺，并融入西方文化生活之中。"黑漆描金人物纹欧式针线盒"则展示了欧洲风格与中国传统纹样的巧妙结合，反映了中西方跨文化交流的丰富多彩。

这份讲解意在向观众介绍丝绸之路的历史、文化和影响，以及两件展品背后的故事。通过这次讲解，我们可以更好地理解丝绸之路如何促进了中西方文化的交流和融合，如何架起了一座中国与世界经济文化交流的桥梁。同时，我们也能感受到"一带一路"倡议如何重新焕发丝绸之路的生机，推动中国与合作伙伴的经济合作和人文交流，共同创造美好未来。

通过这次讲解，我们将深入了解丝绸之路的魅力，感受文化交流的力量，以及丝绸之路的历史如何启发了今天的合作和发展。这是一次探索历史和展望未来的机会，也是一次珍贵的文化之旅，我们将一同踏上这段丝绸之路的旅程，了解它的背后故事，以及它如何影响了我们的世界。

（三）作品点评

专家 1：翻译思路正确，英语表达较流畅；展品介绍充满激情；上传文稿努力接近信、雅、达的翻译效果，译文详细介绍翻译思路与理据分析；讲解语言的语调、语速显自信。译文优美，唯在讲解节奏上控制失度。

专家 2：中国丝绸博物馆英文名为 China National Silk Museum。学术界公认的丝绸之路主要有三条：草原、沙漠绿洲和海洋。女红盒、女红桌的女红是指古代妇女所做的缝纫、刺绣、纺织等手艺儿的统称。

专家 3：翻译思路和内容均较好，语言流畅。

专家 4：以小见大，讲解透彻，背景文化内涵深。

专家 5：各方面表现都非常优秀的翻译作品。

（四）决赛作品介绍

本主题旨在探索富有历史记忆的中国丝绸博物馆，通过讲解展示中国丝绸千年的传承和丝绸之路的辉煌历史,进一步分析丝绸博物馆的文化内涵,展现中西文化交流的丰富历史,引导参观者深入了解丝路文化。

我们主要对中国丝绸博物馆的丝路馆进行展示,通过讲解,呈现中国丝绸的那段漫长历程。在丝路馆中,聚焦于"中国房间"(原型为自意大利 Govone 城堡中的"中国房间"),特别展示了清代"耕织图"墙纸,描绘生动的蚕桑丝绸生产过程,强调丝绸的细腻工艺。从而带领观众通过探索艺术装饰去体验东西方文化交流的历史记忆。同时,我们也将从展品的艺术性和实用性展开分析——详细展现"外销白缎地彩绣缠枝莲花鸟床罩"和"外销黑色刺绣花卉纹马尼拉披肩"以及"绿色手绘折枝花卉外销绸"三件展品的背景以及文化寓意。

通过这些探索,旨在通过详细介绍展品的历史背景和文化含义,让参观者更深入了解每一件展品的故事。引导参观者在中国丝绸博物馆中深刻感受中国丝绸千年传承的魅力,感悟丝绸之路上中西文化的交融与互鉴。

(五) 作品点评

专家1:汉英视译:讲解员表现自然且有较好的英文表达;观展推介:故事内容选择与文物故事有情节,演绎稍有欠缺;译文表达及视频中相关表演因英文发音及表现,再加之 Ending 制作影响整体参展作品。

专家2:翻译准、地道,推介总体自然,内容质量高,表达吸引力可。建议推介最后控制场外干扰音,每个场景转换时不用太特别要面对镜头时才开讲,可自然地边走边过渡。

专家3:综合来看,这是一次出色的口译展示,成功地传达了中国丝绸文化的丰富性以及在全球范围内的深远影响。翻译和表达都非常专业,同时也体现了中西文化的交流与融合。在语言的选择和信息的呈现上,口译者显示了高度的专业性和对文化深层次理解的能力。

专家4:看不到视频,无法给出分数。

专家5:文本翻译较流畅准确;观展推荐部分表达清晰,在内容方面可以进一步提升。

二、青瓷之旅

(一) 简介

2023 年浙江省会展策划创意大赛一等奖。

(二) 初赛作品介绍

从西汉的长安,出玉门关,进入新疆,到中亚、西亚,穿越茫茫大漠和连绵山脉,长达万里的丝路汇集了丝绸、茶叶、瓷器等商货,掀开了东西方之间最后的珠帘。这条路,是后世闻名的"丝绸之路",是中国古代经济文化交流的重要通道,也是连接亚欧大陆的古代东西方文明的交汇之路。2023 年是共建"一带一路"倡议提出 10 周年。这是中国提出的一项伟大的合作倡议,它的名字就取自古代丝绸之路这一历史符号。因此,本作品选取了博物馆展览中曾在丝绸之路上留下足迹的"五星出东方利中国"汉代织锦和萨非王朝丝绸贴绣壁挂两件文物,并以"遇见"为题,对此进行展品解说,希望能借此印证丝绸之路在促进中华各民族交流交往、中西方文明互融互通中发挥的重要作用,讲述"一带一路"续写中外文明交流互鉴新

篇,在合作中遇见更多文明的中国故事。

从 2 000 多年前张骞从长安踏上通往西域的大道开始,丝绸之路的历史序幕就被揭开。几千年的物换星移、沧海桑田,今天,我们站在古丝绸之路的起点,依然能够感受到丝绸之路的浩浩荡荡和熙熙攘攘。而这"感受",来源于一件件的丝路文物,它们是时间与文化最忠实的诉说者。因此,我们选择了"五星出东方利中国"护臂为我们的第一件介绍展品。它是新疆维吾尔自治区博物馆馆藏的一件珍品,产生于丝绸之路初成的汉朝。织锦上的凤凰、鸾鸟图案,诉说着祈福安定的美好心愿。千年岁月倏忽而过,站在人类历史、世界文明的格局上,绘于其上的五星共存,不仅只在江山安定,也将赋予"团结协作、和谐共生"的全新时代内涵。1 600 年里,我们走过的路,拥有过的一切,经历过的一切,化成了我们的历史、审美和精神。这件织锦,则站在 1 600 年前的起点,守护着丝绸之路上从古至今一批批的过客,或许会在某一个瞬间,它想起了 1 600 年前,某位先人在它身上留下的心愿。

我们选择的第二件展品,是来自匈牙利布达佩斯应用博物馆,如今在中国丝绸博物馆展览的萨非王朝丝绸贴绣壁挂。与"五星出东方利中国"一样,它们同为丝绸造物,但不同的是,它们从丝绸之路的两端出发,在今天的中国相遇。隔着不同的文明,更隔着变与不变的光阴,穿过沙粒与时间的缝隙,仿佛可以听到古路上商人们的耳语,他们以此为生,也肩负起交流融合的一生使命。那条长长的路,成了他们唯一的信念。孤立与融合,和平与杀戮,传奇与未知,这是中华文明的起点,更是世界文明不断发展的精神标识。我们愿在与历史、与不同文明的遇见中,传递出更加铿锵有力的中国声音。

(三) 作品点评

专家 1:讲解主题鲜明,立意高,表达自然、流畅。但是有几处错误:五星锦的产地是否是蜀地还没有定论;"五星出东方利中国"的"中国"并不等同于"China";匈牙利并不产丝绸,皇家的丝织品是从欧洲其他国家进口。

专家 2:展品的选择和阐释的主题确实有深度和意义。通过与历史和不同文明的相遇,希望传递出更加强烈的中国声音。这样的展览有助于加深人们对丝绸之路的整体了解,展示中华文明的魅力,并促进中外文明的交流与互鉴。

专家 3:翻译思路基本正确,正式讲解使用第一人称不太合适,尤其是"I'd like";对博物馆展品翻译具有一定思考;尊重跨文化交流实际,以更具感染力的国际交流礼仪达到同频;有相对流畅的英文表述。

专家 4:翻译内容较完整,表达较流畅。

专家 5:介绍重点突出,亲和力强,互动性好,介绍流利。

(四) 决赛作品介绍

Vlog"青瓷无意瓷,无意不青瓷。"青瓷作为中华传统文化的瑰宝,在中国乃至世界文明中都占据着重要的地位。而龙泉青瓷作为中国乃至世界陶瓷史上烧制年代最长、窑址分布最广、产品质量要求最高、生产规模和外销范围最大的青瓷历史名窑之一,从南宋开始一直到明代中期,始终在我国海外贸易中占主导地位。在刚刚过去的杭州亚运会中,它更是作为外宾伴手礼和亚运国礼瓷,被多个国家的来宾和驻华使馆永久珍藏。

中国瓷器史,半部在浙江。本视频以浙江省博物馆镇馆之宝、龙泉青瓷的代表作品——龙泉窑舟形砚滴为出发点,讲述了主人公雨晴为更好地向外宾展示青瓷历史,游览浙江省博物馆青瓷文化馆"江南秘色"展厅,并在与讲解员和游客的交流中挖掘了更多青瓷知识的故事,旨在分享在博物馆的观展体验、展示龙泉青瓷对于中国和世界的价值。回溯过往,龙泉青瓷仿佛一部无声的历史,记录着中国陶瓷艺术的传承和发展。而现在,作为"世界非遗,民族瑰宝"的龙泉青瓷走出中国,展示着中国非遗文化的独特魅力,传递了中国故事与中国声音的独特魅力。从历史中走来的青瓷,将把文化基因持续注入中国的未来;而植根于中华优秀传统文化与历史的我们,将把中华文化持续传递向世界的舞台。

宋韵文化作为中国传统文化的重要组成部分,向我们展示了宋人的精致和风雅。而文物作为宋韵的重要载体,是我们研究宋代社会、历史、文化的重要依据,通过它们,我们可以窥见宋代的生活美学,感受宋代独特的文化气质。本作品以既定文本为开头,从福州南宋黄昇墓出土的"满池娇"领抹刺绣出发,以"文物中看宋韵"为主题,旨在展现宋韵的艺术魅力和人文情怀,揭示其在现代的传承与发展,以及我们对其应有的态度。对于文化的了解往往从文物开始,我们应该加强对文物的保护和传承,更好地弘扬包括宋韵文化在内的中华文化,让这些珍贵的文化遗产在新时代焕发出新的生机和活力。

（五）作品点评

专家1:汉英视译:讲解员神情自然且显自信,服饰展品介绍较流畅自然,英文阐述展品文化背景有较好发挥;观展推介:视频故事编排与文物叙事形式较新颖;译文表达及视频表达形式具有张力。

专家2:译文地道,表达清晰,文化适应性好。推介创意好,内容质量强。建议讲解进背景音乐可更弱一些,几个有较大干扰音的镜头处理一下会更好。

专家3:这是对宋代美学的一次精彩诠释和介绍,对于那些对中国文化感兴趣的听众来说,它提供了深刻的洞察和理解。为了进一步提升未来的演讲,建议增加更多的互动和视觉元素,可能包括实物展示、多媒体演示或其他形式的观众参与,以增强演讲的整体影响力。

专家4:翻译达意性好,展示表现力强,观展视频制作用心,整体效果好。

专家5:语言较流畅,表现力较好,观展推介在历史文化部分的讲解尚待提升。

三、西湖边的丝绸故事

（一）简介

2022年浙江省会展策划创意大赛一等奖。

（二）初赛作品介绍

中国丝绸博物馆,位于浙江省杭州市玉皇山路73-1号,是全国性的丝绸专业博物馆,也是世界上最大的丝绸博物馆,为浙江省省属副厅级事业单位。中国丝绸博物馆主要职

能是进行丝绸文物收藏、研究、鉴定、修复和保护；丝绸文化宣传、教育；丝绸文化旅游纪念品经营。

1992年2月26日，中国丝绸博物馆正式对外开放。原国家主席江泽民为该馆题词："弘扬古蚕绢文化，开拓新丝绸之路。"中国丝绸博物馆展示了中国五千年的丝绸历史及文化，其基本陈列包括序厅、历史文物厅、蚕丝厅、染织厅、现代成就厅等五部分。中国丝绸博物馆重要藏品有战国对龙对凤纹锦、汉晋长葆子孙锦、北朝绞缬绢衣、唐代锦袖花卉纹绫袍、唐代花鸟纹刺绣夹缬罗、辽代盘金绣团窠卷草对雁罗、宋代花罗裙裤、元代印金罗短袖衫、清代黑缎地彩绣花卉女褂。

截至2019年末，中国丝绸博物馆共计馆藏文物有67 866件/套，珍贵文物有4 642件/套。2012年，中国丝绸博物馆被评为第二批国家一级博物馆。2021年10月，中国丝绸博物馆的"河北遵化清东陵纺织品保护修复项目"被国家文物局评选为"2021全国优秀文物藏品修复项目"。

本次讲解，我将带领大家了解丝绸的历史，场馆的历史与布局，以及丝绸博物馆承办的富有特色的主题展览。最重要的是，在"讲好中国故事"的时代要求下，弘扬中国传统文化，以富有新意的视角去诠释中国元素，是当代年轻人的重要使命。

（三）作品点评

专家1：讲解内容紧扣主题，语言表达流畅、自然，视频制作用心，不足点是博物馆5个场馆的说法不够精准。

专家2：紧扣丝绸博物馆、内容比较完整、结构比较清晰、逻辑性比较强；表达比较清晰、发音比较准确；立意和观点具有一定创新性；视频设计界面比较美观、清晰自然。

专家3：作品完整，语言流畅，能更自然放松一点会更好。

专家4：讲解内容设计丰富；视频多媒体运用得当；演讲者自信满满，且语言流畅；演讲者能在演绎过程中多点微笑，效果会更佳。

专家5：表情较僵硬，但视频较有创意。

（四）决赛作品介绍

以下提交的分别是视译、交传和演讲与问答环节的最终视频。

（五）作品点评

专家1：汉英视译部分：语言流畅，但因演讲者未出镜，效果受到影响；英汉交传部分：汉语交流的流畅度较好，但未见演讲者，缺少交流感；演讲与问答：脱稿宣讲整体效果有所提升且可看到演讲者的演讲表现。

专家2：英译中部分语句翻译不够准确；演讲部分如果能找到宋韵文化与中国丝绸博物馆之间的连接点表达会更加完整。

专家3：演讲内容较好，演讲较流利。

专家4：整体表现较为优秀，节奏尚可。

专家5：翻译比较准确，流畅自然，演讲效果较好。

 **参考文献**

1. 林瀚.会展英语实务[M].北京：北京师范大学出版社,2011.

2. 滕超.会展翻译研究与实践[M].杭州：浙江大学出版社,2012.

3. 李燕华.会展英语翻译技巧与教学实践研究[M].西安：世界图书出版西安有限公司,2018.

4. 金惠康.跨文化旅游翻译[M].北京：中国对外翻译出版社,2006.

5. 曾琳.会议口译英语(实战版)[M].北京：中国人民大学出版社,2011.

6. Gillies A. Conference interpreting：A student's practice book[M]. London：Routledge, 2013.

7. Jalón J B. Interpreters at the United Nations. A history[M]. Salamanca：Universidad de Salamanca, 2004.

8. Tiselius E. Experience and expertise in conference interpreting：an investigation of Swedish conference interpreters[M]. Bergen：The University of Bergen, 2013.

9. Jones R. Conference interpreting explained[M]. London：Routledge, 2014.

10. Baigorri-Jalón J. From Paris to Nuremberg：The birth of conference interpreting[M]. Amsterdam：John Benjamins Publishing Company, 2014.

第六章 会展礼仪

学习目标

(1) 掌握会展礼仪的概念和特征；

(2) 掌握会展礼仪的分类和功能；

(3) 全面认识会展礼仪基础理论；

(4) 认识会展礼仪职业及工作责任。

思政融合

杭州亚运会开幕式的6个"绿色"彩蛋

彩蛋1：水润秋辉

水是杭州的灵魂。杭州的水是烟雨，是云雾；是西湖水，是钱塘潮；是纵贯南北千里之境的京杭运河。水是文明的源泉。文明如水，润物无声，蕴含着中华民族独特的精神特质和文化内涵。

彩蛋2：在大莲花"复现钱塘江"

秋日是观潮的好时节。地屏上，交叉潮、一线潮、回头潮、鱼鳞潮等钱塘潮此起彼伏。这是写实的潮，潮水的流动与翻涌都经过精准的技术计算，进行超高比例的还原。当钱江大潮退去，滩涂上生长出蔚为壮观的"大地之树"，宛如一幅天然水墨画卷。

彩蛋3：江南韵味

一朵朵荷花点缀出水光潋滟的江南画境。也许在每个中国人心中，都住着一个"江南"。"江南忆，最忆是杭州"，杭州浸润着浓郁的江南气韵，又彰显蓬勃的时代活力。相信来自世界各地的朋友，都能走进"诗画江南"里，看见不一样的亚运盛会，感受不一样的江南魅力。

彩蛋4：绿水青山就是金山银山

星光闪烁，90名舞蹈演员化身为"白鹭精灵"，挺立高雅身姿与繁星共舞，轻盈的步伐踏寻出"绿水青山就是金山银山"的生态画卷。作为"两山"理念发源地的浙江，展现出"人与自然和谐共生"的美好图景。

《梦想天堂》是杭州家喻户晓的经典歌曲;《忆江南》是具有江南风格的新概念越剧。在歌与歌的联结中,影像从如诗如画的西子湖畔到绿意盎然的生态家园,让"绿水青山就是金山银山"的生态画卷与"全体人民共同富裕的现代化"幸福图景交相辉映。

彩蛋5:薪火相传

亚运会开幕式火炬核心装置的设计理念为"钱江潮涌",由19根形态各异的立柱排列组合,形成"浪潮"造型,每一根立柱代表一届亚运会。

"绿色"是杭州亚运会的显著标识。零碳甲醇作为亚运圣火燃料,具有四大优势:环保,燃烧高效,可实现循环内零排放;安全,不易爆炸、储运安全便捷;可靠,持续燃烧,极端天气不熄灭;可视,火焰亮丽稳定。

彩蛋6:数字烟花

开幕式的多个重要节点,巨型网幕上都出现了璀璨耀眼的"数字烟花",加上音乐、灯光的配合,将现场的气氛燃至顶点。秉承"绿色"的办赛理念,杭州亚运会将实体烟花创新性地改为数字烟花,通过运用三维动画、AR技术、数字技术和其他辅助手段,真实还原烟花场地视听效果,将绚烂的烟花绽放至钱塘江上。

中国,被誉为"文明古国""礼仪之邦",这一称号源于其深厚的文化传统和历史背景,体现在我国社会生活和国际交往的方方面面。会展礼仪作为现代社会交流的行为规范和活动准则,同样受到中国传统礼仪文化的深刻影响,作为新时代的中国青年,有责任、有义务传承、创新、发扬具有中国传统礼仪文化内涵的会展礼仪文化。

第一节　会展礼仪概述

一、会展礼仪概念

会展礼仪是指在会议、展览、赛事、节庆、婚庆等会展场景中遵循的一种行为规范和准则,旨在营造和谐、友善、尊重和有序的会展交流环境和氛围。会展礼仪不仅体现了会展组织者的专业水平,也反映了参会者的素质和修养。

从属性上来看,会展礼仪本质是一种特定的规范和行为准则,具体体现在以下五个方面:

一是沟通属性。会展礼仪作为一种特定的沟通方式,其本质在于促进信息的有效传递和人际关系的和谐建立。在会展活动中,通过遵循适当的礼仪规范,参与者能够更好地表达自己的意图和需求,同时也能够更好地理解和回应他人的需求和期望,从而实现信息的有效传递和人际关系的良好建立。

二是服务属性。会展礼仪的服务属性体现在为会展活动的顺利进行和参与者的需求提供支持和保障。会展礼仪要求参与者以热情、周到、专业的态度为其他参与者提供服务,确保活动的顺利进行,同时也满足参与者的各种需求,提升整体的活动体验。

三是规范属性。会展礼仪作为一种行为准则,其本质在于对参与者的行为进行规范和约束。通过设定明确的礼仪规范,会展礼仪能够确保参与者在活动中的言行举止符合一定的标准和要求,从而维护活动的秩序和形象,提升整体的会展品质。

四是文化属性。会展礼仪的文化属性体现在文化传承与展示、跨文化交流与融合、文化形象塑造与传播,以及文化价值的体现与提升等多个方面。作为会展活动的重要组成部分,会展礼仪不仅促进了会展的顺利进行和人际关系的和谐建立,更成为了展示和传播文化的重要载体,对于推动文化的发展和繁荣具有重要意义。

五是公关属性。会展礼仪的公关属性体现在形象塑造与传播、沟通与协调、危机管理与应对、建立与维护关系,以及信息传递与反馈等多个方面。这些属性使得会展礼仪在公共关系领域中具有重要地位,能够帮助企业和个人在会展活动中取得成功。

案例1:先秦典籍中有关礼仪的字句

1.《诗经》

礼仪既备,钟鼓既戒。孝孙徂位,工祝致告。(《诗经·小雅·楚茨》)这句话描述了古代祭祀活动中的礼仪场景,体现了礼仪在宗教仪式中的重要性。

仪刑文王,万邦作孚。(《诗经·大雅·文王》)这句话体现了礼仪在树立国家形象和赢得国际尊重中的重要作用。

2.《尚书》

礼仪废,则人伦乱。(《尚书·洪范》)这句话说明如果礼仪被废弃,人与人之间的道德关系就会混乱。

3.《礼记》

礼者,治之端也。(《礼记·曲礼上》)

礼尚往来,往而不来,非礼也;来而不往,亦非礼也。(《礼记·檀弓上》)这两句话都强调了礼仪在社会治理中的重要性,以及礼仪应该是双向的。

礼有三基:天、地、人。人有三尊:君、亲、师。(《礼记·丧服四制》)这句话指出礼仪的基础是天、地、人,而人在礼仪中应当尊敬的三种人是君王、父母和老师。

所谓治国必先齐其家,齐其家必先修身,修身必先正其心。(《礼记·大学》)这句话强调了个人礼仪修养对于国家治理的重要性。

4.《论语》

礼之用,和为贵。(《论语·学而》)这句话表明礼仪的最高境界是和谐。

子曰:非礼勿视,非礼勿听,非礼勿言,非礼勿动。(《论语·颜渊》)这句话强调了个人在日常生活中应遵循的礼仪准则。

己所不欲,勿施于人。(《论语·颜渊》)这句话虽然不是直接讲述礼仪,但它体现了礼仪的核心原则之一——换位思考,不对他人做自己不希望遭受的事情。

5.《周礼》

礼不下庶人,刑不上大夫。(《周礼·秋官·大司寇》)这句话意味着礼仪对于普通人并不要求过于严格,而对于士大夫则有更高的要求。

6.《左传》

礼,上下之纪,天地之经纬也,民之所以生也。(《左传·昭公二十五年》)这句话将礼仪提升到了维系社会秩序和生存的高度。

礼,经国家,定社稷,序民人,利后嗣者也。(《左传·隐公十一年》)这句话强调了礼仪在国家治理和社会秩序维护中的核心地位。

7.《孟子》

仁者爱人,有礼者敬人。爱人者,人恒爱之;敬人者,人恒敬之。(《孟子·离娄章句下》)这句话阐述了礼仪与仁爱相辅相成的关系。

8.《荀子》

人无礼则不生,事无礼则不成。(《荀子·修身》)这句话强调了礼仪在个人生活和事业发展中的重要性。

9.《管子》

仓廪实,则知礼节;衣食足,则知荣辱。(《管子·牧民》)这句话指出了物质文明与精神文明的关系,强调了经济发展对于礼仪文化普及的基础作用。

礼者,因人之情,缘义之理,而为之节文者也。(《管子·心术上》)这句话揭示了礼仪与人的情感和道义之间的紧密联系。

讨论:结合案例1,谈一谈你对继承和发扬中国传统礼仪对世界会展礼仪发展的时代意义。

二、会展礼仪类型

(一)根据场景分类

会展礼仪可以分为日常场景礼仪和公共场景礼仪。

日常场景礼仪主要指在非正式的会展场景的礼仪,包括参会人员仪表仪态礼仪规范、接待礼仪、客户服务礼仪等,还包括服务人员与参展商、观众之间的交往礼仪。它要求服务人员具备良好的仪容仪表仪态,提供热情周到的接待服务,以及专业的客户服务。

公共场景礼仪则涉及更广泛的会展社交活动和活动仪式,如开幕式、发布会、颁奖典礼、商务洽谈等。在这些场景中,礼仪规范更加严格,要求参与者遵循一定的礼仪程序和礼节,以展现良好的企业形象和个人形象。

（二）根据功能分类

会展礼仪可以分为会展接待礼仪、会展解说礼仪、会展仪式礼仪和会展交往礼仪。

接待礼仪是会展礼仪中的重要组成部分，包括迎接、引导、陪同、送别等环节。接待人员需要具备良好的职业素养和礼仪规范，以热情周到的态度提供接待服务。

解说礼仪是指在会展活动中为嘉宾、参展商和观众提供产品、技术或服务解说时的礼仪规范。解说人员需要具备专业的知识和技能，以清晰、准确、生动的语言进行解说，同时注重与听众的互动和沟通。

仪式礼仪是指在会展活动中举行的各种仪式和庆典活动的礼仪规范。这些仪式和庆典活动通常具有重要的象征意义和文化内涵，要求参与者遵循一定的礼仪程序和礼节，以体现尊重和庄重。

交往礼仪是指在会展活动中，人与人之间进行交流、互动时所应遵循的规范和准则。这些礼仪规范有助于促进会展交往的顺利进行，增进彼此之间的了解和信任，为会展活动的成功打下良好的基础。

会展礼仪还有其他分类标准，例如根据会展活动的阶段分类、根据会展活动的参与主体分类、根据会展活动的形式分类、根据会展活动目的和功能分类等。

会展策划创意大赛会展礼仪赛道的特展讲解、车展模特、婚礼主持等主要是会展解说礼仪和会展仪式礼仪。未来，会展礼仪赛道将覆盖所有会展礼仪类型和场景，尤其是在会展业发展中涌现出来的新类型、新场景和新职业。

案例 2：与时俱进的会展礼仪职业

2005 年 12 月，劳动和社会保障部正式向社会发布我国第五批新职业，其中包括礼仪主持人，《中华人民共和国职业分类大典(2005 增补本)》指出礼仪主持人是从事礼仪活动方案策划、程序推进、气氛调节和关系沟通等工作的人员。

2022 年 9 月，人力资源和社会保障部向社会发布了新修订的《中华人民共和国职业分类大典》，其中包括"宴会定制服务师""婚礼策划师""礼仪主持人"三个和会展业相关的新职业。将礼仪活动方案策划的工作内容加进来，指出礼仪主持人是从事礼仪活动方案策划、程序推进、现场气氛营造和人际互动等工作的人员，与 2005 年相比，职业内容有明显进步。

讨论：结合案例 2，谈一谈你对会展礼仪新职业新发展的认识。

三、会展礼仪功能

（一）个人层次功能

提高个人综合素质。会展礼仪的学习和实践可以提高个人的综合素质和职业修养，包括仪态、仪表、言谈举止等方面。通过遵守会展礼仪规范,个人能够展现出良好的会展职业素养和形象,赢得他人的尊重和信任。

提升个人形象气质。会展礼仪是个人气质形象的重要组成部分。在会展活动中,个人的仪容、仪表、着装、言谈举止等都会成为他人评价的依据。通过得体的礼仪表现,个人可以塑造出专业、自信、有魅力的形象,提升自己在会展活动中的影响力。

增强个人竞争实力。在会展业中,个人礼仪表现往往成为评价其专业素养和综合能力的重要指标之一。具备良好的会展礼仪,可以使个人在激烈的竞争中脱颖而出,获得更多的机会和优势。

促进有效社交沟通。会展礼仪有助于促进个人与他人之间的有效沟通。在会展活动中,个人需要与各种人群进行交流,包括客户、合作伙伴、媒体等。通过遵循礼仪规范,个人能够展现出尊重、友善、耐心的态度,促进双方的互信和合作。

案例3：大国形象——重大会展志愿者

一、G20峰会志愿者昵称"小青荷"

2016年8月20日,G20杭州峰会召开前15天,共青团浙江省委、杭州市委举行峰会志愿者出征仪式暨集中培训动员大会,并发布志愿者服装和志愿者代名词——"小青荷"。

据介绍,"小青荷"取自宋代诗人杨万里描写杭州的诗句"接天莲叶无穷碧,映日荷花别样红",寓意志愿者如一朵朵正待盛开的青色荷花。同时,"荷"与"和"同音,"青荷"音同"亲和"。

在出征仪式上,志愿者服装及配套用品亮相,有帽子、短袖T恤、长袖外套、裤子、运动鞋、双肩包等10种单品。由中国美院设计艺术学院院长吴海燕设计的服装,风格青春活泼,主色调为代表西湖水的蓝绿色,图案融合了杭州元素,女款宛如西湖的水,男款犹如西湖群山,合在一起如同山水画卷,透露着杭州湖光山色、湖城合璧的韵味。

杭州亚运会、亚残运会赛会志愿者的名称将继续使用"小青荷"。

二、进博会志愿者有了自己的名字："小叶子"

2010年上海世博会的"小白菜""小蓝莓"至今让人记忆犹新,进博会开幕在即,5 000余名进博会志愿者们今天也有了一个响亮的称号——"小叶子"。

共青团上海市委相关负责人介绍,"小叶子"的名字,来自志愿者们自己的创意。有人说,国家会展中心是一株大大的"四叶草",每一名志愿者自然就是一片"小叶子";有人说,"小叶子"象征志愿精神,甘当绿叶,做好服务,是每名志愿者的最大职责;有人说,"小叶子"代表年轻,代表成长,代表未来,是当代青年一代的象征;也有人说,"小叶子"象征青少年在党和国家的阳光雨露下健康成长,正是祖国的发展强盛,才让年轻人有机会服务家门口的进博会。

讨论：结合案例3，谈一谈你对会展志愿者礼仪对我国大国形象和城市品牌塑造功能的认识。

（二）企业层次功能

打造企业好形象。会展礼仪是企业在会展活动中用以维护企业良好形象的行为规范，是展示企业文化、管理和制度等的有效载体。

增强企业软实力。一个具有良好会展礼仪的企业，能够通过得体的礼仪展示企业专业性、长处、优势和实力，从而获得软实力提升。

提升团队高效率。统一的会展礼仪视同统一的行为规范，可以提升团队成员之间的沟通和合作效率，增强凝聚力和执行力。

促进品牌深传播。得体的公司会展礼仪可以联想公司品牌，加深外界对企业品牌的认知和印象，促进品牌的传播和推广。

建立客户硬关系。通过企业独特的会展礼仪，企业可以与其他参展商、观众等建立良好的关系，获取稳定业务。

创造营销新机会。通过遵循会展礼仪，企业可以与潜在政府、客户、合作伙伴等建立起信任关系，为企业的产品和服务创造更多的营销机会。

赋能品牌优体验。通过创新会展礼仪，企业可以为客户提供更好的服务体验，提高客户的满意度和忠诚度。

（三）城市和国家层次功能

展示城市与国家的文明开放形象。通过卓越的会展礼仪，城市和国家能够提升人民的认同和自豪感，向国内外展示开放姿态、合作精神和文明形象。

促进城市与国家的国际交流合作。通过卓越的会展礼仪，城市和国家能够吸引更多的国际合作伙伴，提升全球舞台的地位、扩大影响力。

推动城市与国家的经济社会发展。通过卓越的会展礼仪，城市与国家能够创造良好的营商环境和会展体验，增强与会人员的好感度和信任度，进一步推动经济社会的发展。

提升城市与国家的国际竞争优势。会展礼仪作为城市与国家软实力之一，可以提供与其他城市与国家进行比较、学习和互鉴的机会，有助于城市与国家打造比较竞争优势。

第二节　会展礼仪理论

会展礼仪实践的发展和进步有赖于相关学科理论的繁荣。支持会展礼仪实践的理论来源于多个社会科学领域，包括政治学、社会学、人类学、美学、传播学以及管理学等。

一、政治学相关理论

（一）权力与权威理论

权力与权威是政治学中的核心概念，它们对会展礼仪的影响体现在参会者如何根据地位和角色来遵循或执行礼仪规范。例如，主办方通常拥有更大的权力，因此他们的礼仪行为可能对其他参会者产生更大的影响。

（二）社会结构理论

社会结构理论关注社会中的分层和不平等现象。在会展中，这种结构可能通过礼仪规范得到体现，如不同层级或角色的参展者可能有不同的礼仪要求。

（三）政治体制理论

不同的政治体制对社交礼仪有不同的期望和要求。例如，在一些体制中，强调集体主义和服从权威，而在其他体制中，则可能更加注重个人主义和自由表达。

（四）政治文化理论

政治文化理论探讨政治态度、价值观和信仰如何影响人们的行为。在会展礼仪中，政治文化可能影响参会者对礼仪规范的理解和遵守。

（五）政治沟通理论

政治沟通理论关注权力、权威和影响力如何通过语言、符号和仪式进行传递。在会展礼仪中，这体现在如何通过语言、服饰、仪式等行为来传达权威、地位或意图。

此外，支持会展礼仪实践的政治学理论还包括全球治理理论、政治生态学理论、政治心理学理论、数字政治学理论和后现代政治理论。

二、社会学相关理论

（一）社会角色理论

社会角色理论关注个体在社会结构中的地位和角色，以及这些角色如何影响行为。在会展中，参会者可能根据他们的角色（如主办方、参展商、观众、志愿者等）来遵循不同的礼仪规范。

（二）社会互动理论

社会互动理论强调个体之间在社会生活中的相互影响和相互作用。会展礼仪作为一种社交活动，涉及参展者之间的互动和交流。社会互动理论为会展礼仪提供了重要的指导，帮助参会者理解并应对不同情境下的社交需求，实现有效的社会互动。

（三）社会分层与社会结构理论

社会分层与社会结构理论关注社会中不同群体和阶层的地位和关系。在会展活动中，参会者可能来自不同的社会阶层和群体，他们具有不同的社会地位和影响力。会展礼仪需要考虑到这种社会分层和结构的差异，尊重并适应不同群体的礼仪规范和期望。通过遵循适当的礼仪规范，参会者可以展示自己的社会地位和影响力，同时促进不同群体之间的交流和合作。

（四）社会化与习俗传承理论

社会化与习俗传承理论关注个体在社会化过程中习得的行为规范和文化传统。会展礼仪作为一种社会习俗和文化传统，通过世代相传的方式在社会中得到传承和发展。参会者通过参与会展活动，学习和遵循一定的礼仪规范，实现社会化的过程，并传承和发展会展礼仪的文化传统。

（五）社会认同理论

社会认同理论指出，个体通过将自己归类于特定的社会群体来获得自我认同。在会展活动中，参会者通过遵循共同的礼仪规范，展现出所属群体或组织的特色和价值观，从而强化社会认同感。这种认同感不仅有助于加强群体内部的凝聚力和合作，还有助于塑造会展活动的品牌形象和声誉。

（六）社会交换理论

社会交换理论主张人们在社会互动中追求互惠互利，即通过交换资源、信息和服务来获得回报。在会展礼仪中，参会者通过遵循礼仪规范来展示自己的专业素养和诚信，从而吸引潜在的合作伙伴或客户。这种互惠互利的交换过程有助于促进会展活动的成功和商业合作的达成。

（七）社会建构理论

社会建构理论认为现实是由社会成员共同建构的，而礼仪是社会建构的重要组成部分。在会展活动中，礼仪规范不仅是个体行为的指导，也是整个会展活动秩序和社会规范的体现。通过遵循共同的礼仪规范，参会者共同建构了一个有序、和谐的会展环境，为商业交流和合作提供了良好的社会背景。

（八）符号互动论

符号互动论认为，人们通过符号（如语言、动作、表情等）来互动和交流，从而构建和理解社会现实。在会展礼仪中，各种符号如着装、举止、仪式等都承载着特定的意义和信息。参展者通过解读和传递这些符号，与其他人建立互动关系，进而促进信息的交流和理解。会展礼仪作为一种符号系统，有助于构建会展活动的社会秩序和共同理解。

（九）功能主义理论

功能主义理论认为社会是一个整体，其中的各个部分都对整体的功能作出贡献。会展礼仪作为会展活动的一部分，具有维护社会秩序、促进合作、传递文化价值等功能。通过遵循会展礼仪，参会者不仅展示了个人的专业素养和诚信，还为社会整体的功能和稳定作出了贡献。

（十）冲突论

冲突论认为社会中的不同群体之间会存在利益冲突和竞争。在会展活动中，参展者可能来自不同的行业、地区或文化背景，他们之间存在潜在的竞争和冲突。会展礼仪作为一种社会规范，有助于缓解冲突、减少摩擦，促进不同群体之间的和谐共处和合作。

三、人类学相关理论

（一）文化相对主义

文化相对主义是人类学中的一个核心概念，它强调不同文化之间的平等和尊重。在会展礼仪实践中，文化相对主义要求参展者尊重和理解其他文化的礼仪规范，避免以自己的文化标准来评判其他文化的行为。这种尊重和理解，有助于建立和谐的跨文化交流氛围，促进会展活动的成功。

（二）符号互动论

符号互动论关注人们如何通过符号进行交流和互动。在会展礼仪中，符号（如服饰、姿态、言语等）承载着丰富的信息，参展者通过这些符号来展示自己的身份、地位和价值观。符号互动论强调参展者需要正确解读和运用这些符号，以实现有效的沟通和互动。

（三）实践理论

实践理论强调人们在特定社会和文化环境中的实际行为。在会展礼仪实践中，实践理论要求参展者根据具体的情境和需求来调整自己的礼仪行为。这种灵活性有助于参展者更好地适应不同的会展环境，实现与他人的良好互动。

（四）生态人类学

生态人类学关注人类与自然环境之间的相互作用和关系。在会展礼仪实践中，生态人类学的视角可以引导我们思考如何在设计和执行礼仪活动时考虑到环境保护和可持续性。例如，选择环保材料、减少能源消耗、促进废物回收等，都是生态人类学可以指导会展礼仪实践的重要方面。

（五）文化适应理论

文化适应理论研究个体或群体如何适应新的文化环境。在会展活动中，参展者可能需要面对不同的文化背景和价值观，文化适应理论为他们提供了如何适应这些新环境的指导。通过学习和遵循新的礼仪规范，参展者可以更好地融入新的文化环境，与他人建立良好的关系。

（六）互动仪式链理论

互动仪式链理论是由兰德尔·柯林斯提出的，它强调了人们通过共享的情感和行动来创造和维持社会联系。在会展礼仪中，参展者通过共同参与的仪式和礼仪活动，可以创造出一种共享的情感和认同感，从而加强彼此之间的联系和合作。这种理论有助于理解会展礼仪如何促进社交互动和集体凝聚力的形成。

（七）象征人类学

象征人类学关注文化符号和象征意义的创造、使用和理解。在会展礼仪中，各种符号和象征元素（如服装、道具、仪式等）都承载着特定的意义和信息。通过运用象征人类学的理论，会展礼仪服务提供者可以更加深入地理解这些符号和象征元素的内涵，从而更加精准地运用它们来传达特定的意义和信息，增强会展礼仪的吸引力和影响力。

（八）象征与物质文化理论

这一理论关注文化如何通过象征和物质物品来传达意义。在会展礼仪中，象征与物质文化理论可以帮助我们理解各种礼仪元素（如服装、道具、装饰等）如何传达特定的文化意义和价值观。通过精心设计和选择礼仪元素，会展礼仪服务提供者可以创造出具有独特文化魅力的活动，吸引更多的参展商和观众。

（九）交往行动理论

交往行动理论由德国社会学家尤尔根·哈贝马斯提出，它强调人们通过语言交流来达成理解和共识。在会展礼仪中，交往行动理论鼓励服务提供者与参展商和观众进行积极的沟通，通过对话和协商来解决问题和满足需求。这种理论有助于建立更加和谐、有效的会展礼仪实践环境。

（十）语言人类学

语言人类学研究语言与文化之间的关系，关注语言如何反映和塑造文化认同和社会实践。在会展礼仪中，语言人类学可以帮助我们理解不同语言背景下的沟通方式和礼仪用语的重要性。通过翻译和解释不同语言中的礼仪规则和用语，会展礼仪服务提供者可以确保信息的准确传递，促进不同文化背景下的有效沟通。

四、美学相关理论

（一）和谐美学

会展礼仪强调人与人之间的和谐关系，以及人与环境之间的和谐统一。在会展活动中，通过遵循礼仪规范，人们能够表现出尊重、友善和合作的态度，从而营造出一种和谐融洽的氛围。这种和谐美不仅体现在人与人之间的交往中，也体现在会展布置、展品陈列等方面，使整个会展空间呈现出一种和谐统一的视觉效果。

（二）秩序美学

会展礼仪要求按照一定的规则和程序进行活动，这种规则和程序本身就是一种秩序美。在会展中，从入场仪式、展品陈列到商务洽谈等各个环节，都需要遵循一定的礼仪规范，以确保活动的有序进行。这种秩序美不仅提高了会展的整体品质，也使与会者在有序的环境中更好地交流与合作。

（三）行为美学

会展礼仪注重个体的行为举止，要求人们在活动中表现出优雅、得体、大方的行为美。这种行为美不仅体现在言谈举止中，也体现在穿着打扮、仪态风度等方面。一个具有良好行为美的人，会在会展中给人留下深刻的印象，提升个人和组织的形象。

（四）功能美学

会展礼仪不仅具有美学价值，还具有实用功能。通过遵循礼仪规范，人们能够更好地进行沟通交流、建立合作关系、传递信息等，从而实现会展的目的。这种功能美体现了会展礼仪的实用性和价值性，是会展活动不可或缺的一部分。

（五）身体美学

身体美学是研究身体如何被感知、理解和欣赏的学科。在会展礼仪中,身体美学体现在参展者的仪态、举止和风度上。一个受过良好礼仪训练的人,其身体语言会显得优雅、得体、自然,这种身体的美感会增强个人的魅力,为参展单位赢得良好的形象。

（六）环境美学

环境美学是研究如何创造和欣赏人造和自然环境之美的学科。在会展中,环境美学体现在场馆的设计、布置和装饰上。一个设计精良、布置和谐的会展环境,不仅能吸引参观者的目光,还能提升他们的参展体验,增强会展的吸引力。

（七）视觉美学

视觉美学是研究视觉艺术如何被创造、理解和欣赏的学科。在会展礼仪中,视觉美学体现在展品的陈列、灯光的布置、色彩的搭配等方面。一个视觉上吸引人的会展,能更有效地传达参展单位的信息,增加会展的效果。

（八）仪式美学

仪式美学研究仪式和庆典的美学价值,包括它们如何塑造集体认同和情感体验。在会展礼仪中,仪式美学体现在开幕式、闭幕式以及其他重要的仪式活动中。这些仪式活动通过庄重、正式的仪式程序,营造出庄重、肃穆的氛围,增强与会者的参与感和集体荣誉感。

（九）社会美学

社会美学关注艺术与社会的关系,认为艺术是社会文化现象的一部分,艺术的价值在于其与社会文化的互动作用。在会展礼仪中,社会美学可以帮助设计者考虑到会展的社会背景和文化环境,使会展更加符合当地的文化习俗和价值观。

五、传播学相关理论

（一）传播仪式观

传播仪式观认为传播不仅仅是信息的传递,更是一种共享的文化仪式。在会展礼仪实践中,这种理论强调了礼仪活动作为一种文化仪式的重要性。会展礼仪通过仪式化的行为和符号,为参展商和观众创造了共享的文化体验,促进了彼此的认同和共同体的形成。这种仪式观强调了礼仪活动的象征性、共享性和文化意义,为会展礼仪实践提供了理论基础。

（二）媒介即信息

媒介即信息的观点由美国传播学者马歇尔·麦克卢汉提出,他认为媒介本身对信息的传递和接收方式产生重要影响。在会展礼仪实践中,媒介即信息的观点强调了会展布局、装饰、宣传册等媒介对于传递会展主题、品牌形象和文化价值的重要性。通过精心选择和设计媒介,会展礼仪服务提供者能够创造出具有吸引力和影响力的视觉效果,提升会展活动的传播效果。

（三）受众参与理论

受众参与理论强调受众在传播过程中的主动性和参与性。在会展礼仪实践中，受众参与理论鼓励会展礼仪服务提供者关注参展商和观众的参与体验，通过互动、参与和体验的方式吸引他们积极参与礼仪活动。通过创造具有互动性和参与性的礼仪活动，会展礼仪服务提供者可以增强参展商和观众的参与感和归属感，提升会展活动的整体效果。

（四）跨文化传播理论

跨文化传播理论关注不同文化背景下的传播过程和效果。在会展礼仪实践中，跨文化传播理论强调了理解和尊重不同文化的重要性。会展礼仪服务提供者需要了解参展商和观众的文化背景、价值观和行为习惯，以设计和实施符合不同文化需求的礼仪活动。通过跨文化传播的理论和实践，会展礼仪服务提供者可以确保礼仪活动的有效性和适应性，促进国际会展活动的成功进行。

（五）框架理论

框架理论是一种分析媒体如何选择和强调特定信息，从而影响公众认知和态度的理论。在会展礼仪实践中，框架理论可以应用于如何构建和传达会展活动的意义和重要性。通过选择特定的框架（如文化框架、经济框架、社会框架等），会展礼仪服务提供者可以影响参展商和观众对活动的理解和参与意愿。

（六）叙事理论

叙事理论关注故事和叙述如何构建意义和影响受众。在会展礼仪实践中，叙事理论可以帮助创造引人入胜的礼仪活动和叙述，通过讲述故事或构建情节来吸引参展商和观众的注意力，增强他们的参与感和共鸣。

六、管理学相关理论

（一）群体动力学理论

群体动力学理论研究群体内部的行为、互动和决策过程。在会展礼仪实践中，这一理论有助于理解参展商和观众之间的群体行为，如社交互动、信息共享和群体决策等。通过掌握群体动力学的原理，会展礼仪服务提供者可以创造更加积极、互动和高效的群体环境，提升参展商和观众的参与度和满意度。

（二）领导力理论

领导力理论关注领导者如何影响和激励团队成员以实现共同目标。在会展礼仪实践中，领导力理论指导礼仪活动的组织者如何有效地领导和管理团队成员，确保活动的顺利进行。优秀的领导者能够激发团队成员的积极性和创造力，提升整体的服务质量和效率。

（三）组织文化理论

组织文化理论强调组织内部共享的价值观、信仰和行为规范对组织绩效的影响。在会展礼仪实践中，组织文化理论指导我们如何塑造和传播会展活动的组织文化，确保礼仪活动与组织的价值观和目标相一致。通过营造积极向上的组织文化氛围，会展礼仪服务提供者可以提高团队成员的凝聚力和工作动力,推动活动的成功进行。

(四)动机理论

动机理论探讨了个体行为背后的驱动力和目标。在会展礼仪中,了解参展商和观众的动机对于提供有针对性的服务至关重要。例如,参展商可能希望通过礼仪活动提升品牌形象、吸引潜在客户或加强与现有客户的联系。通过识别并满足这些动机,会展礼仪服务提供者可以设计更具吸引力的活动和策略,从而增强参展商的参与度和满意度。

(五)冲突管理理论

冲突管理理论关注如何处理和解决组织内部和外部的冲突。在会展礼仪实践中,冲突可能发生在参展商之间、观众之间或参展商与组织者之间。会展礼仪服务提供者需要掌握冲突管理理论,学会识别和解决冲突的技巧,以确保活动的顺利进行和各方利益的平衡。

(六)团队建设理论

团队建设理论强调通过协作、信任和共同目标来增强团队的凝聚力和效率。在会展礼仪实践中,团队建设对于确保活动的成功至关重要。会展礼仪服务提供者需要运用团队建设理论,通过明确的目标设定、角色分工和良好的沟通协作,打造高效、团结的团队,共同应对活动中的挑战和问题。

(七)学习与发展理论

学习与发展理论关注个体和组织的持续学习和成长。在会展礼仪实践中,学习与发展理论指导我们如何不断优化和改进礼仪服务,以满足不断变化的市场和客户需求。通过定期评估活动效果、收集反馈意见以及实施培训计划,会展礼仪服务提供者可以持续提升团队的专业素养和服务水平,为参展商和观众提供更加优质、创新的礼仪体验。

(八)情绪智力理论

情绪智力理论关注个体识别、运用、理解和管理自己和他人情感的能力。在会展礼仪中,情绪智力尤为重要,因为礼仪活动经常涉及人际互动和情绪管理。会展礼仪服务提供者需要具备良好的情绪智力,以理解和适应参展商和观众的情绪变化,创造积极的互动氛围,从而增加活动的吸引力和效果。

(九)认知失调理论

认知失调理论指出,当个体的认知元素(如信念、价值观、态度等)之间存在冲突或不一致时,个体会感到不适,并试图减少这种失调。在会展礼仪中,参展商和观众可能会遇到信息不一致或冲突的情况,如宣传信息与现场体验不符等。会展礼仪服务提供者需要关注并减少这种认知失调,确保宣传与实际体验的一致性,以提高参展商和观众的满意度。

(十)自我决定理论

自我决定理论关注个体追求自主、胜任和关联等基本心理需求的满足。在会展礼仪实践中,满足参展商和观众的这些需求有助于提高他们的参与度和满意度。例如,通过提供定制化的礼仪服务、赋予参展商更多的自主权和选择权,以及营造社交互动的氛围,会展礼仪服务提供者可以更好地满足参展商和观众的基本心理需求,从而提升活动的效果。

第三节　会展行业职业

一、专业技术职业

（一）会展策划专业人员

会展策划专业人员是指从事会展项目调研、策划、运营、推广的专业人员。会展策划专业人员是《中华人民共和国职业分类大典》（2022 年版）再次确认的职业名称，从属于商务专业人员小类职业群。会展策划提升到专业人员行列说明这一职业的高技术含量。

会展策划专业人员主要负责九个方面的工作。一是确定会展项目主题并进行可行性研究。二是策划会展项目实施方案。三是实施会展项目招商、招展、赞助、预算和运营管理工作。四是策划开幕式、闭幕式、同期活动。五是制定宣传推广方案和宣传材料。六是维护、管理与参展商、专业观众、赞助商、参会者、会展场馆客户关系。七是管理会展项目合同、档案。八是进行会展项目风险评估与风险管理。九是提供会展项目信息咨询服务。

（二）文物展陈专业人员

文物展陈专业人员是指从事文物藏品展陈主题、内容研究和文物藏品陈列展览项目策划、组织、管理的专业人员。它是 2022 年中华人民共和国人力资源和社会保障部公布的会展新职业之一，从属于考古及文物保护专业人员小类职业群。

文物展陈专业人员主要负责五个方面的工作。一是研究文物诠释相关信息，调研观众需求。二是构思策划文物藏品陈列展览主题、内容。三是编写展览大纲和文本。四是协调组织展览工作团队，指导展陈设计和项目实施。五是策划、设计与展览配套的交互展项、数字应用、教育活动、文创产品、专业出版物等衍生产品。

（三）体育经理人

体育经理人是指在体育组织中，从事赛事运作、场馆运营、项目管理的专业人员。它是 2022 年中华人民共和国人力资源和社会保障部公布的会展新职业之一，从属于体育专业人员小类职业群。

体育经理人主要负责五个方面的工作。一是研究、制定运动项目竞赛管理、项目规划、商务开发方案，并推广实施。二是实施体育赛事的运作与组织、商业开发与推广、品牌与票务营销。三是运营管理体育场馆和体育设施，组织开展场馆公共服务。四是规划、管理职业体育俱乐部竞赛组织和运动员训练保障，进行俱乐部的商务开发与运营。五是提供体育营销策划与体育项目运营管理咨询服务。

（四）数字媒体艺术专业人员

数字媒体艺术专业人员是在广播、电视、网络、电影、会展、娱乐等领域，从事数字艺术、媒体、游戏、动画、图形与图像、界面、交互设计的专业人员。它是 2022 年中华人民共和国人力资源和社会保障部公布的会展新职业之一，从属于工艺美术与创意设计专业人员小类职业群。

数字媒体艺术专业人员负责的工作主要有七项。一是进行数字媒体艺术设计调研。二是进行数字媒体艺术设计创意与构思。三是进行数字媒体艺术设计文案编写。四是进行数字媒体艺术设计图稿绘制。五是进行数字媒体艺术计算机辅助设计。六是进行数字媒体艺术原型制作、测试。七是参与数字媒体艺术软件和代码编写。

（五）演出制作人

演出制作人是从事演出工作策划、组织、成本核算和剧组管理的专业人员。它是 2022 年中华人民共和国人力资源和社会保障部公布的会展新职业之一，从属于舞台专业人员小类职业群。

演出制作人的主要工作任务有六项。一是掌握演出市场的信息，了解观众对演出的欣赏要求，组织、策划剧目演出的创意。二是筹措创作、排练、制作、演出、宣传、推广的经费。三是制定项目运行方案、经费收支计划、项目周期、演出计划、销售计划和宣传方案。四是进行项目创作、制作、推广、营销、宣传、商务人员的合同管理。五是组织观众、推销剧票。六是调查市场反馈，组织学术讨论及开发衍生产品。

二、社会生产服务和生活服务人员

（一）礼仪主持人

礼仪主持人一般是指具有良好的文化、礼仪、民俗知识和宽广的国际视野，在礼仪活动现场负责推进程序、调节气氛、沟通关系的专业人员。《中华人民共和国职业分类大典》（2022 年版）再次确认了礼仪主持人的职业地位，将礼仪活动方案策划的工作内容加进来，指出礼仪主持人是从事礼仪活动方案策划、程序推进、现场气氛营造和人际互动等工作的人员。礼仪主持人从属于社会文化活动服务人员小类职业群。

礼仪主持人主要负责四个方面的工作。一是联络承办方或者委托人，确认礼仪活动需求。二是参与方案和主持词的构思和撰写，进行礼仪活动细节筹划。三是运用主持技巧导入、串联、收合礼仪活动等环节，推进礼仪活动程序。四是与礼仪活动参与者进行现场交流互动，营造气氛。

（二）婚礼策划师

婚礼策划师是为新人提供婚礼流程创意策划、进行婚礼现场监督等，帮助新人在婚礼中完成他们梦想的核心执行人员。《中华人民共和国职业分类大典》（2022 年版）首次确认婚礼策划师这一新兴职业名称，指出婚礼策划师是从事婚礼庆典方案创意策划、人财物统筹、监督方案执行等服务工作的人员。婚礼策划师从属于婚姻服务人员小类职业群。

婚礼策划师主要负责八个方面的工作。一是接待客户，提供婚礼的咨询服务。二是确定婚礼服务项目、服务人员和费用预算。三是根据婚礼主题，策划婚礼流程，进行场景布置、花艺、道具、化妆、音乐、影像等设计，制作婚礼策划书。四是根据婚礼风格和预算，安排婚礼主持人、音响师、摄影师、摄像师、花艺师、化妆师等，组建婚礼执行团队。五是组织实施婚礼彩排。六是现场调度婚礼庆典活动。七是策划影视后期制作的效果方案，提交影像作品。八是互访客户。

（三）会展服务师

会展服务师指的是从事会展场馆场地出租，会展设施设备租赁、调试与维护，接送及食宿安排、现场、签到等工作的服务人员。会展服务师包括但不限于会展场馆管理师、会议接待服务师。它是 2022 年中华人民共和国人力资源和社会保障部公布的会展新职业之一，从属于会议及展览服务人员小类职业群。

会展服务师主要负责六个方面的工作。一是编制会展场馆的场地排期。二是出租会展场馆场地、租赁、调试、维护会展设施设备。三是排查会展场馆的安全隐患，对突发事件进行事前预警和事后处理。四是安排参会参展人员接送、现场签到、协调食宿等。五是辅助管理会展现场活动。六是进行会展场馆与会展服务信息管理系统操作。

（四）装饰美工

装饰美工是使用专用工具，进行文化、商业、展览及广告等美术制作的人员。装饰美工包括但不限于油画外框制作工。它是 2022 年中华人民共和国人力资源和社会保障部公布的会展新职业之一，从属于会议及展览服务人员小类职业群。

装饰美工主要负责五个方面的工作。一是识别平面、立体、色彩设计图，使用专业工具，制作模型、板面、台架、道具。二是按照美术设计图，制作文字图形，进行平面装饰，并在依托面上进行拼贴、安装。三是使用专用工具，在陈列台架、道具、板面、背景依托面上进行效果处理。四是在陈设环境中配置照明设施。五是使用木质、石膏或铝合金等材料，配制油画作品外框。

（五）模特

模特是运用自身运动或静止的步态、形态和神态，进行产品展示、形象塑造、品牌推广，以及辅助美术、摄影教学和艺术创作的人员。它是 2022 年中华人民共和国人力资源和社会保障部公布的会展新职业之一，从属于会议及展览服务人员小类职业群。

模特主要负责五个方面的工作。一是以肢体语言和个人形象进行产品的动态、静态展示。二是在场景以及其他环境中，配合摄影师、导演等进行产品广告和形象片的拍摄。三是参加产品性能以及产品形象的商业推广和公益宣传。四是辅助设计师、制版师进行服装制版工作。五是以自身的形体协助美术、摄影教学和艺术创作工作。

（六）会展设计师

会展设计师是在会议、展览及节事活动中，从事空间环境视觉化表现设计工作的人员。它也是 2022 年中华人民共和国人力资源和社会保障部公布的会展新职业之一，从属于专业化设计服务人员小类职业群。

会展设计师主要负责十个方面的工作。一是分析招标要求，撰写投标书。二是分析展品、参展企业、参展环境等资料。三是设计标准展位及特装展位。四是策划、安排展台照明。五是设计会展项目标识（LOGO）和配色方案。六是设计产品展示、图文和声像展示方案。七是监督现场展台搭建、布展及展具安全。八是管理展架、材料与服务，监督现场撤展，监督协同展会过程。九是核算项目经费。十是维护客户关系。

（七）讲解员

讲解员指的是在展览与游览场所,从事接待、解说、引导等工作的人员。它是 2022 年中华人民共和国人力资源和社会保障部公布的会展新职业之一,从属于社会文化活动服务人员小类职业群。

讲解员主要负责六个方面工作。一是编写讲解词。二是引导观众参观展览、人文及自然景观等,进行现场讲解。三是引导观众遵守观展秩序,维护展览、人文景观和自然生态环境,组织观众应对处置现场突发事件等。四是策划组织专题讲座、流动展览等宣传教育活动。五是培训志愿讲解人员。六是处理突发事件等。

（八）群众文化指导员

群众文化指导员是指从事群众文化艺术传授、文艺表演和创作指导,搜集、整理和开发民间文化艺术等工作的人员。它是 2022 年中华人民共和国人力资源和社会保障部公布的会展新职业之一,从属于社会文化活动服务人员小类职业群。

群众文化指导员主要负责五个方面工作。一是对参加群众文化活动的人员进行咨询与指导。二是进行群众文化活动专业能力辅导。三是策划、组织、实施群众性文化活动。四是管理使用群众文化活动场地、设备、道具、器材等。五是搜集、整理和开发利用民族民间文化艺术遗产。

（九）文化经纪人

文化经纪人是指从事文化市场交易活动中演员、演出项目、艺术品等文化产品签约、推广等工作的人员。它是 2022 年中华人民共和国人力资源和社会保障部公布的会展新职业之一,从属于社会文化活动服务人员小类职业群。

文化经纪人主要负责五个方面工作。一是运用艺术鉴赏知识,分析观众群体的类型及分布,选择演出项目,进行谈判、签约。二是进行演出项目成本核算与风险评估,编制演出计划,落实演出场所,根据演出项目的类型制定票价及营销策略,组织票务销售。三是判断演员的潜质和发展前景,进行签约演员的培训、包装、签约、推广等业务,制定演员职业规划。四、制定现场演出活动的安全预案,组织演出活动安保工作,处理演员和演出活动中的突发事件。五是运用艺术品鉴赏和中外美术史等知识,分析和预测市场变化,签约代理艺术品的展览展示和拍卖、销售。

（十）体育经纪人

体育经纪人是在体育市场中,从事运动员、体育活动、体育组织、体育场馆等中介服务工作的人员。它是 2022 年中华人民共和国人力资源和社会保障部公布的会展新职业之一,从属于体育健身和娱乐场所服务人员小类职业群。

体育经纪人的主要工作有四项。一是提供运动员转会、参赛、表演、无形资产开发与运营以及日常事务管理等服务。二是策划、包装、开发与推广体育赛事、表演以及旅游等活动。三是进行体育组织和场馆市场开发与推广,无形资产开发与运营等。四是提供其他体育需求方面的人才流动、体育赞助、经济信息、技术指导、咨询等服务。

（十一）电子竞技运营师

电子竞技运营师是从事电子竞技组织活动及内容运营的人员。它是2022年中华人民共和国人力资源和社会保障部公布的会展新职业之一，从属于体育健身和娱乐场所服务人员小类职业群。

电子竞技运营师的主要工作有六项。一是进行电竞活动的整体策划和概念规划，设计并制定活动方案。二是维护线上、线下媒体渠道关系，宣传、推广、协调及监督电竞活动主题和品牌。三是分析评估电竞活动商业价值，确定活动赞助权益，并拓展与赞助商、承办商的合作。四是协调电竞活动资源，组织电竞活动。五是制作和发布电竞活动的音视频内容，并评估发布效果。六是提供电竞活动总结报告、管理档案。

案例4：新职业|电子竞技运营师

2019年4月，人社部、市场监管总局、统计局发布通知，正式确认了包括电子竞技运营师在内的13个新职业。

2021年1月，相关部门首次颁布电子竞技运营师国家职业技能标准。

2022年9月，电子竞技运营师正式进入人力资源和社会保障部《中华人民共和国职业分类大典》（2022年版）。

电子竞技运营师是从事电子竞技组织活动及内容运营的人员，更偏向于新媒体、品牌规划、赛事的运营策划，包括后期设计、视频素材的收集整理剪辑，为电竞核心产业所做支撑的相关工作岗位都会纳入电子竞技运营师里面。

据不完全统计，电子竞技运营师从业人员遍布全国各地，北京、上海、江苏、西安、广州、成都、重庆等地为从业人员高密度聚集区。

被调查者有50％年龄分布在26—30岁之间，有38％年龄分布在23—25岁之间，只有10％年龄是分布在31—40岁之间，仅有2％年龄分布在18—22岁之间。电子竞技运营师年龄普遍偏低，在被调查者中有88％的从业人员年龄在30岁以下。

被调查者的学历基本集中在高中或中专、大专、本科这3个层次，其中占比最大的是大专学历，占被调查者总量的38％，其次是高中或中专学历，占34％，最后是本科及以上学历，相对较少，占28％。

被调查者有58％工作年限在1—3年之间，30％工作年限是3—5年，这两项占据了被调查者总数量的88％。另外有7％的工作年限在7年以上，4％工作年限5—7年，2％工作年限不到1年。

被调查者所在企业规模20人及以下占比12％，21—50人占比32％，51—100人占比37％，101—500人占比15％，501人及以上占比4％。根据调查结果可见，电子竞技运营师所在企业规模，大、中、小、微型公司都需要该岗位人才。其中，中、小型企业就业人员较多。

有89％的电子竞技运营师薪资是当地平均工资的1—3倍。电子竞技运营师薪资普遍高于当地平均薪资。

电子竞技运营师的职业通道大致可分为初级电子竞技运营师、中级电子竞技运营师、高级电子竞技运营师。

电子竞技运营师能够有效促进企业电竞活动及内容质量的产出,为最终用户提供高质量的电竞文娱内容,促进电竞产业及相关文化健康、持续、有效发展。就个人而言,电子竞技运营师是电竞相关企业晋升管理层的新渠道,是个人成长、职业发展的新发力点。

目前,除了电竞赛事相关企业外,电竞产品运营企业、赞助商、直播平台、电竞俱乐部、广告公司等企业均对电竞运营师岗位有需要。

目前国际上知名的电子竞技比赛有十余个,其中规模和影响力最大的是由 Riot Games 主办的英雄联盟联赛(League of Legends,简称 LCS),分为北美赛区、欧洲赛区、中国赛区等地区分别进行。Dota 2(Dota2 国际邀请赛,简称 TI):由 Valve Corporation 主办的顶级电竞比赛,每年一度,是目前奖金最高的电竞比赛之一。CS:GO(全球总决赛,简称 ESL Pro League):由 ESL(Electronic Sports League)赞助的全球性电竞联赛,主要是针对 CS:GO 这个游戏的比赛。Overwatch(守望先锋联赛,简称 OWL):由 Blizzard Entertainment 主办的电子竞技联赛,分成大洲赛区和全球总决赛两个部分。PUBG(绝地求生全球邀请赛,简称 PUBG Global Invitational):由 PUBG Corporation 主办的 PUBG 电竞比赛,分为全球邀请赛和地区赛区两个部分。Fortnite(Fortnite 世界杯,简称 FWC):由 Epic Games 主办的电子竞技联赛,分为地区赛和全球总决赛两个部分。Hearthstone(炉石传说全球总决赛,简称 HCT):由 Blizzard Entertainment 主办的电子竞技联赛,是全球最大的炉石传说电子竞技联赛。Street Fighter V(街霸联赛,简称 CPT):由 Capcom 主办的顶级电竞比赛,是目前全球最大规模的格斗电子竞技联赛之一。

杭州亚运会电子竞技项目包括《英雄联盟》《王者荣耀(亚运版)》《和平精英(亚运版)》《炉石传说》《刀塔 2》《梦三国 2》《街霸 5》和《FIFA Online 4》等。这些项目可以分为不同的类型,如多人在线对战竞技类、策略卡牌类、体育模拟类、格斗类和射击竞技类等。参赛选手需要在各自选择的项目中,通过精湛的操作和战术配合,争夺比赛的胜利。

讨论:结合案例 4,谈一谈你对电子竞技赛事和传统体育赛事运营关系的认识。

(十二)研学旅行指导师

研学旅行指导师是策划、制定、实施研学旅行方案,组织、指导开展研学体验活动的人员。它是 2022 年中华人民共和国人力资源和社会保障部公布的会展新职业之一,从属于教育服务人员小类职业群。

研学旅行指导师的主要工作有六项。一是收集研学受众需求和研学资源等信息。二是开发研学活动项目。三是编制研学活动方案和实施计划。四是解读研学活动方案,检查参与者准备情况。五是组织、协调、指导研学活动项目的开展,保障安全。六是收集、记录、分析、反馈相关信息。

(十三)形象设计师

形象设计师是运用美学原理、设计方法、造型手段,对人自然形态进行有目的的整体形象再塑造的人员。它是 2022 年中华人民共和国人力资源和社会保障部公布的会展新职业之一,从属于专业化设计服务人员小类职业群。

形象设计师的主要工作有四项。一是咨询了解、分析设计对象的自然生理特征。二是依据设计对象在特需场合的需求,制定整体设计方案,编制整体设计说明和程序,绘制整体设计效果图。三是运用造型手段和色彩与服饰搭配技巧,进行服饰、化妆、发型等形象的再设计。四是为设计对象提供礼仪指导、形体训练、体态语言表达指导及时尚流行趋势资讯。

(十四)宴会定制服务师

宴会定制服务师从事宴会主题策划,定制并组织提供个性化餐饮服务的人员。它是 2022 年中华人民共和国人力资源和社会保障部公布的会展新职业之一,从属于专业化设计服务人员小类职业群。

宴会定制服务师的主要工作有八项。一是接受宴会定制,沟通客户、分析客户需求。二是策划宴会主题、服务场景,协调服务项目,调控服务流程。三是收集宴会文化主题素材,协调店外服务资源,定制、安排个性化服务场景。四是指导菜肴、酒水、餐点、果盘等餐饮准备。五是为宾客备制伴手礼等文化纪念赠品。六是主持与协调宴会礼仪、菜品介绍等席间活动。七是进行宾客回访、服务评价。八是运行维护客户社群信息化网络平台,宣传勤俭节约的中华饮食文化与宾客至上的企业服务文化。

第四节　获奖作品赏析

一、《虢国夫人游春图》讲解

(一)简介

2023 年浙江省会展策划创意大赛一等奖。

(二)初赛作品介绍

《虢国夫人游春图》是中国古代绘画中十分有名的画作之一,据传为宋人所临摹。世人对于这幅画作的争论点在于画中哪位是虢国夫人,说法论据纷繁复杂,带给了这幅画很多的不确定性,本次讲解以《虢国夫人游春图》为出发点,讲述了几种比较主流的说法和理由,从而说明"不确定性"也是中国古代绘画的魅力之一,进而引起大家对于中国古画的兴趣。传播优秀传统文化,讲好故事,树立文化自信。

（三）作品点评

专家 1：思路清晰,点评完整。

专家 2：仪态得体端正,语音面貌积极,有较好的交流感,作品政治导向正确,剪辑流畅,编排巧妙。

专家 3：语言清晰、准确,沟通性强。

专家 4：演讲流畅自然且礼仪状态俱佳,娓娓道来;语言掌握及形体控制良好,抑扬顿挫把握有度;对内容演讲专业性强,在作品、观众与讲解员间构建了良好的交互,下过一番功夫;视频如能在片首及片尾有所创意会更出彩。

专家 5：讲解仪态得体端庄,自信有亲和力,语言面貌良好,专业程度高,录制质量完美。

（四）决赛作品介绍

《韩熙载夜宴图》描绘的是五代时期南唐重臣韩熙载夜宴的场景,画中歌舞升平,场面热闹非凡,但其中的主角韩熙载的表情却寡淡至极,又根据历史的记载,现代学者推测出韩熙载可能是装作放荡不羁的样子演给当时的后主李煜看的,因为当时南唐国力不强,韩熙载预料到南唐将会亡国的命运,而不愿接受主君任命宰相的要求,故作此状。在讲解这幅中国十大名画之一的时候,最重要的就是对于画作背景的阐释,这是观众能否与它产生共鸣的关键所在,故本作品聚焦的就是夜宴之前的背景故事,揣测人物心理,让受众更加清晰地理解韩熙载所处的情景,感悟来自千百年前的意难平。

（五）作品点评

专家 1：视频呈现形式切题;在讲解设计等方面新颖,有故事情节,溯源画作年代色;讲解员音色平缓,提供听众遐想空间;讲解对作品的理解与细节介绍别具一格;语言表达清晰,抑扬顿挫有度。结尾草草急促,有损整体。

专家 2：整体妆造、内容设计有新意,舞台综合表现力好,贴合画作;内容有深度,能较好地挖掘画作深层价值,讲解流畅。

专家 3：妆饰切题,内容不错。

专家 4：综合创意不错,但主题内容提升空间较大。

专家 5：融讲、演、诵于一体,增强作品表现力、感染力。

二、《听琴图》的前世今生

（一）简介

2023 年浙江省会展策划创意大赛一等奖。

（二）初赛作品介绍

我们结合自己在中国国家博物馆、浙江省博物馆、宁波美术馆讲解"盛世修典——中国历代绘画大系"的经历,选择了《女史箴图》这幅作品进行讲解。通过大系项目组辗转各地收录《女史箴图》的经历,让我们更加深刻体会到了"大系"项目组在过去十七年文化长跑中做出的努力。文运同国运相牵,文脉同国脉相连。作为新时代的青年人,我们更加应该坚定文化自信,讲好中国故事。

(三)作品点评

专家1:编排不错,陈述有加。

专家2:仪态得体端正,语音面貌积极,有较好的交流感,作品政治导向正确,剪辑流畅,编排巧妙。

专家3:符合时代背景,政治导向正确,语音面貌较好。

专家4:演讲自然,仪态较好;语言掌握及控制良好;内容演绎技法介绍专业性较弱;视频切换之仿古人问答颇离题,讲解视作表演创意有审题不严之过。

专家5:仪态端庄得体,自信有亲和力,语言面貌良好,专业程度高,录制质量完美。

(四)决赛作品介绍

我们通过演绎和讲解相结合的方式来讲解《听琴图》。用幽默诙谐的方式引入《听琴图》的故事,再用博物馆内讲解的方式讲解,让大家可以更生动地了解这幅绘画。

(五)作品点评

专家1:整体妆造、内容设计有新意,舞台综合表现力好,贴合画作;内容有深度,能较好地挖掘画作深层价值,讲解流畅。

专家2:视频呈现形式有创意;讲解设计,以争议彰显画作之特色;讲解员激情起伏,穿越古今,提供观众自我辨明画作之"观";讲解对作品的细节介绍恰到好处;语言表达清晰,总觉余音绕梁。

专家3:切题很好,表达有创意。

专家4:创意新颖有趣,讲解富有深度。

专家5:如男生讲解员状态再积极、再饱满些,作品效果会更好。

三、《踏歌图》讲解

(一)简介

2023年浙江省会展策划创意大赛二等奖。

(二)初赛作品介绍

团队从几千馆藏中挑选出这幅北宋著名画家马远的传世之作——《踏歌图》,并前往浙江大学展馆,用镜头捕捉该画作的独特魅力。首先,我们采用多机位拍摄的技术,其次,辅以修复过后的超清原画细节图,让观众能够从不同的角度感受到画作的精美以及作者绘画技巧的精湛。此外,我们还通过配乐、音效和动画等手段,例如作品开头中,我们让画中的人物"活"了起来,增加作品趣味性的同时,也为影片增添了更多的艺术感和感染力。讲解人穿着宋制服饰,贴合画作时代背景,与之有映衬之意。"国画之美,传承不息"。每一幅名画的背后都有其独特的故事。中国画作为东方艺术的代表,其独特的美学和深厚的文化内涵吸引了全世界的关注。

我们希望通过该作品,能让更多的人了解和欣赏中国画的美。让我们一起传承和发扬这份宝贵的文化遗产。我们不仅说"大系",更要说好"大系",这有助于推动中华传统文化的传承与发展,也能为文化经典注入时代新活力。让古画越传越新,让故事越讲越好!

(三)作品点评

专家1:编排不错,陈述尚可。

专家2:仪态得体端正,语音面貌积极,有较好的交流感,作品政治导向正确,剪辑流畅,编排巧妙。

专家3:画质较为清晰,仪态得体,表达较有情感,口齿较为清晰。

专家4:讲解员自信心较强,仪表与仪态较好;演讲者语速掌控较好,画作演讲时有相应的肢体交流变化,提供了赏画的情绪价值;画作内容解析及作品细节演绎专业性不够强;视频对取景构图细节聚焦较好,演讲者自我呈现有度,细节展示到位;视频结尾设计有提高空间。

专家5:仪态端庄得体,自信有亲和力,语言面貌良好,专业程度较高,录制质量完美。

(四)决赛作品介绍

"说大系,演大系"。"中国历代绘画大系"作为国家级重大文化工程,自立项以来,旨在利用现代科技与文化遗产结合,在非遗保护、科技考古、数字化文明等领域作出开创性探索。

本团队在提供的十五幅大系名画中选取了元代画家黄公望的传世名作《富春山居图》,并前往黄公望隐居地富春江沿岸各地,采用航拍、直拍结合的形式力图展现《富春山居图》描绘的大美富阳,还原黄公望游历富春江的写实图景。团队大量采用航拍进行多机位拍摄,最大限度地还原原画中描绘的山山水水,让观众跟随黄公望的视角,游览富春胜景。同时辅以修复后的超清原画讲解,将画作与真实富春山水结合,观众可以身临其境地体悟画家留存于画中的高远意境。

团队考证了黄公望生平所好,通过还原黄公望于富春江畔的修道生活,画景人相合,以更加贴近自然的方式,同感黄公望当年之心境,进而领略画者藏于画中的意蕴。

《富春山居图》作为黄公望的代表之作,其艺术价值代表了中国山水画创作的最高峰。黄公望以清润的笔墨、简远的意境,把浩渺连绵的江南山水表现得淋漓尽致,以雄浑苍润的笔墨营造出清雅超逸的意境。团队通过演绎还原,最大限度地拟真黄公望的修道生活,展示富春之胜景、千古之道韵,以现代技术一览古今富春,还原大系名画的本真意蕴。

(五)作品点评

专家1:视频呈现新颖;讲解设计有特色;讲解员激情起伏,紧扣主题;讲解对作品细节介绍也别出心裁;语言表达清晰,讲解画面与自然画面切换略显逻辑不清。

专家2:语言表达较为得体,舞台设计较为贴合画作,妆造较为符合画作表达内容。

专家3:切题不错,创新要有。

专家4:文稿内容设计较好,妆容得体,语言表达好。

专家5:画作与真实山水结合,形象立体,易于理解。

四、礼化于心，仪化于形车展模特

（一）简介

2023年浙江省会展策划创意大赛一等奖。

（二）初赛作品介绍

该作品始终秉持着"礼化于心仪化于形"的核心理念，不仅致力于将礼仪文化深深地融入模特表演中，更是在书香中学习，在实践中磨砺。在表演中，我们的模特展示了各种礼仪姿势，包括走姿、站姿、坐姿以及韵律操。在国风音乐的伴奏下，展示礼仪和舞蹈的身韵，将传统文化和现代美学完美结合。力求每一个动作、每一个转身、每一个微笑，都传递着礼仪的魅力。在作品中，我们团队追求细节的完美。

形体展示部分我们选择穿着中国传统服饰——旗袍。旗袍是中国传统女性服饰的代表，具有独特的韵味和文化内涵。在形体展示环节中，穿着旗袍的模特们可以展现出优雅的线条和温婉的气质，同时也能表达出对中国传统文化的尊重和传承。韵律操模特穿着亚运引导礼仪服饰，杭州亚运会礼仪服装设计主题是"云舒霞卷"，寓意姿态万千，色彩斑斓。在表演中，模特们可以在韵律操的音乐节奏下，穿着亚运引导礼仪服饰进行各种动感和活力的动作展示。这种展示方式不仅能够展现出模特们的身体素质和形体美，同时也能够表达出对现代美学的追求和诠释。

音乐，我们选择的是国风歌曲——《鸿迹》，歌曲运用古筝、笛子、箫来演奏，给人以舒畅愉悦之感，配合服装样式的"云舒霞卷"和模特动作的"行云流水"，可以说是相得益彰。我们的团队由两位经验丰富的模特、两位专业的摄影人员和一位后期制作高手组成。每位成员都在自己的领域内有着丰富的经验和出众的能力。我们的模特不仅仅是时尚的代表，更是礼仪文化的传播者。他们曾多次参加大型活动，包括第十九届杭州亚运会、第四届杭州亚残运会以及多届世界互联网大会，这些经验使他们在舞台上更加自信而优雅。我们的摄影团队也是一流的。他们拥有专业的摄影技术和独特的视角，能够通过镜头捕捉到最美好的瞬间。而且，他们还具备丰富的拍摄经验，无论是拍摄风景还是人物，都能把握住最佳的拍摄时机和角度。后期制作负责将拍摄的画面进行剪辑和修饰，让画面更加生动、有趣。他们的专业技能和独特的创意，使作品更加出色。

正是我们团队的默契和协作，才能够使得我们顺利地进行每一次拍摄。大家共同努力，让每一个画面都充满了情感和生命力。

（三）作品点评

专家1：编排不错，陈述流畅。

专家2：表达流畅，形象气质佳，状态积极，视频制作有创意。

专家3：站姿走姿规范，视频质量较高，自我介绍信息全面。

专家4：走姿站姿形象规范；自我介绍简洁且较强地表现了自信；形体呈现优势突显；创意展示多元呈现，展示了现代年轻人的端庄、雅气及气质；视频录制质量与设计一般，使模特展示部分有所打折。

专家 5：有良好的身体表现能力，表达流畅富有表现力和感染力，录制质量完美。

（四）决赛作品介绍

（1）情景剧展示部分：《岁月之后，繁华尽头》是一部以清末中国为背景，展现女性意识觉醒与成长的作品。我们两位模特刻画留洋归来的大小姐和深居宅院的大家闺秀两个女性形象，身着洋装和清末旗装，展现新旧思想的碰撞与女性意识的觉醒。大小姐带着西方的思想和文化，为大家闺秀带来了心灵的震撼；而大家闺秀则以东方的内敛和含蓄，触动了大小姐的心灵。两人在时代的长河里，共同追求自由与权利的光明，展现出女性在时代中的成长与崛起。我们通过细腻的表演和深入的刻画，展现了女性在时代变革中的心路历程。从传统的万福礼到国际化的拥抱礼和贴面礼，女性之间的见面礼也随着时代的变迁而变化。大小姐与大家闺秀的成长与改变，不仅体现了女性意识的觉醒，更展现了女性在时代中的力量与魅力。

我们的拍摄制作团队在这部作品中展现出了优秀的专业素养和非凡的创造力。他们用精湛的技艺和无尽的热情，将清末中国的历史背景、女性意识的觉醒和成长，以及人物的性格特点，完美地呈现在观众面前。团队中的每一位成员都在自己的领域内有着出色的能力和丰富的经验。我们精益求精，每一个细节都追求完美。无论是摄影、灯光，还是后期制作，大家都展现出了极高的专业素养和独特的艺术眼光。我们还是那支充满激情、创造力、专业素养的团队。我们用自己的才华和努力，为观众呈现了一部视觉与内涵兼具的作品。

（2）才艺展示部分：我们模特选择了《往日时光》这首歌曲，谭维维的《往日时光》在现代舞的演绎下，展现了一种深深的怀旧与感伤之情。现代舞是一种极富表现力的舞蹈形式，它强调舞者的身体语言和情感表达，常常能够将内心深处的情感展现得淋漓尽致。在《往日时光》独舞中，现代舞的这种特点得到了充分的体现。舞蹈以缓慢而富有节奏感的音乐为背景，模特身着简洁的白衬衣，以优雅而流畅的动作演绎着每一个舞蹈段落。她的动作时而婉约，时而激昂，时而细腻如丝，时而奔放如野，将内心深处的情感变化展现得淋漓尽致。她的动作和表情中充满了对过去的回忆和感伤，以及对逝去时光的无尽惋惜。同时，舞蹈中也透露出一种对未来的希望和对生活的热爱，展现了人们对美好生活的向往和追求。

（五）作品点评

专家 1：情景剧完成质量较高，设定有新意，编排完整，服饰与妆容贴合情景剧，人物设定有亮点；台步完成较好；才艺展示完成质量较高。

专家 2：妆容与服饰切合主题，模特穿越年代的服饰与表演，仪态不俗；情景剧编排颇有新意，演绎今古之变，最终指向礼仪倡导的核心价值，视频中参赛者肢体动作流畅；情景剧设计有新意，符合时尚要求；选手整体综合表现力佳。

专家 3：妆服不错，内容尚可。

专家 4：作品情节设计完整，内容有一定的深度，展示效果好。

专家 5：妆造得体，符合主题，情景剧编排较为新颖，综合表现力较好。

五、新中式婚庆主持

（一）简介

2023 年浙江省会展策划创意大赛一等奖。

（二）初赛作品介绍

本次小组作品的主题是新中式婚礼。作品按照规定有三部分：开场白、婚礼过程、结束语。婚礼类型是偏中式的现代婚礼，又称新中式婚礼。作品特色是严格按照中式婚礼中的传统仪式及顺序（但基于当下时代潮流步骤稍作删减），婚礼主持人优雅而有素养。目的为更迎合当下年轻人的审美，也能继续传承中国传统婚礼的部分仪式，通过婚礼弘扬中国优秀文化。

传统礼仪和文化可以以现代的方式进行呈现，赋予它生命力。我们不是要去"复古"，而是从传统礼仪中汲取养分，呈现出符合 21 世纪中国人审美观和情感诉求的内容。开场白主持人问好、自我介绍并交代新郎新娘相识背景，婚礼过程步步严谨有序。最后主持人说结束语，总结婚礼表示感谢并对新人给予美好期许。

（三）作品点评

专家 1：模拟传统婚礼现场的主持别具风格；婚礼故事与高潮引导设计创意较好；婚礼主持风格对气氛引导价值性高；整体喜庆氛围营造设计精良。

专家 2：语态丰富，主持不错。

专家 3：主持仪态得体端正，语音状态积极，表达流畅，画质清晰，编排巧妙。

专家 4：语言较为生动，主持内容完整，仪态礼仪得体端庄。

专家 5：编排极具创意，流程设计精巧，礼仪规范把握精准，语言面貌良好，录制质量完美。

（四）决赛作品介绍

本次小组作品的主题是新中式婚礼。作品按照规定有两部分：婚礼模拟主持和才艺展示。婚礼类型是偏中式的现代婚礼，又称新中式婚礼。作品特色是严格按照中式婚礼中的传统仪式及顺序（但基于当下时代潮流步骤稍作删减），婚礼主持人优雅而有素养。目的为更迎合当下年轻人的审美，也能继续传承中国传统婚礼的部分仪式，通过婚礼弘扬中国优秀文化。传统礼仪和文化可以以现代的方式进行呈现，赋予它生命力。我们不是要去"复古"而是从传统礼仪中汲取养分，呈现出符合 21 世纪中国人审美观和情感诉求的内容。

开场白主持人问好、自我介绍并交代新郎新娘相识背景，婚礼过程步步严谨有序。民间俗称"阁"就是女孩子居住的闺阁。按照中国传统的礼仪制度，应该称之为"于归礼"，《诗经》中曾有"之子于归，宜其室家"的诗句，所谓"于归"就是指女子出嫁。尽管历朝历代的婚俗有所不同，但传统的出阁礼（于归礼）都是指新婚当日，新娘随新郎离家之前所进行的一系列仪式。

随着历史的发展,三揖三让之礼逐渐演变为一种象征性的礼仪,体现夫妻之间的尊重。在现代社会中,虽然人们不再像古代那样严格遵守三揖三让的规矩,但是这种礼仪的精神仍然存在。现代的三揖三让之礼,更多地体现在尊重他人、礼貌待人的行为中。它已经成为了中国传统文化的一部分,对人们的生活产生了深远的影响。新人牵红绸,意为月老定终生。夫妻同食,衣食富足。《仪礼·士昏礼》记载:"夫入于室,即席,妇尊西,南面。媵、御沃盥交。"是指一对新人在入席前净手洁面,象征整个仪式的纯洁庄重。

合卺酒是一个汉语词汇,即"交杯酒",汉族婚俗之一,源于周代。在古代,结婚时人们用可以分为两半的葫芦作盛酒器。合,成婚;卺是瓢,一分为二,新郎新娘各拿一个饮酒。象征婚姻将两人连为一体,也可以说是古人的"交杯酒"。

解缨结发礼,又称"结发夫妻"仪式,蕴含着深刻的情感和对生命的尊重。这个仪式代表了夫妻双方将生死托付给对方,为彼此缔结了永恒的誓约。而这一传统如今已然被岁月抚平,需要让我们拾起这项优秀的一项仪式。在古代,婚礼是一场庄严而神圣的仪式,旨在合二姓之好,上承宗庙,下继后世。"结发夫妻"仪式是其中的重要一环,标志着男女已经成年,可以成婚。这个仪式的核心在于两个人彼此交付生命,承诺相守终生。表示偕老、生死相随。在这个仪式中,新婚男女会剪下一缕头发,将其绑在一起,象征着白头。执手礼,沿用传统中式婚礼上,神圣庄重的誓言:新人四手相握,在至亲好友见证下盟誓"死生契阔,与子成说。执子之手,与子偕老"。(《诗经·邶风·击鼓》)含义是"无论生死离合,我向你发誓:紧紧拉着你的手,与你偕老到白头"。

才艺展示是组长单人舞蹈展示"朱鹮"和朝代婚服展示,其中包括唐代、宋代两套新中式婚服。重点展示部分朝代婚服服饰特色和朝代婚礼礼仪。

(五)作品点评

专家1:主持仪态得体端正,语音状态积极,表演能力较好,控场能力较强,才艺展示完成度较高。

专家2:个人修养与礼仪规范良好,具有较好的亲和力;应变力、表演力及控场力佳(中式婚礼程序演绎到位);临场发挥力与文化内涵较好(国学与中华文化底蕴兼而有之);自备题材才艺表演优。

专家3:个人修养、礼仪规范、表演能力、文化内涵等方面较好,才艺展示较好。

专家4:选手礼仪规范符合要求,综合素养较高。

专家5:主持不错,有才有艺。

参考文献

1. 王艳,王彦群,俞利华.国际商务礼仪[M].北京:电子工业出版社,2022.

2. 周岩,张达球,陈宜平.会展礼仪与文化[M].北京:化学工业出版社,2008.

3. 顾诚.商务礼仪大全(全新典范版)[M].哈尔滨:哈尔滨出版社,2005.

4.［美］凯瑟林·米勒.传播学理论：视角、过程与语境（第2版）［M］.北京：北京大学出版社,2007.

5.高闯,等.管理学前沿理论［M］.沈阳：辽宁大学出版社,2002.

6.叶浩生.西方心理学理论与流派［M］.广州：广东高等教育出版社,2004.

7.［美］乔纳森·H.纳特.社会学理论的结构［M］.邱泽奇,等译.北京：华夏出版社,2001.

第七章
参展创意

学习目标

(1) 掌握参展、参展商、参展经理、参展计划和观众等概念；

(2) 掌握参展创意策划的目标设定、财务计划和选择会展等11个要点；

(3) 全面认识和掌握高质量参展工作所需的40种理论工具。

思政融合

浙江老板们高频出海"抢订单"（有删减）

浙江省出海抢单的步伐继续，并在2024年新年伊始就掀起了一波小高潮。

根据浙江省提出的全年计划，2024年将力争全省组织1 000个以上团组、10 000家以上企业赴境外拓市。支持省级重点展会100个以上。一季度力争全省重点支持展会30个以上，组织50个以上团组、1 000家以上企业赴境外拓市场。

1月的第一周，宁波的30多家企业已经飞抵德国，在法兰克福家纺展上见起了客户。根据公开信息，今年的这场展会吸引了60个国家和地区的2 800余家企业参展，较2023年大幅增加25％，其中中国企业超过900家，是参展企业最多的参展国。

"展会全部恢复到了线下，面对面交流还是信任度最高的。"宁波世纪国际展览有限公司负责人章岩对第一财经表示，除了1月这场展会，他们还将在2月底带领将近200人参加德国科隆的五金展。

在2022年9月就乘坐湖州市首批商务包机（包舱）赴越南开拓市场的新外贸人周法来，也经历了一个忙碌的2023年——他出海6次以上，去英国、越南、澳大利亚、巴西、马来西亚和阿联酋等地参展。今年的第一个周末，他又到了中国香港。之所以称他为新外贸人，是因为他的出口业务才刚起步，但这不影响他的全球飞行。

由于订单以欧美市场为主，宁波海曙沛宥国际贸易有限公司2023年的出口金额同比略微降低了一些。"上半年还好，下半年是减少的。"该公司总经理袁琳对第一财经表示，他们今年将在2月赴巴黎参展，同时将继续2023年出海拜访客户的节奏，以稳住订单。至于新市场,他们目前正在跟进不少来自秋季广交会的新客户,而这也将是他们在2024年最重视的国内展会。

第一节　参展创意概述

一、参展相关概念

参展是指政府、企业、机构或个人参加各种展览会、博览会、交易会等会展活动,通过展示产品、技术、服务、品牌等内容,与潜在客户、合作伙伴、行业专家等进行交流,以达到拓市场、推品牌、求合作等目的的一种商业活动。

参展行为本质上是一种市场公关和销售行为,是参展商在市场上生存发展壮大的最有效、最直接、成本最低的手段。

参赛商是指在会展活动举办期间利用固定的展出面积进行直接展示、信息交流的特定群体。参展商通过展示自己的产品、技术、服务等内容,吸引客户、开拓市场、促进交流、塑造品牌和提高知名度。

根据参展主体不同,可以将参展商分为机构参展商和个人参展商,机构参展商可以是政府、事业单位、社会团体、国际组织和企业等。根据参展商国别来源不同,可以将参展商分为国际参展商和国内参展商。

参展经理是参展商具体负责策划、组织和执行参展计划的人。通俗来说,参展经理是负责参展管理的业务经理人,对多数企业来说参展管理是一项相对较新的企业职能。在会展活动国际化、专业化、规模化、数字化和低碳化的背景下,参展和采购正在成为一个日益专业化的领域,参展经理人是参展成功的关键影响因素。

参展计划是指参展经理在参加会展活动前,根据参展商发展战略和市场环境等内外部因素,制定的参展目标和策略,以及为实现这些目标和策略所需的具体行动计划。参展计划可以是单个具体会展活动的参展计划,也可以是参展商年度整体的参展规划。

观众是参展商产品、技术和服务等的参观者。观众分为普通观众和专业观众,专业观众中意见领袖对于参展商价值非常大,主要有行业分析师、行业协会代表、专业媒体、政府人士等。在数字媒体时代,意见领袖人群正在扩大。

案例1：参加国际展会的9大好处(有删减)

1. 高效高质量签单

在展会上接触到合格客户后,后续工作量较少。调查显示,展会上接触到的意向客户,企业平均只需要给对方打1.8个电话就可以做成交易。相比之下,平时的典型业务销售方式却需要七八个电话才能完成;同时,客户因参观展会而向参展商下的所有订单中,54%的单子不需要个人再跟进拜访。

2. 结识高层次客户

研究显示,以一家展商摊位上的平均访问量为基数,只有12%的人在展前12个月内接到该公司销售人员的电话;88%为新的潜在客户,而且展会还为参展商带来高层次的新客户。对于参展公司的产品和服务来说,展会上49%的访问者正计划购买那些产品和服务。

3. 低成本营销获客

公司要接触到合格的客户,参加展会是最有效的方式。根据调查显示,利用展会接触客户的平均成本仅为其他方式接触客户成本的40%。

4. 面对面试水产品

企业销售人员携带产品上门进行演示的机会恐怕不多。展览会是参展商为潜在客户集中演示产品或感受服务的最好时机和最佳场所。

5. 尽责竞争分析

展览会现场提供了研究竞争形势的机会,这个机会的作用是无法估量的。在这里,利用竞争对手提供的产品、价格以及市场营销战略等方面的信息,有助于制定企业近期和长期规划。

6. 企业整合营销

大多数展会通常都会吸引众多媒体的关注,利用媒体进行宣传是参展商难得的机会。

7. 融洽客户关系

客户关系是许多公司的热门话题,展览会是融洽现存客户的关系的好地方。参展商可以用下列方式对客户表达谢意:热情的招待、公司最新产品资料、公司赠品、一对一的晚餐、其他特殊的服务等。

8. 尽责市场调查

展览会提供了一个进行市场调查的极好机会。如果参展商正在考虑推出一款新产品或一种新服务,可以在展会上向参观者进行调查,了解他们对价格、功能、质量和服务上的要求。

9. 展示品牌实力

展览会为参展商在竞争对手面前展示自身实力提供了机会。通过训练有素的展台职员、积极的展前和展中的促销、引人入胜的展台设计,参展公司的竞争力可以变得光芒四射。而且,展会的参观者还会利用这个机会对各个参展商进行比较。因此,展览会是一个让参展商展示自身形象和实力的好机会。

讨论:结合案例1,参展行为是营销的成本,还是对未来的投资?谈一谈你对参展价值的认识。

二、参展创意策划

（一）设定参展目标

参展目标是参展计划制定和实施的北极星和指路灯。商业目标必须在所有运营领域设定，包括营销、创新、人力资源、财务资源、物理资源、生产力、社会责任和利润要求，同样也必须在参展计划中最先设定。

参展目标必须是精简的。参展目标不宜过多，必须制定一份企业参展目标短名单，然后进一步缩小到一两个目标，这些目标将证明你投入的时间、金钱和努力是合理的。通过将参展目标精简，参展经理将专注于参展真正优先事项和资源。

参展目标必须是层次性的。必须在三个层面设定参展目标。第一个层次是公司层面的目标，如品牌建设、提升知名度或塑造形象，将整体的营销计划与特定的展览会或一组展览会相结合。第二个层次是部门目标。每个部门都有自己的目标，这些目标证明了他们在会展上的投资是合理的。这些目标通常专注于特定的产品、服务或行业需求。第三个层次是个人目标。参展工作人员会寻找个人成长的机会。花时间帮助参展成员找到个人参展成长目标，对于创造一个积极的参展体验来说是非常有帮助的。

参展目标必须是可量化的。可量化的目标设定将有助于计算参展投资回报（ROI）。可量化目标可以定期进行检查。确保展览过程中可以随时调整方法，以回到正确的轨道上实现参展目标。可量化的目标可以分配给展位工作人员。

可量化的参展目标要具体。需要设定在短期内（比如展会后两周）可以衡量的目标。实际业务，根据销售周期，可能需要数月甚至数年才能看到结果，所以设计一个简单的机制来收集短期信息，比如退出调查、展会后电话调查、网站访问量增加、24 小时热线咨询量增加等。所有这些技术都量化了结果，并明确地告诉你你的展会是否成功。

设定的目标要具有现实可行性。设定可实现的目标使你进入了那些旨在获胜的参展商行列。

设定目标是整个参展计划的逻辑起点。在确立你的目标之后，下一步是获得高层管理的支持，通过展示你的参展目标与公司目标如何相符来说明这一点。有了公司管理层支持，可能性的世界就打开了：员工更有动力；跨促销机会变得可行；与整体营销目标的一致性得到保证；高级执行官可以深入前线，参与营销过程。

（二）预算财务管理

参展经理必须对财务负责，需要合理分配资源，并向公司领导准确报告结果。没有参展经费，参展美好愿望将无从谈起。

一般来说，参展预算一般包括直接消费和间接消费，还要包括不可预期支出。根据美国贸易展会参展商协会（TSEA）的参展预算框架看，参展直接消费预算主要有四类，一是展览设计与制作费用，二是物流运输费用，三是展览相关费用，四是展览服务费用。

一场参展总成本的平均水平是展览空间成本的三倍，如果展览空间花费了 1 万元，参展总成本预算应该是 3 万元,也可以称为 3 倍参展预算法。美国展览业研究中心(CEIR)调查研究显示,在参展直接消费中,展览空间的消费占比是 28.1%,旅行和娱乐的消费占比是 21.3%,展览服务的费用占比是 18.9%,展览设计的消费占比是 12.4%,运输费用占比是 9.2%,促销推广费用占比是 5.5%,其他费用占比 4.6%。

设计投资回报计算框架。有六个指标可以参考,一是展位活动相比上一届展会的增长百分比。这些数字可能表示直接销售、合格潜在客户、展位内活动的参与度或咨询量。二是现有或新的潜在客户实际参观展位的数量,即展位流量。三是展会后活动增加,如网站点击量、办公室访客或电话咨询,展会结束后立即活动增加可以作为成功的一个衡量标准。四是合格潜在客户数量。五是调查结果。通过调查访客,确保他们理解了展位提供的信息,以及展位工作人员的方向是正确的,这是测试沟通目标的有用方法。六是媒体曝光度。媒体人士名单以及与他们的互动活动可以作为衡量标准。

(三) 选择合适会展

会展活动千千万,选择合适自己的最重要。合适会展的标准有很多,三三原则最关键,第一个三是"客户""客户""客户",第二个三是"市场""市场""市场",第三个三是"地点""地点""地点"。

找到客户并进行画像是选择合适会展的第一步,也是最为关键的一步。解决问题的方法是创建客户档案,为客户群体尤其是大客户进行画像。人口统计学回答了"我的客户是谁,他们在哪里"的问题。心理学回答了"他们怎么做"的问题。行为学研究回答了"他们如何做"的问题。这是对客户人口统计学和心理学在实践中的深入研究。因果关系分析回答了"他们为什么这样做"的问题。

找到客户下一步就是"我如何触达他们",一定要选择合适的会展活动在正确的时间触达正确的客户受众。

选择合适的会展有五个影响因素。一是目标受众的参与度,二是活动的可见度和声誉,三是参展成本与潜在回报,四是活动与产品或服务的相关性,五是参展后能够收集的联系人和数据。

案例 2:超越潜在客户:新的参展商投资回报率工具
会彻底改变贸易展览衡量吗

除了潜在客户之外,参展公司衡量贸易展览的投资回报率一直是一个挑战。虽然产生的销售线索是评估特定贸易展览的价值与总体成本的重要指标,但它并不是参展的唯一目标。然而,面对面衡量品牌知名度、参与度、销售转化率、客户满意度和思想领导力等营销目标要困难得多。

首席营销官和主要利益相关者越来越需要数据。展览经理如何衡量印象、会议、潜在客户质量、转化率等?也许更重要的是,除了轶事证据之外,参展商如何就每年参加哪些活动做出明智的决定。

2023 年夏天,总部位于英国的与会者反馈公司 Explori 推出了 Maxbi,这是一个新的智能平台,可以跟踪多个展览的表现并衡量投资回报率,希望解决这个复杂的问题。

Explori 首席执行官马克·布鲁斯特(Mark Brewster)表示:"现在,关键是要对营销和销售计划上的资金进行明确的投资回报率衡量。""会展业在一定程度上落后了,这无疑是越来越多企业的摩擦点。我们日复一日地听到这样的消息。"

Explori 现已衡量全球近 9 000 场活动的绩效,提供各种与会者和参展商指标、基准,以及对全球贸易展览和消费者展览行业的见解。前贸易展览组织者布鲁斯特表示,该公司已与 Informa、Clarion、Emerald 等领先的贸易展览组织者合作。

他继续说道:"世界各地的贸易组织者都使用、依赖和信任 Explori 来衡量参展商的体验、情绪、满意度,并在调查层面上衡量回报。它还用于以完全相同的方式衡量与会者的体验。"

讨论:结合案例 2,谈一谈在你的参展策划中使用数字工具测量参展投资回报率的可能性及前景。

地理也是选择会展时要考虑的重要因素。地理指的是参展活动可以达到的市场营销覆盖范围,并引发"在哪里能最好地接触到我的目标客户"这个问题。我们可以将地理覆盖范围为三个层次:区域性、全国性和国际性。区域性会展也是面向企业—消费者市场的优秀平台。全国性贸易展览会通常每年在同一时间举行,吸引来自广泛地理区域的参展商和参会者。这些活动通常是面向商业—商业市场的营销活动。国际性会展通常是行业内知名的,因为它们经常根据商业周期安排,成为参会者必看的会展,可以吸引所有层次的决策者。

一般来说,主要有七种选择合适展会的渠道。第一种是在线目录检索。权威的贸易展览目录网站,如 www.Expoworld.net 或 www.TSNN.com 等都可以便捷地检索。各国政府官方的商务机构、贸促机构、文化机构等也都有类似的服务网站。浙江省商务厅每年都会发布重点支持的境内外展会目录。第二种是著名的国际会展公司官网。美、英、法、德等国著名的会展公司都有官网,这些公司举办的会展活动质量较有保证。第三种是供应商。第四种是客户。关注客户采购的会展偏好,选择会展事半功倍。第五种是会展专业协会和各种产业协会。美国展览业研究中心报告称,北美四分之三的展览都是由非营利性协会拥有的。第六种是贸易杂志和各种垂直产业杂志。第七种是竞争对手。

(四) 创造营销体验

参展策划和设计方案首先要考虑给予观众不一样的营销体验。某种程度上,观众在展位上发生的事情不是他们为自己计划的事情,而是你精心策划给他们的体验。

体验设计有三个核心要素:兴趣、记忆力和连接性。它们不是相互排斥的,必须仔细平衡和整合。

参展经理根据参展目标和想要达到的效果创建需求清单,选择展览设计商,请他们根据需求提交设计提案。

(五) 参展展位展示

参展展位主要有两种展台,一种是标准展台,另一种是特装展台。标准展台是按照统一样式和尺寸,采用统一材料搭建的展台。特装展台是参展商自行购买展览空地、自行设计搭建的个性化展台。

展位选择曾经是一个简单的决定,只能在两个明显的类别之间做出选择——标准展示或个性化自制。近年来,展示技术发生了巨大变化,模糊了这两者之间的界限。标准展示是通过像大型 Meccano 拼装玩具一样制造的,具有互锁部件,可以从运输集装箱中展开并迅速组装。定制展示则是参展商从设计到施工,完全是自主建造的。

(六) 展位地理位置

位置是参展中最重要的考虑因素。在很多情况下,参展商的展位位置取决于主办方的会展项目经理。通常,参展商展位位置是根据参展资历来分配的。如果有选择的话,要仔细选择,会展中的位置是决定参展成功的重要因素之一。

展位位置的选择要综合考虑参展商的参展目标、展位预算、参展商品牌知名度、展位费打款时间、展位的硬件条件、同类竞争对手位置、人流量流向等因素。一般要避免五种位置,分别是死胡同通道、货物装卸进出通道、洗手间、障碍物、靠近舞台。

(七) 展位接待服务

美国展览行业研究中心报告称,接待可以将观众转化为合格潜在客户的转化率增加 62%。

展位接待的主要方式有展位款待、接待会或宴会、一对一娱乐、私人午宴或者晚宴、现场宣传广告、场外接待员、座位卡、现场展示、互动游戏、测试、调查问卷、歌舞表演、纪念品、体验活动等。

展位活动分为三大类:娱乐、教育和游戏。选择的活动类型应该支持参展的目标。每个类型都有其利弊,因此实施应该精心策划,以确保最大影响。

(八) 商业赞助机会

赞助是除了展示之外,连接市场、影响访客感知和行为的一种额外机会。赞助计划既是艺术也是科学,结合了多种营销学科和活动,以对目标受众产生持续影响。美国展览业研究中心报告称,当赞助包含在参展计划中时,展位效率(即吸引优质访客的能力)会增加 104%。

若参展商除了展览空间之外还购买了赞助计划,他们就打开了一扇通往全新合作世界的大门。赞助可以覆盖从全面品牌推广计划、演讲机会(例如,赞助名人演讲或内部公司代表)和现场流量建设等内容。

(九) 展前促销推广

1. 预展邀请

最有效的预展推广工具之一就是向目标群体发送的参观展位以查看新产品或服务的正

式邀请。邀请要发挥创意，以便从众多邀请中脱颖而出，起到激励目标群体参观的效果。

2. 公共关系

公共关系媒体包括新媒体在内，可以在整个展会周期内发挥巨大促销推广作用。展前，公共关系媒体通知潜在的观众不要错过的新奇产品和服务的信息。展中，通过媒体使观众保持对展台新闻的即时了解。展后，公共关系媒体关于展位的故事告诉人们他们错过了什么，或者提醒他们看到了什么。

3. 新闻发布会

参展行动可以考虑召开新闻发布会。这涉及安排一个合适的地点，向媒体发出通知，提到时间和地点，提供一些招待，安排必要的视听设备，并在新闻发布会结束时提供一份简报。

4. 广告

可以寻找机会利用现有的广告活动。与其预订一个独立的参展广告，不如面向目标客户群体，向会展主办方预订会展活动官方广告。广告资源置换也是不错的做法。

5. 其他促销想法

促销推广的挑战和乐趣在于找到新奇有趣的场所，吸引观众注意，让他们在最意想不到的地方看到、听到、关注到。

（十）展前员工培训

展前员工培训非常重要。美国展览行业研究中心报告称，当一家公司花时间培训其员工时，将观众转化为合格潜在客户的比率增加了 68%。展前员工培训可以由组织内的专家，或外部专家顾问进行。

展前培训应包括的要素。一是展会描述。让员工熟悉展会的设施、布局、时间、关键参展商的地理位置以及特别活动，如研讨会、主题演讲、新闻发布会和款待活动。除了研讨会、款待和行业活动以及主题演讲嘉宾之外，还有其他一些课外活动可以使工作人员在展会上的时间尽可能无压力。包括诸如员工晚餐和配偶计划之类的事情。二是量化的参展目标。员工需要知道他们的参展目的和目标，否则他们只是在消磨时间。在设定个人量化目标时，要公平且现实。三是展位概览。确保员工熟练掌握展位环境，包括新产品特点、故障排除、供应品位置、紧急联系人信息，如何维护展位外观的细节，以及展位内演示、研讨会、抽奖、赠品、宣传资料处理和技术设备等的相关信息。四是展位员工排班。所有展位员工都需要知道他们将在何时工作，以及何时可以开展其他展会活动。五是回顾预约观众。与展位员工分享预约观众数据库，帮助他们为处理流量做好准备。回顾与关键决策者预订的约会，或提醒要留心需要谨慎处理的其他关键人物。六是了解团队优势。员工也应该让彼此知道团队成员的专业知识领域，当关键人物出现或有人询问技术问题时，每位员工都知道应该咨询谁获取信息。七是展位服务技能。优秀的展位员工明白，他们的技能必须在这个时间稀缺的独特环境中磨炼。展位技能遵循与普通销售技能相同的原理，但强调的是有限时间下的挑战。展位员工必须理解，一切始于他们控制每次互动结果的能力。

（十一）展会信息收集

信息收集是展位工作的核心，其主要工作可用缩写 ACTION 来表示。

A（Authority）＝权威。展位工作人员需要了解的六条信息之一是访客的权威级别。这位观众是拥有决策权，还是能够影响决策？工作人员需要收集足够的信息来决定下一步该做什么。除了了解观众在流程中的具体角色外，展位工作人员还可以了解决策是如何做出的。这可能包括供应商批准或采购委员会等事项。不要忘记，无论是决策影响者、决策者还是不参与决策过程的人，所有观众都必须得到尊重、专业和礼貌的对待。

C（Capacity）＝能力。展位工作人员需要确定观众或其组织是否有助于实现他们的参展目标。

T（Time）＝时间。展中，时间总是有限的，应该适当分配，以便会见数百名访客。展位工作人员需要决定与每位访客相处多少时间。如果访客有可能在销售周期内使用产品或服务，那么他们应该得到更多的时间。会后，处理潜在客户，时间标准是确定跟进优先级的关键。

I（Identity）＝身份。知道访客的名字是建立融洽关系的重要部分。找出访客的名字很容易，可以通过阅读访客的会展名牌、交换名片等。但是，建立融洽关系不仅仅是指称呼访客的名字，可以结合小程序、社交媒体、社群等开展身份定位和有效识别。

O（Obstacle）＝障碍。展位工作人员通过确定决策过程和解决问题的紧迫性，为访客的情况创建画像，并开始记录所有相关信息，包括业务开展的障碍。业务障碍可能包括对竞争对手的忠诚、现有的合同安排、与公司过去的互动、服务区域外的位置、供应商限制或技术不兼容。

N（Need）＝需求。需求问题，实际上是工作人员应该首先考虑的问题。需求问题关注的是访客的需求，而不是摊位工作人员的需求。

第二节　参展创意理论

一、营销学相关理论

（一）体验营销理论

体验营销强调通过创造独特的、令人难忘的体验来吸引和保留顾客。在会展中，体验营销可以通过设置互动体验区、提供试用或试穿服务、举办现场活动等方式，让观众亲身参与和体验产品或服务，从而加深对品牌的印象和好感。

（二）情感营销理论

情感营销通过触发消费者的情感反应来建立品牌与消费者之间的情感联系。在会展中，情感营销可以通过设计富有感染力的展示空间、讲述品牌故事、展示产品如何改善人们的生活等方式，激发观众的情感共鸣，从而提高品牌忠诚度。

（三）差异化营销理论

差异化营销强调通过提供独特的产品或服务来区别于竞争对手。在会展中，差异化营销可以通过展示独特的产品设计、创新的技术应用、个性化的服务等方式，突出品牌的独特性和差异化优势,吸引观众的关注和兴趣。

(四)场景营销理论

场景营销强调将营销活动与消费者的实际使用场景相结合,以提高营销效果。在会展中,场景营销可以通过模拟实际使用场景、展示产品在不同场景中的应用、提供针对性的解决方案等方式,让观众更好地理解产品的实际应用价值和优势。

(五)定位理论

定位理论强调在市场中为品牌或产品创造独特的定位,以区别于竞争对手。在参展实践中,参展者可以利用定位理论来突出自己品牌或产品的独特之处,通过精心设计的展示内容和营销策略,使自己在众多参展商中脱颖而出。

(六)整合营销传播理论

整合营销传播理论强调通过协调各种营销传播手段(如广告、公关、促销等)来传递一致的品牌信息。在参展实践中,参展者可以运用整合营销传播的理念,确保展会活动、宣传材料、社交媒体等各个渠道传达的信息与品牌形象和参展目标保持一致。

(七)客户关系管理理论

客户关系管理理论强调建立和维护与客户的长期关系,以提高客户满意度和忠诚度。在参展实践中,参展者可以利用理论来管理展会期间与潜在客户的互动,收集客户信息,提供个性化的服务和关怀,以建立稳固的客户关系。

(八)市场细分与目标市场选择理论

市场细分和目标市场选择理论强调在市场中识别不同的客户群体,并选择适合自己的目标市场进行营销。在参展实践中,参展者可以利用这些理论来分析展会观众的特点和需求,确定自己的目标客户群体,并设计针对性的营销策略,以提高参展效果。

(九)内容营销理论

内容营销是一种通过创造和分享有价值、有趣且富有吸引力的内容来与潜在客户建立连接的策略。在参展实践中,内容营销可以用来创建展会前的预热内容、展会期间的实时更新,以及展会后的回顾和总结。通过提供有价值的信息和见解,参展者能够吸引观众的注意力,并提升品牌在展会中的知名度和影响力。

(十)影响力营销

影响力营销是一种通过与具有影响力和粉丝基础的意见领袖合作来推广品牌或产品的策略。在参展实践中,参展者可以寻求与展会主题或行业相关的意见领袖合作,邀请他们参观展会并分享他们的体验。通过与意见领袖的合作,参展者可以扩大品牌的影响力,增加潜在客户的信任度,并吸引更多目标客户的关注。

二、心理学相关理论

(一)认知失调理论

认知失调理论描述的是个体在面对两种相互冲突的认知元素时,会产生不安的心理状态。在参展创意中,参展者可以利用认知失调理论来引发观众的思考和好奇心,通过展示具有挑战性或引发疑问的产品或信息,激发观众探索的欲望和解决问题的动力。

(二)马斯洛需求层次理论

马斯洛需求层次理论提出了人类需求的五个层次,从基本的生理需求到自我实现的需求。在参展创意中,参展者可以通过满足观众的不同需求层次来增强参展的吸引力。例如,提供舒适的环境和便捷的设施满足生理需求,提供有趣和富有创意的展示满足社交和尊重需求,以及通过展示创新的产品和解决方案满足自我实现的需求。

(三)情感反应理论

情感反应理论强调情感在个体行为决策中的重要性。在参展创意中,参展者可以通过设计富有情感共鸣的展示内容和环境,引发观众的情感反应,从而增强观众对品牌的认同和好感。例如,通过运用色彩、音乐、故事等元素,创造出令人愉悦、感动或震撼的情感体验。

(四)注意力经济理论

注意力经济理论认为,在信息过载的时代,注意力成为一种稀缺资源。在参展创意中,参展者需要通过吸引观众的注意力来传达关键信息和突出品牌特色。通过运用独特的展示设计、引人入胜的演示方式或互动性强的展示内容,参展者可以吸引观众的注意力,提高参展效果。

(五)社会认同理论

社会认同理论认为,人们倾向于根据自己所在的社会群体来定义自己的身份和价值观。在参展创意中,参展者可以利用社会认同理论来强化观众对品牌的认同感。通过展示品牌与特定社会群体或文化价值观的关联,参展者可以吸引具有相似认同感的观众,并增强品牌的归属感和忠诚度。

(六)认知负荷理论

认知负荷理论关注个体在处理信息时所能承受的认知负荷的极限。在参展环境中,参展者需要确保他们的展示内容不会超出观众的认知负荷能力,否则可能会导致观众感到困惑或疲劳。通过简化信息、使用清晰的视觉呈现和简洁的语言,参展者可以降低观众的认知负荷,并帮助他们更有效地理解和记住关键信息。

(七)行为塑造理论

行为塑造理论涉及如何通过正向和负向的反馈来影响个体的行为。在参展实践中,参展者可以利用行为塑造理论来设计激励机制,以鼓励观众参与互动和采取特定的行为,如填写问卷、试用产品或与销售代表交谈。通过提供吸引人的奖励或避免不愉快的后果,参展者可以塑造观众的行为,从而实现参展目标。

(八)心流体验理论

心流描述了当人们完全沉浸在某个活动中,忘记自我和时间流逝的状态。参展者可以通过创造富有挑战性和吸引力的互动体验,使观众进入心流状态,从而增强他们的参与度和满意度。

（九）感知控制理论

感知控制理论关注个体对环境和刺激的感知和控制感。在参展实践中，参展者可以通过提供选择权、增强观众的参与感和决策权来增强他们的感知控制。例如，通过设置互动展示区、提供个性化定制选项或允许观众自由提问和反馈，参展者可以让观众感到更加自主和可控，从而增强他们的参展体验。

（十）情境认知与学习理论

情境认知与学习理论强调学习发生在具体的情境中，并且与个体的经验和环境密切相关。在参展实践中，参展者可以创造与品牌或产品相关的情境，使观众能够在真实的背景下体验和学习。例如，通过设置模拟使用场景、提供实际操作机会或创建引人入胜的故事情境，参展者可以帮助观众更好地理解和感受品牌的独特之处。

三、设计学相关理论

（一）情境设计

这种设计理论强调将设计置于特定的使用情境中，以理解用户的需求和期望。在参展实践中，情境设计可以帮助策展人创造与展品相关的、引人入胜的展示环境，增强观众的参与感和体验。

（二）叙事设计

叙事设计是一种通过故事叙述来引导观众体验的设计方法。在参展中，策展人可以利用叙事设计来构建展览的故事线，将展品和展示内容融入一个连贯的叙事结构中，使观众能够更深入地理解和感受展览的主题。

（三）服务设计

服务设计关注整体服务体验的设计，包括从观众进入展览到离开的全过程。这种设计理论可以帮助策展人优化参展流程，提供便捷的导览、互动和信息反馈等服务，确保观众在参展过程中获得良好的体验。

（四）包容性设计

包容性设计强调设计应满足广泛用户的需求，包括不同年龄、能力和文化背景的人。在参展实践中，这意味着策展人需要考虑到不同观众的需求和偏好，设计出易于理解、操作和享受的展示内容，确保每个人都能从展览中获得乐趣和启发。

（五）可持续设计

可持续设计关注设计对环境和社会的影响。在参展中，策展人可以通过选择环保材料、节能照明和循环利用等方式，实践可持续设计原则，减少展览对环境的影响，并传递出对可持续发展的关注。

（六）多感官设计

多感官设计强调利用多种感官刺激来增强观众的体验。在参展实践中，策展人可以通过结合视觉、听觉、触觉等多种感官元素，创造出丰富多样的展示效果，使观众能够更全面地感受和理解展品。

（七）设计思维

设计思维是一种创新方法，它鼓励从全新的视角来解决问题。在参展实践中，设计思维可以帮助策展人打破传统模式，以全新的方式展示展品，创造出独特而引人入胜的展览体验。

（八）共创设计

共创设计强调与观众、利益相关者和其他设计师的合作，共同参与到设计过程中。在参展实践中，这可以表现为与观众进行互动，收集他们的反馈和建议，或者与其他艺术家和设计师合作，共同创造出丰富多彩的展览内容。

（九）情感化设计

情感化设计关注如何通过设计触发观众的情感反应。在参展实践中，情感化设计可以帮助策展人创造出与观众产生情感共鸣的展览，使观众在参观过程中获得更深刻、更难忘的体验。

（十）未来主义设计

未来主义设计强调对未来趋势和技术的探索。在参展实践中，未来主义设计可以帮助策展人预测未来的设计趋势，并尝试将这些趋势融入展览中，为观众展示一个充满未来感的展览体验。

四、管理学相关理论

（一）创新管理理论

创新管理理论强调创新和创意在组织中的关键作用。在参展创意实践中，创新管理理论可以指导策展人如何有效地引入新思想、新技术和新方法，以提升展览的吸引力和影响力。

（二）项目管理理论

项目管理理论提供了一套系统的框架和方法，用于规划、执行、监控和收尾项目。对于参展创意来说，项目管理理论有助于策展人有效管理展览项目的时间、资源、成本和风险，确保展览的顺利进行。

（三）知识管理理论

知识管理理论关注知识的创造、共享、转移和应用。在参展创意实践中，知识管理理论可以指导策展人如何整合和利用内外部知识资源，以提升展览的专业性和创新性。

（四）战略管理理论

战略管理理论强调组织在面对内部和外部环境变化时，需要制定和实施有效的战略。对于参展创意来说，战略管理理论有助于策展人明确展览的定位、目标和竞争优势，制定长期和短期的战略计划。

（五）跨文化管理理论

跨文化管理理论关注在不同文化背景下如何进行有效的管理。对于国际性的参展创意实践，跨文化管理理论可以帮助策展人理解不同文化背景下的观众需求和期望，设计出更具吸引力的展览。

（六）领导力理论

领导力理论关注领导者的行为和影响力如何影响组织的绩效。在参展创意实践中，领导力理论可以指导策展人如何发挥领导力，带领团队有效合作和创新，实现展览的成功举办。

（七）跨职能团队协作

跨职能团队协作是指不同职能部门的成员共同合作，以实现共同目标。在参展创意中，策展人需要与设计师、营销人员、技术专家等跨职能团队紧密合作，共同策划和执行展览项目。通过有效的团队协作，可以确保展览项目在各方面都得到专业而全面的支持。

（八）质量功能部署

质量功能部署是一种将顾客需求转化为产品设计要求和制造过程特性的方法。在参展创意中，质量功能部署可以帮助策展人将观众需求转化为具体的展览设计和服务标准，确保展览项目满足观众的期望和要求。

（九）创新扩散理论

创新扩散理论研究新技术或新产品在社会系统中如何被接受和传播。在参展创意中，创新扩散理论可以帮助策展人理解观众对新展览的接受程度和传播过程，制定相应的推广策略，提高展览的知名度，扩大其影响力。

（十）服务蓝图

服务蓝图是一种可视化工具，用于描述服务系统的结构和流程。在参展创意中，服务蓝图可以帮助策展人清晰地展示展览服务的全过程，包括观众需求识别、服务设计、服务传递和服务评估等阶段，从而优化服务流程和提高服务质量。

第三节　获奖作品赏析

一、杭州艺福堂茶业有限公司参展中国国际茶叶博览会

（一）简介

2023 年浙江省会展策划创意大赛一等奖。

（二）摘要

中国国际茶叶博览会（简称"茶博会"）是由浙江省人民政府和农业农村部共同主办的茶业盛会，在各有关部门以及广大公众的支持下，已成功举办 5 届。茶博会以一种集中展示、促进交流的形式把各茶企聚集在一起，吸引来自全球对茶叶感兴趣的客户和业界参展商，促进合作与交流。展会通过展示最新的茶叶产品与技术，引导各茶企加强创新意识，提升产品品质，推动茶产业朝着品牌化、高端化、国际化方向升级。

杭州艺福堂茶业有限公司是 2022 年度茶叶龙头企业，是 2023 年杭州亚运会官方茶叶供应商，开发了西湖龙井、九曲红梅、桂花龙井、桂花等产品，在亚运村火爆热卖，不仅将中国茶

文化推向高潮,也为本次参展奠定了良好的声誉基础。艺福堂参加中国国际茶叶博览会的宗旨是以展招商、行业问道、政企互动,提升企业知名度,积极向全球客户展示优质产品与中国茶文化,向着更贴近消费者的路径前行。将"和德、敬德、检德、信德"这一企业文化贯穿于展会中,旨在展现丰富的企业文化形象,巩固原有客户,发掘潜在客户,扩大销售群体,促进强强合作,提升企业市场占有率,促进企业今后的快速发展。

上一届展会,艺福堂展位面积达到 144 平方米,是所有品牌中展位面积最大的之一,在业界已具有一定的品牌影响力和实力。公司的产品种类丰富,生产实力雄厚,研发能力超前,质检标准严格,在行业内已处于领先地位,已具有不菲的成绩。纵使过往硕果累累,艺福堂仍没停止前进的步伐,努力抓住商业机会,提升企业的商业价值。本次参展不仅可以学习到最新的产品理念和先进技术,还能借着实力和热度把自身的产品快速推广出去,提高隐形销量。通过和一些茶食品、茶日用品等茶延伸企业合作,加强茶的文化创意。通过和一些知名组织或政府的合作,加强企业的商业地位。为顺利及高效地参加这一重大茶博会,在保证艺福堂企业利益为第一前提的基础上,特此编写这一商业参展策划案,使企业及相关人员提前了解有关展会的基本情况,做出相应的准备工作,就展出前后事宜有一个提前规划,以确保正式参展活动的顺利进行。

(三)文本点评

专家 1:作品完整规范,符合主题要求,相关设计方案符合产品特色。

专家 2:定位准确、结构完整,还需在品牌价值及品牌视觉表达方面进行专业策划与创意设计,缺乏完整性,可以在创新方面进一步地思考表达。

专家 3:参展方案比较详细,预算合理,有可操作性。

专家 4:项目策划各个环节都比较好。

专家 5:方案基本完整,基本具备可执行性,活动内容的亮点尚待提升。

(四)展示点评

专家 1:语言表达比较清晰,展示内容比较完整。

专家 2:方案需要真实的调研及对展会的思考。

专家 3:策划内容较完整、有针对性,建议与企业目标客户进行进一步参展策划。

专家 4:缺少团队合作,展示创意不够。

专家 5:展示布置合理,方案详细。

二、杭州狮峰有限公司参展中国国际茶叶博览会

(一)简介

2023 年浙江省会展策划创意大赛一等奖。

(二)摘要

我们的作品是为杭州狮峰有限公司参加中国国际茶叶博览会做的参展策划,主要通过介绍茶叶这个产品,并通过了解参展的要求,制作我们自己的展位,且详细描述了我们参展

的过程以及后续参展的结果。

（三）文本点评

专家1：策划方案较完整规范，符合主题要求，展台设计水平稍弱。

专家2：参加展会，需要首先确定展位面积和位置，才能根据实际情况设计摊位布置展示方案，本案没有列明。

专家3：方案整体结构完整、定位准确，但还需要在创新创意方面多思考，可以围绕打造一个具有特色、生态价值的品牌等方面内容进行展开。

专家4：项目策划考虑到位，展台设计比较好。

专家5：策划方案内容基本完整，活动策划的亮点和市场目标尚需提升。

（四）展示点评

专家1：语言表达比较清晰，有团队合作。

专家2：对于参展企业要以现场调研为基础进行思考设计方案。

专家3：对产品参展的策划内容显得单薄，策划内容尚需提升。

专家4：语言表达清晰，展示创新不足。

专家5：展示摊位结构合理，参展目标清晰。

三、元隆雅图参展杭州文化创意产业博览会

（一）简介

2023年浙江省会展策划创意大赛一等奖。

（二）摘要

我们的作品主要是代表元隆雅图公司参加2023年杭州文化创意产业博览会（简称"杭州文博会"），帮助元隆雅图公司在后亚运时期销售剩余的亚运会特许商品。我们选择这个产品的理由是市场需求高。亚运会是一项国际性的体育盛事，其影响力不仅限于亚洲，更是在全球范围内产生深远的影响。而亚运会的周边产品，作为这一盛事的衍生品，同样承载了特殊的意义和价值。这些周边产品，无论是精美的纪念品勋章、独特的吉祥物玩偶，还是别致的小挂件，都融入了亚运会的精神和特色元素，具有极高的收藏价值和纪念意义。在亚运会结束后，这些周边产品并不会随着时间的推移而失去其吸引力。相反，它们仍然能够唤起人们对亚运会的回忆和情感。这为销售剩余周边提供了稳定且庞大的市场基础。通过销售剩余周边产品，可以获得额外的收益。特别是一些限量版的周边产品，还可能会出现增值的情况，从而为销售商带来更高的收益。通过销售亚运会剩余周边产品，可以进一步推广亚运会品牌和形象，也可以提高销售商自身的品牌知名度。

（三）文本点评

专家1：主题的定位需聚焦行业品牌价值及社会生态价值链的战略发展。

专家2：策划符合主题，较完整规范，设计方面较弱。

专家3：方案较详细合理，有可操作性。

专家 4：项目策划各个环节都考虑得比较到位。

专家 5：策划内容较完整，较有针对性，对企业的市场目标和预期尚需提升。

(四) 展示点评

专家 1：语言表达比较清晰，团队合作好。

专家 2：需要思考细节与内容如何结合。

专家 3：光策划部分内容尚完整，但策划的主题和目的展现有所偏差，此策划案的价值值得商榷。

专家 4：团队合作、展示礼仪不明。

专家 5：展示结构清晰合理，内容丰富。

参考文献

1. 刘夏.中国会展发展与设计理论研究[M].长春：吉林大学出版社,2018.

2. [美] 凯瑟林·米勒.传播学理论：视角、过程与语境(第 2 版)[M].北京：北京大学出版社,2007.

3. 高闯,等.管理学前沿理论[M].沈阳：辽宁大学出版社,2002.

4. 叶浩生.西方心理学理论与流派[M].广州：广东高等教育出版社,2004.

5. [美] 乔纳森·H. 纳特.社会学理论的结构[M].邱泽奇,等译.北京：华夏出版社,2001.